は し が き

　『社会保障法研究』では、比較的大きなテーマを設定し、それに関するいく
つかのサブテーマについて、適任と考える研究者の方々に論文の執筆をして頂
き、それを「特集」という形で掲載してきている。当初は、この「特集」につ
いての論文は、一つの号にまとめて掲載するとの構想であったが、現実にはそ
れは難しく、1または2の論文を、数号に分けて掲載している。そのために、
当初予定していた論文がすべて掲載され「特集」が完結しても、それらの論文
が別々の号に掲載されているために、参照がしにくく、かつ「特集」の全体像
が捉えにくいということになってしまった。そこで、完結した「特集」につい
ては『社会保障法研究双書』として1冊にまとめて刊行することとした。『双
書』とすることによって、共著の形ではあるが、社会保障法に関する一つの大
テーマについての独立した研究書として、ささやかではあるが社会保障法学の
発展に寄与できるのではないかと考えている。他の「特集」についても引き続
きこの『双書』として刊行していく予定である。

　本双書のテーマである『社会保障法の法源』を特集として取り上げることに
した趣旨は以下のようなものである。法源すなわち法の解釈および適用に際し
て援用されうる規範は、憲法、条約、法律などの成文法と、慣習法、判例法な
どの不文法から構成される。慣習法の果たす役割が小さいといった特徴がみら
れるものの、社会保障法においてもしかりであって、憲法、条約、法律、判例
法といった法源は法の解釈および適用に際して重要な役割を果たしている。し
かしながら、社会保障法におけるこれらの法源の役割・特徴などをめぐっての
包括的な理論的検討は、これまであまりなされてこなかった。高度成長期に発
展を遂げたわが国の社会保障法は、経済成長の安定化、さらには時期によって
は低迷・下降の影響と、公的セクターの役割についての評価の変化と市場や民
間セクターの役割への肯定的な評価、アクターの多様化、用いる法的手法の増
加等とによって、公法・私法がときとして複雑に絡み合うものへと変容してき
た。また、それほど蓄積があるとはいえなかった判例も、最近の重要な最高裁
判決の登場等によって、次第に豊富なものへとなりつつある。さらには、社会

保障法に関わる国際法規の展開も近年進捗が見られるところである。こうした
ことから、社会保障法の法源も、かつてのような単純なものではなく、より立
ち入った検討を要するものへと変化してきたということができよう。

　以上のような視点にたって、この特集では、社会保障法と国際法規、社会保
障法と憲法、社会保障法と行政基準、社会保障法と私法秩序、そして社会保障
法と判例という5つのサブテーマを設定し、5人の研究者の方にご執筆頂い
た。行政基準や判例のように、厳密には法源とはいい難いものも含まれている
が、実務上は行政基準に従いつつ様々な社会保障の業務が行われているし、と
くに最高裁判例は社会保障の実務のみならず、立法にも影響を与えうるもので
あることに鑑み、法源という視点から取り上げることにした。これら5つの論
文は、わが国の法体系全体の中で社会保障法を位置づける理論的営為の一環で
ある。特筆すべきは、この5つの論考は、上述のように、法源という視点から
の理論的な営為ではあるが、いずれも社会保障法全体に視野を広げて横断的な
分析を行い、それを通して、社会保障法の近年の変容を浮き彫りにしているこ
とである。その意味では、本特集は、法源という当初設定したテーマを超え
て、社会保障法の展開についての幅広い、かつ奥行きのある研究となったと
いってよい。

　「法源」は、社会保障法研究のまさに基礎をなすものである。その意味で
は、社会保障法研究を志す若い研究者の皆さんに、ぜひ本書を手に取って読ん
で頂きたい。それによって、本書が社会保障法研究の発展にいくらかでも貢献
できれば、望外の喜びである。

　2020年1月

岩　村　正　彦
菊　池　馨　実

社会保障法研究双書

社会保障法の法源

岩村正彦・菊池馨実 監修

山下慎一

植木　淳

笠木映里

嵩　さやか

加藤智章

信 山 社

<h1>〈目　次〉</h1>

目　次

社会保障法の法源

社会保障法と国際法規

山下 慎 一

I　はじめに

　本稿に与えられたテーマは、社会保障法の「法源」[1]（本特集においては「法の解釈および適用に際して援用され得る規範」と定義される）としての国際法規の役割を考察することである。より具体的には、1948（昭和23）年の世界人権宣言以来の主な条約・勧告（国際人権規約、ILO 関連の主要条約・勧告、難民条約、子どもの権利条約など）を対象として、その歴史的展開とそれらが日本の社会保障法制に及ぼしてきた影響（以下、「国内立法過程への影響」という）につき論じることが、第一に求められている（この考察の射程には、近年の障害者権利条約をめぐる国内法整備も含まれる）。さらに、第二に、上記の国際法規の、国内法上の効力をめぐる判例・学説（以下、「裁判上の位置づけ」という）の検討も要求されている。

II　概念の整理と分析軸の設定

　社会保障法と国際法規の関係を検討するうえでは、国際法学の知見を参照することが不可欠である。しかしながら、①国際法学上の諸概念は、国内実定法を主たる検討対象としてきた社会保障法学にとっては馴染みが薄いこと、さらに、②いくつかの概念については、国際法学内部においてもその定義自体に争

---

(1)　この「法源」という用語法について、社会保障法学（ないし国内法諸領域）と国際法学とにおいて若干の差異があるようである。前者に関する代表的な基本書は「権利と法的根拠（法源）」というように、法源を法的根拠とほぼ同義のものとして用いており（菊池馨実『社会保障法（第2版）』（有斐閣、2018年）51頁以下）、さらには端的に「裁判所の判断を拘束する法規範を法源という」（菊池馨実編『ブリッジブック社会保障法』（信山社、2014年）312頁〔稲森公嘉〕）と定義するものも多い。この背景には、法源を「裁判規範」という側面から捉える思考があるように思われる（そしてこのような思考は、国内法諸領域においてある程度共通しているように感じられる）。これに対して国際法学においては、法源とは一般に、「国際法の主体によって権威づけられた法規の形成手続もしくは存在態様の意味で用いられている」という（小寺彰ほか『講義国際法（第2版）』（有斐閣、2010年）34頁〔小森光夫〕）。これらは、同じことを異なる視点から記述しているだけかもしれないが、ニュアンスの差異は残るように思われる。なお、最近では、国際法の領域においては、多義的な「法源」の語を避ける傾向にあるという（酒井啓亘ほか『国際法』（有斐閣、2011年）110頁〔濱本正太郎〕）。

いがないではないことから、まず本稿がどのような概念をいかなる意味で用いるかについて整理する必要がある。また、本稿の検討対象は大部かつ多岐にわたることから、単なる説明の羅列に陥ることを避けるために何らかの分析軸を設ける必要がある。

　よって、Ⅱにおいては、まず本稿で用いる概念を整理し、その上で分析軸を設定する。

1　概念の整理

（1）宣言・条約・勧告

　本稿の検討の出発点は 1948 年に国際連合（以下、国連という）総会が採択した世界人権宣言であるが、これが含まれるのが宣言（法原則宣言）という類型である。宣言とは、将来の条約や慣習国際法の形成を促す決議であり（例えば世界人権宣言は、後の 1966 年に国際人権規約として条約化が実現する）、宣言それ自体は法的拘束力を持たない[2]。世界人権宣言も、それ自体として法的拘束力を持つものではないが、世界初の一般的人権宣言として、その後の多くの人権条約の指標をなすなど極めて重要な地位を占めている[3]。

　国際法によって規律される国際的な合意を、条約という（条約法条約 2 条 1 項（a））。呼称としては、狭義の「条約」のほか、協定、規約、議定書、憲章、規定、取極などがあり得る。条約の中には、限られた諸国のみが当事国となる特別条約（例えば、日本が各国と締結している社会保障協定）と、多数の諸国が当事国となる一般条約（例えば、国際人権規約や ILO 条約）がある[4]。

　本稿の検討領域について言えば、社会保障協定のような「二国間条約は、〔中略——引用注〕二国間相互の間での権利と義務の交換の上に成り立っているのに対し、多数国間条約は、二国間の権利義務の調整を超えた高次の、国際社会にとっての共通の目的を達成するために、多数の国に普遍的に妥当する法原則を設定しようとするものである」[5]。そうすると、これら目的の異なる両

---

(2)　柳原正治ほか編『プラクティス国際法講義（第 3 版）』（信山社、2017 年）23-24 頁〔江藤淳一〕。

(3)　杉原高嶺『国際法学講義』（有斐閣、2008 年）456-457 頁、460-463 頁。

(4)　柳原ほか・前掲注(2)16 頁〔江藤淳一〕。

(5)　申惠丰「国際人権法の国内規範性とその影響——「国際人権の論理と国内人権の論理」批判——」中川淳司＝寺谷広司編『大沼保昭先生記念論文集　国際法学の地平——歴史、理論、実証』（東信堂、2008 年）433 頁。

者を一括りに論ずることは混乱を招く危険がある。両者の区別を示すうえでの用語法は多様であり得るが、本稿においては、前者の双務的な内容の条約を二国間条約（ないし少数国間条約）と呼び、後者の一般的な法原則を設定する条約を多数国間条約と呼ぶ。その上で、二国間・少数国間条約については、多数国間条約との性質、および国内社会保障法制への影響の及ぼし方の差異に鑑み、本稿の検討対象からは除外する。

　なお、ILO において採択される条約も、通常の条約と法的性質は異ならない[6]。ただし、批准に際して留保ができない点、および批准しなくとも一定の法的効果が発生する点が、通常の条約とは異なる[7]。また、ILO における「勧告」は、関係当事者に目標たる基準を設定するものであり、権利・義務を発生させるものではない[8]。ただし、総会における採択に必要な要件は条約と差異がない（出席代表の3分の2以上の賛成）。勧告に対しては批准という法行動は存在しない[9]。

（2）条約の締結の流れ

　条約の締結までの流れとしては、「一般に、交渉、条約成文の確定、署名（記名調印）、批准、批准書の交換といった手続きを経る」[10]。

---

(6) 吾郷眞一『国際経済社会法』（三省堂、2005 年）83 頁。

(7) この点を敷衍すると以下のようになる（以下の記述は、吾郷・前掲注(6)83 頁、および杉原・前掲注(3)124-126 頁を参照した）。すなわち、通常の多数国間条約であれば、加盟国が批准しないという決定をしたのちは何ら法的義務が発生しないのに対して、ILO 条約の場合は、代表者が総会終了後1年以内に採択された条約を自国の「権限ある機関」に提出しなければならない（ILO 憲章 19 条5項b）。さらに、その機関の同意が得られなかった場合には、「条約の批准を妨げ、または遅延させる障害」に関する報告書を事務局長に提出しなければならないうえ（同項d、e）、理事会の要請に基づいて一定の報告をしなければならない（同項c）。そして、「ILO の監視機構は重要な条約については執拗に報告書を提出させる傾向にあるので、長いこと批准しないでいるのは加盟国としての一般的義務違反を構成する可能性を残し、形式的には批准はしなくても良いとはいえ、ある程度の法的圧力が加わってくる」（吾郷・83 頁）。つまり、ILO 条約については、批准を義務付けるものではないものの、批准を促進する手続的措置が設定されているものと言える。

(8) 小西國友『国際労働法』（信山社、2012 年）54 頁。

(9) 吾郷・前掲注(6)84 頁。ただし、上記の ILO 条約と同様に、ILO 勧告に関しても、国内の「権限ある機関への提出義務」、ならびに理事会の要求に従って、当該勧告に対してどのような措置をとったかを報告すべき義務が規定されており（ILO 憲章 19 条6項）、この点が他の国際組織による勧告とは異なっている。

　まず、各国における、条約の締結交渉権限を与えられた代表者の交渉によって、条約文がまとまると、当該条約文が採択（adoption）される。その後、代表者の署名（signature）によって条約文が確定（authentication）する[11]。条約によっては、この署名がなされた段階で（つまりのちの批准などの行為を要することなく）成立するものがあり（これを略式条約という）、その場合には当該署名が、条約に拘束されることについての国の同意を意味する。他方で、略式条約でないものについては[12]、条約に拘束されることについての国の同意を国際的に確定する行為が必要であり、この行為が批准（ratification）である[13]。この場合、批准によって条約が成立・発効する（条約によっては、発効日が別に定められることもある）[14]。なお、条約の採択時に反対票を投じるか否かと、その後に当該条約を批准するか否かは無関係であり[15]、採択に賛成したからといって批准を義務付けられるわけではない。

　ここで、「条約締結手続きの中には、多数国間条約に関してのみ存在するものがいくつかあ」り、「その中でとりわけ重要なのが、留保に関する規定である」[16]。留保は、「ある国家が、ある多数国間条約に参加したいと考えるもの

(10)　木下智史＝只野雅人編『新・コンメンタール憲法』（日本評論社、2015 年）572 頁〔只野〕。

(11)　杉原・前掲注(3)123 頁。

(12)　例えば、ILO102 号条約 79 条 1 項は、「この条約は、国際労働機関の加盟国でその批准が事務局長に登録されたもののみを拘束する。」と規定しているため、同条約は略式条約ではないということが分かる。

(13)　最近では、国際的には批准と同様の効果を持つが、国内的手続がやや簡略化された同意としての受託（acceptance）や承認（approval）という方式も広く用いられるという。杉原・前掲注(3)124 頁。

(14)　例えば、ILO102 号条約 79 条は、2 項において「この条約は、2 の加盟国の批准が事務局長に登録された日の後 12 箇月で効力を生ずる。」との規定を、3 項において「その後は、この条約は、いずれの加盟国についても、その批准が登録された日の後 12 箇月で効力を生ずる。」との規定を置いている。

(15)　日本政府も、1970 年 ILO 総会における採択時に反対票を投じた年次有給休暇に関する条約（ILO132 号条約）について、労働条件の向上や週休制度に関する労使双方の「気風」の変化を挙げたうえ、「たとえ政府といたしまして採択の際に反対ないし棄権の意思表示をいたしましたものでも、可能な時点におきましてはなるべく前向きに取り組んでまいりたい」との見解を示している（第 72 回衆議院／外務委員会議録第 20 号（昭49.4.24）13 頁〔労働大臣官房長・北川俊夫〕。ただし、現在に至るまで日本は同条約を批准していない）。

(16)　酒井ほか・前掲注(1)117 頁〔濵本正太郎〕。

の、種々の事情から当該条約の特定の規定だけはどうしても受け入れられない、という場合になされる」[17]ものであり、「「条約の特定の規定の自国への適用上その法的効果を排除しまたは変更することを意図して……単独に行う声明」と定義」される（条約法条約2条1項 (d)）。また、留保と類似するものとして「解釈宣言」（国家が条約中の特定の条項について、その意味内容を特定化するために、自らの解釈を示すもの）があるが、これ自体は留保とは異なり、条約の法的効果を排除ないし変更するものではない[18]。

（3）日本における条約締結手続

　日本においては、条約の締結は内閣の権限とされている（憲法73条3号）。ただし、原則として内閣による締結の前に、国会の承認を得ることが必要である（同号但書）。このような国会の関与の仕組みが設けられたのは、「いうまでもなく、外交に対する民主的統制という理念に基づくものである」[19]。ここで、国会における議決の対象は、「「条約それ自体」ではなく「条約の締結の承認」であるというのが従来からの政府の見解であ」り、これは「法律案の場合に法律案それ自体が議決の対象であるのと異な」っている[20]。このこととの関連で、国会は、承認の際に条約に修正を加えることはできないというのが通説である[21]。審査の内容としては、「条約も議案の一類型であり、基本的には法律案の審査手続きと変わることはなく、委員会に付託後、政府から趣旨説明を聴取し、質疑及び討論のあと、採決が行われる」[22]。

　ただし、重要な点として、この条約の承認にかかる国会の議決には、次のような形における衆議院の優越が認められる。すなわち、①「参議院が、衆議院の議決した条約を受領した後、国会休会中の期間を除いて30日以内に議決するに至らないとき」、および、②「参議院で衆議院と異なった議決をした場合には、……両院協議会を開催することになる……が、条約に関し、同協議会において両院の意見が一致しないとき」の2つの場合において、衆議院の議決

(17) 酒井ほか・前掲注(1)117頁〔濵本正太郎〕。
(18) 杉原・前掲注(3)136頁、酒井ほか・前掲注(1)117頁〔濵本正太郎〕。
(19) 大石眞「憲法と条約締結承認問題」法学論叢144巻4・5号（1999年）103頁。
(20) 中内康夫「条約の国会承認に関する制度・運用と国会における議論——条約締結に対する民主的統制の在り方とは——」立法と調査330号（2012年）9頁。
(21) 木下＝只野・前掲注(10)573頁〔只野〕。
(22) 中内・前掲注(20)11頁。

が、そのまま国会の議決となる[23](以上、憲法61条および60条2項)。

　このような条約承認にかかる国会の議決のあり方は、その手続きに着目すれば、法律案にかかる審議手続(衆参両院が対立した場合に、衆議院の3分の2以上の賛成による再可決が必要：憲法59条2項。ただし両院協議会の開催ができる：同3項)と比べて「「厳格度」が緩和され」たものであり[24]、相対的に「「軽い」手続」[25]であると言える。このことを念頭に、条約の国内法化の過程における民主的統制の不十分性や、国内法化された条約の民主的正統性の希薄さ[26]が指摘されることがある。

　他方で、(その手続の「厳格さ・重さ」の度合いとは逆に)国内法における形式的効力順位としては、条約は法律に優位するというのが通説[27]であり、その根拠は、憲法98条に求められる[28]。また、国内法体系における憲法と条約の効力順位については、憲法優位説が現代における通説とされる[29]。日本においては、条約が締結・公布され、日本について発効すると、当該条約は直ちに(国内法規を別途定立する必要なく)国内法秩序において法規範としての地位(国内的効力)を得ると理解されており(憲法98条2項)、これを一般的受容方式と

---

(23)　中内・前掲注(20)12頁。

(24)　高橋和之「国際人権の論理と国内人権の論理」ジュリスト1244号(2003年)81頁。

(25)　高橋和之「国際人権論の基本構造——憲法学の視点から——」国際人権17号(2006年)54頁。なお、植木俊哉「憲法と条約」ジュリスト1378号(2009年)91頁も参照。

(26)　例えば、石川健治「「国際憲法」再論——憲法の国際化と国際法の憲法化の間」ジュリスト1387号(2009年)28頁・脚注(17)。

(27)　樋口陽一『憲法(第3版)』(創文社、2010年)104頁、大石・前掲注(19)97頁。

(28)　樋口・前掲注(27)104頁、高橋・前掲注(25)54頁。樋口が、「ここまでの限度での条約の優位を憲法98条2項から引き出すことは、妥当であろう」(同頁)と評するのに対し、高橋は通説的見解を疑問視している。また、山田哲史「国内法の国際法適合的解釈の意義」論究ジュリスト23号(2017年)23頁は、通説的見解を「憲法98条2項や前文に依拠した、根拠も意味内容も必ずしも明らかでない国際協調主義から無理に国際法の法律への優位を導く」ものと評したうえ、「国際法適合的解釈」によれば「国際法を法律に優位させることなく、国際法の尊重を可能と」する道があり得ることを示す。

(29)　その根拠は、1つが、条約優位説に立つ場合、「「自国」に関する最重要事項として国民投票を含む硬い改正手続(96条)によらなければならない憲法変更を、憲法の条項と矛盾する条約を締結することによって可能にする結果となる」ためであり(樋口・前掲注(27)103頁)、いま1つが、「条約の締結権限とその手続は憲法に規定されており(61条・73条3項)、それを根拠として締結される条約が自己の授権規範の下位にあることは、法論理的にみて疑いない」ためである(高橋和之『立憲主義と日本国憲法(第3版)』(有斐閣、2013年)411頁)。

いう[30]。

　なお、条約承認手続にかかる実務においては、2012 年時点において「衆議院は、国会に提出された条約を不承認としたことはなく、これまでに国会の議決として条約が不承認とされた例はない」[31]という。

（4）国際法規の批准に対する日本の姿勢

　例えば、ILO が採択した 189 の条約のうち、2014 年現在で日本が批准した条約数は 49 である[32]。これに対しては、「決して多くない」数であるとの評価があり、これは ILO への消極的態度からきているという評価もある[33]。しかしながら他方で、日本が条約の批准に際して慎重に国内法整備を実施しているためとの評価も可能である[34]。これらの評価の適否については、本稿の叙述の過程で検討を加える。

2　分析軸の設定——法的拘束力の視角から

　これまでの概念の整理からも垣間見えるように、ある国際法規が国際的に成立して法的効力を生ずる時点と、日本において法的効力を発生する時点は異なりうる。そうすると、日本国内においては未だ法的効力を持たない国際法規が、日本の社会保障法制に対して影響を与えたり、裁判上参照されるということも想定される。さらに、そもそも法的効力を持ちえない宣言（世界人権宣言など）や勧告等が、日本の法制のあり方に対して重要な役割を果たすこともあ

---

(30) 杉原・前掲注(3)114 頁、酒井ほか・前掲注(1)389 頁〔濱本正太郎〕。他方で、イギリスのように、当該条約の規範内容を国内法秩序において実施するために、別途、同内容の国内法規を定立する必要がある方式を「変形受容方式」と呼ぶ（杉原・同書 113-114 頁、酒井ほか・同書 388-389 頁〔濱本〕）。なお、一般的受容方式をとるからと言って、全ての条約（あるいはその規範内容）が同国内の裁判所によって「直接適用可能」（本文中にて後述）であるとは限らない。「一般的受容方式をとる場合でも、条約規定の性質によっては、そのままでは国内裁判所での適用になじまないことがある」（杉原・同書 114 頁）。

(31) 中内・前掲注(20)13 頁。

(32) http://www.ilo.org/tokyo/ilo-japan/conventions-ratified-by-japan/lang--ja/index.htm（2017 年 11 月 2 日閲覧）。当該ページで、日本が批准した ILO 条約の一覧を見ることができる。また、ILO が採択した 189 の条約（および 6 個の議定書）の一覧については、http://www.ilo.org/tokyo/standards/list-of-conventions/lang--ja/index.htm（2017 年 11 月 2 日閲覧）を、ILO による 205 の勧告一覧については、http://www.ilo.org/tokyo/standards/list-of-recommendations/lang--ja/index.htm（2017 年 11 月 2 日閲覧）を参照。

(33) 小西・前掲注(8)56 頁。

りうる。

　このように、本稿の検討対象たる国際法規の効力と、その日本の国内社会保障法制および裁判への影響の与え方は、様々な態様であり得るため、それを整理しつつ論じなければ議論は混乱を避けられない。また、本稿に求められているのは、社会保障法における「法源すなわち法の解釈および適用に際して援用され得る規範」としての国際法規の検討である。そのため、当然ながら法的観点に立脚した考察が期待されているものと思われる。これらの理由から、本稿では、「国際法規等の日本における法的拘束力の有無」を基本的な視角として検討を実施する。

　ここで、前述のとおり（Ⅰ）、本稿に求められている検討内容は、①国際法規の国内社会保障立法過程への影響と、②国際法規の国内社会保障裁判上の位置づけであった。これら2つの検討において、「国際法規等の日本における法的拘束力の有無」という視角をいかにして導入しうるか。

　まず、「法的拘束力」という概念そのものが抽象的かつ多義的であり、具体的な検討の視点（分析軸）として直接に用いるには堪えない。そのため、これら①および②の場面において、法的拘束力をめぐる議論が主としていかなる形で登場するかについて予測し、それを本稿における分析軸に据える必要がある。この点、①の検討においては、条約等の国際法規の批准後に、当該条約上の義務（法的拘束力）に従って国内の社会保障法令を制定・改廃する形で、国際法規が国内社会保障法制に影響を与えるパターンと、それらを批准する（その法的拘束力が発生する）前に、国内の関連する法令を事前に調整するという形で影響を与えるパターンとが想定される。よって、①国際法規の日本の社会

（34）例えば、日本が未批准の「看護職員の雇用、労働条件及び生活状態に関する条約」（ILO149 号条約）について、「我が国において、ＩＬＯ条約の批准につきましては、国内法制との整合、これを十分にやった上で、そうした調整ができた上で条約の批准をするという政府の方針でございますので、今申し上げましたような、本条約につきましては我が国の労働基準法制といまだ相入れないところがございますので、なかなか慎重に検討していく必要があるというふうに考えております。」という答弁が行われている（第 164 回国会参議院／厚生労働委員会 21 号（平 18.5.30）40 頁〔厚生労働省労働基準局長・青木豊〕）。また、「石綿の使用における安全に関する条約」（ILO162 号条約）の批准に長期間を要した理由を問う質疑に対する町村信孝外務大臣の答弁（「日本という国はある意味では大変まじめな国でありまして、条約を批准する以上は、それが完璧にできる体制ができてから批准をするというようなことがしばしばあるんですね」。第 162 回衆議院／外務委員会議録第 11 号（平 17.7.1）2-3 頁）も同様。

保障立法への影響を分析する際には、「国際法規（条約）批准前／批准後の国内立法への影響」という分析軸を用いる。

　他方で、②国際法規の国内社会保障裁判上の位置づけを論じる際には、当該条約が日本において、個別の事案の解決のための法的根拠（法的拘束力ある規範）として直接に適用されうるかが重要な論点となると予測される。そのため、②日本の国内裁判所における影響を分析する局面では、「条約の日本における直接適用可能性の有無」という分析軸を用いる（本稿に言う直接適用可能性の概念については、下記Ⅳ.1参照）。

　さらに、いま一度本特集における「法源」の定義（法の解釈および適用に際して援用され得る規範）に立ち戻ると、考察に際して本稿が力点を置くべきは、「法の解釈および適用」の局面であり、この「解釈および適用」は——時系列的には行政によって先んじて実施されるとしても、それは司法による審査に服するという意味で——やはり第一義的には司法（裁判）の場面において現れる作用である（このような考え方は、国内社会保障法学における法源の一般的理解（前掲注(1)）とも整合する）。よって、本稿の検討は、最終的には②国際法規の国内社会保障裁判上の位置づけに収斂する。つまり、①国際法規の国内社会保障立法過程への影響の検討は、それ自体独立した検討でもあるが、同時に②の検討の前提作業という性格を強く有する。その結果、①の検討と②の検討は、同等の比重で実施されるものではなく、両者の切り分けも明確になしうるものではない。

　以下では、上記のような概念設定と分析軸により、社会保障法の法源としての国際法規の検討を実施する。

Ⅲ　国内立法過程への影響

　ここでは、国連およびILOによって採択される多数国間条約を分けて検討する（ILOは国連の専門機関であるが、社会保障法領域に関わる条約の量と重要性に鑑み、独立して取り上げる）。検討の順序としては、日本の国内法への影響を考察するという目的、および本稿の視角と分析軸との関係から、採択年や国際的な発効年ではなく、日本の批准年・日本における発効年を基準として、時系列順に取り上げる。

　ここで、どのような基準によって「国際法規が国内社会保障法制に影響を与

えた」と評価すべきかという問題が生じる。国際法規が国内法制に与えた影響には、直接的なもの／間接的なものがあり得るし、評価者の視点によっても影響の有無は変わり得る。さらに、これらは、問題となる国際法規の内容をどのようなものと解釈すべきかという問題とも関わる。

　本稿においては、立法上の影響を調査する方法として、国会の議事録に現れた議論に着目する。これは、影響への評価の客観性と実証性を可能な限り担保するためである。また、国際法規の内容がいかなるものかという解釈についても、（国際平面における解釈ではなく）日本の国会における条約承認案件で示された外務省答弁を第一義的なものとして重視する。これは、第一に、伝統的な理解によれば条約の解釈権は各国が有するとされるためであり[35]、第二に、外務省の所掌事務に「条約その他の国際約束及び確立された国際法規の解釈及び実施に関すること」が含まれているためである（外務省設置法4条5号）。

1　国連関係

（1）世界人権宣言（1948年国連総会採択）

　世界人権宣言は、「世界初の一般的人権宣言としてきわめて重要な地位を占める」[36]ものであり、また本稿の検討の出発点でもある。同宣言は、人権尊重における「すべての人民とすべての国とが達成すべき共通の基準として」、1948年12月10日、第3回国連総会の決議として宣言された[37]。同宣言のうち社会保障について言及しているのは[38]、22条[39]および25条[40]である。

　同宣言の作成および採択の経緯それ自体が、「法的な拘束力はないが人権保障の目的ないし基準を宣言するもの……が必要である」[41]という認識に基づいており、通説も同宣言は法的拘束力がないものとする[42]。しかしながら、そ

---

(35)　寺谷広司「「間接適用」論再考」坂元茂樹編『国際立法の最前線　藤田久一先生古稀記念』（有信堂高文社、2009年）197頁。
(36)　杉原・前掲注(3)460頁。
(37)　外務省「世界人権宣言と国際人権規約：はじめに」（https://www.mofa.go.jp/mofaj/gaiko/udhr/pdfs/kiyaku.pdf#00）。
(38)　以下、条文の訳文は外務省仮訳文（https://www.mofa.go.jp/mofaj/gaiko/udhr/1b_002.html）による。
(39)　「すべて人は、社会の一員として、社会保障を受ける権利を有し、かつ、国家的努力及び国際的協力により、また、各国の組織及び資源に応じて、自己の尊厳と自己の人格の自由な発展とに欠くことのできない経済的、社会的及び文化的権利を実現する権利を有する。」

の重要性に鑑みて、同宣言に特別の地位を与えようとする見解（その全部または一部が「慣習国際法化したとする見解」。この見解によれば、同宣言の規定内容（の一部）に法的拘束力が認められ、日本においても、憲法98条2項（「確立された国際法規」)(43)によって、その規律が及ぶことになる）もある(44)。

　この宣言に関しては、批准という行動自体が存在しない以上、条約批准前／批准後の国内立法への影響という分析軸を用いることができない。そのため、当該分析軸の出処である法的拘束力という視角に立ち戻って考えると、（通説に従うと）同宣言に法的拘束力が認められない以上、同宣言の示す法的義務に従って国内社会保障法制が修正・改廃されるということ自体が生じ得ない。

　ただしもちろん、同宣言に法的拘束力がないとしても、その存在や設定した基準を参照しつつ国内社会保障法制が修正・改廃されるといった形で影響を受けることもあり得る。しかしながら、同宣言に対しては、批准や締結、加入といった法行動が存在し得ないため、日本の国会においても同宣言の承認等に関する議論は行われておらず、本稿の調査能力の範囲内においては、同宣言が直接に日本の社会保障法制に影響を与えた例を探し出すことはできなかった（言うまでもなく、同宣言の間接的な影響は、後の個々の条約化等を通じたものを含めると計り知れない）。

（2）国際人権規約〔社会権規約・自由権規約〕（1966年国連総会採択・1979年日本批准）

　上述の世界人権宣言をもとにして、これを法的拘束力ある条約の形に「具体化」(45)したものが、1966年に採択された国際人権規約（社会権規約および自由権規約）である。日本においてこれら両規約の批准が審議されたのは、1979年で

(40) 1項：「すべて人は、衣食住、医療及び必要な社会的施設等により、自己及び家族の健康及び福祉に十分な生活水準を保持する権利並びに失業、疾病、心身障害、配偶者の死亡、老齢その他不可抗力による生活不能の場合は、保障を受ける権利を有する」。2項：「母と子とは、特別の保護及び援助を受ける権利を有する。すべての児童は、嫡出であると否とを問わず、同じ社会的保護を受ける。」
(41) 外務省「世界人権宣言と国際人権規約：第1章国際権利章典の成立、2世界人権宣言の作成及び採択の経緯」(https://www.mofa.go.jp/mofaj/gaiko/udhr/pdfs/kiyaku.pdf#02)。
(42) 杉原・前掲注(3)460頁。
(43) 酒井ほか・前掲注(1)396頁〔濱本正太郎〕。
(44) 杉原・前掲注(3)460頁。
(45) 杉原・前掲注(3)78頁。同457頁も同旨。

あった。これら「二つの規約に規定している権利は、相互に密接な関連を有」することから[46]、両規約の批准に対する承認は一括して審議された。

　日本政府にとって、同条約を批准する動機付けは、「日本政府が人権の尊重という問題につき……重視しているということをこの際内外に表明する」[47]ことであった。自由権規約については、「現行法体制のままにその内容を担保し得るという考えのもとに留保をして」いない[48]のに対して、社会権規約の批准に際しては３点（いずれも社会保障とは直接関係しない）について留保を付している[49]。政府はこの留保の解除について、条約上の法的義務という意味においては、留保を解除（撤回）する方向に向けて努力する義務はないとしつつ[50]、「当然、将来、法的な解釈その他は別として、解除する方向に努力をし、また、そういう責任がある」[51]という見解を示している。

　それでは、両規約のうち留保を付していない部分について、日本政府が当時の法制で規約上の義務を完全に実施できると考えていたかというと、必ずしもそうではない。留保を付した３点のほかにも、社会保障をはじめとして、色々と問題があることを認めつつ、政府としては、社会権規約については義務の漸進性（同規約の求める義務内容を即時に実施しなくとも義務違反の問題が生じないこと）[52]、自由権規約についてはのちの立法により措置を講ずればよいことを根拠として、両規約とも「批准の時点で必ずしも完全な形での国内体制が整っ

---

(46)　第87回参議院／外務委員会議録第10号（昭54.5.8）27頁〔外務大臣・園田直〕。
(47)　第84回衆議院／外務委員会議録第24号（昭53.6.14）25頁〔外務省国際連合局長・大川美雄〕。
(48)　第87回衆議院／外務委員会議録第5号（昭54.3.23）5頁〔外務省国際連合局長・賀陽治憲〕。
(49)　これらは、「第七条にあります公の休日に対する報酬の問題、それから同じくA規約の第八条の労働三権のうちのスト権に関する問題、さらに同じくA規約の第十三条にあります中等及び高等教育を漸進的に無償化していく問題」である（第84回衆議院／外務委員会議録第24号（昭53.6.14）26頁〔外務省国際連合局長・大川美雄〕。なお、これらのうち13条の留保について、日本は、同留保を撤回する旨を平成24年9月11日に国際連合事務総長に通告した（https://www.mofa.go.jp/mofaj/gaiko/kiyaku/tuukoku_120911.html）。
(50)　第87回衆議院／外務委員会議録第4号（昭54.3.16）3頁〔外務省条約局外務参事官・山田中正、外務省国際連合局長・賀陽治憲〕。
(51)　第87回衆議院／外務委員会議録第4号（昭54.3.16）3頁〔外務大臣・園田直〕。
(52)　第94回参議院／法務委員会議録第11号（昭56.6.4）6頁〔外務大臣官房審議官・関栄次〕。

ていなくてもこれは批准に踏み切ることができるのではないかというような結
論に達し」たため[53]、1979年というタイミングで国会の審議に付したとい
う。このような理解から、両規約締結承認の審議の際、国会には、批准に伴う
国内法整備のための法律案件は提出されていない[54]。

社会権規約の漸進的な権利に関しては、「社会保障の外国人への適用の問題
でございますとかそういった問題、特に内外人平等関係の問題についていろい
ろ今後考えてまいる問題が出てくる」[55]、より具体的には、社会権規約9条に
関して「わが国の社会保障制度の中で人権規約に抵触をいたすと考えられます
のは、……国民年金あるいは児童扶養手当、児童手当等でございます。これら
の諸制度につきましては、今後、人権規約の趣旨に沿いまして漸進的にその実
現方につきまして努力をしてまいる」[56]との見解が示されている。

なお、これら両規約の批准承認にかかる審議においては、両規約と関連の深
い難民条約について、「次期通常国会に御批准を賜りますようにお願いすべく
鋭意準備をいたしたい」[57]とされている。

（3）難民条約（1976年全権委員会議採択・1981年日本批准）

上記のような早期批准の姿勢にもかかわらず、実際に難民条約の批准承認に
かかる審議が実施されたのは、1981（昭和56）年であった[58]。この審議の際、

---

(53) 以上、第84回衆議院／外務委員会議録第24号（昭53.6.14）26頁〔外務省国際連合
　　局長・大川美雄〕。

(54) このように国内法の整備を伴わずに条約の批准を進めることに対しては、外務委員会
　　の委員から、「従来の外務委員会の審査とはルールが違う、これは非常にまずいことに
　　なるのではないか」との指摘がなされている（第84回衆議院／外務委員会議録第24号
　　（昭53.6.14）26頁〔外務省国際連合局長・大川美雄〕）。この指摘に対して、政府は、
　　批准については「相当無理を」していること、各省から「いろいろ異論が出て」いるこ
　　と（第84回衆議院／外務委員会議録第24号（昭53.6.14）26頁〔外務大臣・園田直〕）
　　を認めている。それでも政府が条約の批准を急いだ背景には、日本が外交を進める上
　　で、「日本国内においては日本人だけが人間であるかのような法体系」を改め、「各種の
　　基本的人権を整えることが必要である」との判断があった（同頁〔園田〕）。

(55) 第87回衆議院／外務委員会議録第5号（昭54.3.23）7頁〔外務省国際連合局長・賀
　　陽治憲〕。

(56) 第87回参議院／外務委員会議録第13号（昭54.5.28）9頁〔厚生大臣官房審議官・松
　　田正〕。なお、第87回衆議院／外務委員会議録第5号（昭54.3.23）11頁〔厚生省児童
　　家庭局児童手当課長・鏑木伸一〕も同旨。

(57) 第87回参議院／外務委員会議録第11号（昭54.5.22）23頁〔外務省国際連合局長・
　　賀陽治憲〕。

同時に「難民の地位に関する条約等への加入に伴う出入国管理令その他関係法律の整備に関する法律」（以下、整備法と略称する）が提出された。整備法によって改正されたのは、出入国管理令のほか、国民年金法（整備法2条により改正）、児童扶養手当法（整備法3条により改正）、特別児童扶養手当等の支給に関する法律（整備法4条により改正）、および児童手当法（整備法5条により改正）であり、5つのうち4つが社会保障法制に関するものであった[59]。

　整備法による、社会保障に関する法改正の内容は、受給資格を有する者を規定する条文のうち「日本国民」との文言を「者」に改めたり、国籍に言及する条項を削除したりするものであった。これは、「難民条約に規定する社会保障の面における内国民待遇を図るため、これらの法律における国籍要件を撤廃したもの」である[60]。なお、整備法による改正の対象とならず「国民」条項が残る生活保護法との関係については、難民条約23条の解釈として、あくまで「生活保護につきまして自国民と同様の給付が確保されておればよろしい」のであり、「実質は昭和二十五年以来の行政措置によりまして、一般外国人に対しましても日本人と同様の給付の保護を行っておりますので、もちろん難民に対しまして生活保護が適用される……。そして、これが難民条約の二十三条の

(58)　なお、難民条約の批准および整備法については、河野正輝「外国人と社会保障——難民条約関係整備法の意義と問題点」ジュリスト781号（1983年）47-53頁が詳しい。

(59)　さらに、難民条約は、国民健康保険法にも影響を及ぼしている。最一小判平16・1・15民集58巻1号226頁は、次のように指摘する。「昭和56年厚生省令第66号による改正前の国民健康保険法施行規則（昭和33年厚生省令第53号）1条2号は、「その他特別の理由がある者で厚生省令で定めるもの」を適用除外とする法6条8号の規定を受けて、「日本の国籍を有しない者。ただし、日本国との条約により、日本の国籍を有する者に対して、国民健康保険に相当する制度を定める法令の適用につき、内国民待遇を与えることを定めている国の国籍を有する者、日本国に居住する大韓民国国民の法的地位及び待遇に関する日本国と大韓民国との間の協定の実施に伴う出入国管理特別法（昭和40年法律第146号）第1条の許可を受けている者及び条例で定める国の国籍を有する者を除く。」を適用除外者として規定していたが、難民の地位に関する条約（昭和56年条約第21号）及び難民の地位に関する議定書（昭和57年条約第1号）が締約されたのを受けて、昭和56年厚生省令第66号によって国民健康保険法施行規則1条2号ただし書に「難民の地位に関する条約第1条の規定又は難民の地位に関する議定書第1条の規定により同条約の適用を受ける難民」が加えられ、さらに昭和61年厚生省令第6号によって国民健康保険法施行規則1条2号が削除された」。

(60)　第94回衆議院／法務委員会議録第14号（昭56.5.15）11頁〔法務省入国管理局長・大鷹弘〕。

規定を満たすというふうに考えまして、法改正の必要まではない」とされている[61]。答弁では、生活保護の「適用」という言葉が頻出する。

　ここで、前述の社会権規約と、この難民条約の関係につき、日本政府は次のような理解を示している。すなわち、「難民条約の場合につきましては、社会保障その他の面につきまして国内立法を整備いたしまして、……政府として負うべき義務等を直ちに、即時に実施しなければならない……即時性を持っているわけでございますが、人権規約につきましては、……いわゆる社会権を主として規定しております通称A規約と申しますか、こちらの方は漸進性を持っておりまして、即時に実施しなくてもいい、ただし徐々に実施の度合いを高めていくということで……、漸進性がうたわれている」[62]。つまり政府は、社会権規約を漸進的なものと理解し、他方で難民条約については即時的なものというように、対比的に把握していた。

　なお、上述のとおり難民条約の批准承認と整備法案は同時に審議されており、かつ整備法の施行日は、「難民の地位に関する条約……が日本国について効力を生ずる日」（整備法附則1条）である。したがって、整備法案は、難民条約の法的拘束力が発生する（＝批准の効果が生ずる）よりも前に審議され、同条約の効力発生と同時に施行されたのであり、同条約の法的拘束力発生後に、その「即時」的義務の履行として整備法が実施されたのではない。

（4）子どもの権利条約（1989年国連総会採択・1994年日本批准）

　子どもの権利条約（日本政府訳では児童の権利条約）に先立っては、1959年に国連総会において子どもの権利に関する宣言が採択されている（さらに遡ると、戦前の1924年には、国際連盟総会における子どもの権利宣言があるし、上述の世界人権宣言の影響もあろう）。これらのうち、日本の社会保障法制への影響と

---

(61) 第94回衆議院／法務委員会議録第17号（昭56.5.29）4頁〔厚生省社会局保護課長・加藤栄一〕。この答弁に対しては、法務委員会の「日本人の場合なら権利として請求できますね。外国人の場合はただ行政措置として恩恵的にやっているんだ。だから、難民を裸一貫で受け入れてくれた国が単に恩恵だけでやっているんだということでは、この難民条約の趣旨に反するのではありませんか。やはり裸一貫で受け入れるという限りは生活を保障してやる、そういう義務が新しく日本に課せられるのではないでしょうか。」との鋭い批判が投げかけられている（第94回衆議院／法務委員会議録第17号（昭56.5.29）4頁〔前川旦〕）。

(62) 第94回参議院／法務委員会議録第11号（昭56.6.4）6頁〔外務大臣官房審議官・関栄次〕。

しては、1970 年に児童手当法案が提案された際、子どもの権利に関する宣言への言及が見られる[63]。

　子どもの権利に関する以上のような国際的発展を経て、子どもの権利条約は1989 年に国連総会で採択された。同条約の批准に関する案件は、1993 年の第126 回国会で審議未了となり、同年の第 128 回国会にて国内法の改正を伴わずに再提出された。日本政府としては、同条約の内容は、すでに日本が批准済みの国際人権規約（上記 (2)）に基本的に規定されており、「憲法を初めとする現行国内法制、民法、少年法、学校教育法等の国内法制で既に保障されている」ため、「条約を締結するために現行国内法令の改正または新たな立法措置は必要ではない」[64]との立場であった。なお、1994 年当時に実施されていた（あるいは実施予定であった）子どもの人権オンブズマン制度（法務省）、児童福祉アドボケーター（厚生省）といった施策を、「条約の内容を先取りあるいはその精神を踏まえ」[65]たものであると評価する者もあった。

　同条約の批准から 3 年後の 1997 年に、児童福祉法が改正された。政府の説明によると、この改正に当たっては、同「条約の趣旨も踏まえて、できる限り盛り込めるところは盛り込むということで対処した」[66]という。この改正の際に導入された「保護者が希望される保育所を選択する仕組み、あるいは児童福祉施設への入所の際に児童の立場が尊重される仕組み」には、いずれも「児童の権利条約の趣旨をより具体化する」[67]意図があった。このうち前者は、保育所入所の仕組みが行政の措置による一方的決定から、保護者が利用を希望する保育所を選択できるようになったことを指す。また後者については、具体的には児福法 26 条 2 項において、子どもの権利条約 12 条 1 項[68]の規定する「児

---

(63)　第 63 回参議院／社会労働委員会議録第 19 号（昭 45.5.11）4 頁〔渋谷邦彦〕。なお同
　　　所では、当時日本が未批准の ILO102 号条約（本文中にて後述）に関する言及もなされ
　　　ている。

(64)　第 129 回参議院／外務委員会議録第 1 号（平 6.3.29）9 頁〔外務省総合外交政策局国
　　　際社会協力部長・高野幸二郎〕。この立場は、後の回次でも確認されている（第 140 回
　　　衆議院厚生委員会議録第 27 号（平 9.5.21）32 頁〔厚生省児童家庭局長・横田吉男〕）。

(65)　第 129 回参議院／外務委員会議録第 1 号（平 6.3.29）16 頁〔北村哲男〕。ただし、政
　　　府側は両制度について、児童の権利条約との関係を明言しているわけではない。

(66)　第 140 回衆議院厚生委員会議録第 27 号（平 9.5.21）32 頁〔厚生省児童家庭局長・横
　　　田吉男〕。

(67)　第 140 回衆議院会議録第 34 号（平 9.5.13）6 頁〔内閣総理大臣・橋本龍太郎〕。

童の意見」の趣旨に即しつつ、「意見」よりも広い範囲を含めるために「児童」の「意向」という文言が選ばれたことが示されている[69]。

さらに、同条約の批准から5年後の1999（平成11）年にはいわゆる児童買春禁止法が、6年後の2000（平成12）年には児童虐待防止法が制定された。前者については、「児童の権利条約の精神を踏まえまして、より一層児童の保護を図るためにこの法案を私どもは提案した」[70]〔傍点は引用者〕と説明されている。また、後者については、法案提出の趣旨説明として、「我が国が批准した児童の権利に関する条約の内容も尊重し、適切な措置」〔傍点は引用者〕を講ずることが挙げられている[71]。これらの発言からは、上記2法の制定に対して、同条約が影響を与えた事実が看取される。しかし他方で、少なくとも立法府・行政府の理解としては、子どもの権利条約によって課せられた義務の履行としてこれら各法を制定したとは考えていない（換言すると、もしこれら2法が制定されなかったとすれば同条約違反状態が生じるとまでは考えてない）ことが伺われる[72][73]。

（5）障害者権利条約（2006年国連総会採択・2014年日本批准）

国際連合においては、1983年から1992年を「国連・障害者の十年」と宣言し、障害者の福祉の増進を提唱してきた。日本でも、「この提唱に基づき、昭和五十七年三月に障害者対策に関する長期計画を決定し、この十年間に身体障

---

(68)「締約国は、自己の意見を形成する能力のある児童がその児童に影響を及ぼすすべての事項について自由に自己の意見を表明する権利を確保する。この場合において、児童の意見は、その児童の年齢及び成熟度に従って相応に考慮されるものとする。」訳は日本ユニセフ協会（https://www.unicef.or.jp/about_unicef/about_rig_all.html）による。

(69) 第140回衆議院／厚生委員会議録第30号（平9.5.28）25頁〔厚生省児童家庭局長・横田吉男〕。

(70) 第145回参議院／法務委員会議録第8号（平11.4.27）2頁〔円より子〕。また、木村光江「児童買春等処罰法」ジュリスト1166号（1999年）64頁は、同法は、子どもの権利条約が日本において「承認・発効したのを契機として、準備が進められてきた」と表現している。

(71) 第147回参議院／法務委員会議録第14号（平12.5.16）2頁〔衆議院議員・富田茂之〕。

(72) ただしもちろん、同条約の義務をどのように捉えるかによって見解は異なり得る。具体的には、児童虐待防止法について、石川稔「児童虐待をめぐる法政策と課題」ジュリスト1188号（2000年）2頁は、同法を「子どもの権利条約の定める締約国の義務の具体化の第一歩である」と評価している。

(73) さらに、現行の児童福祉法では、1条において児童の権利条約に言及されている。

害者福祉法の改正、障害基礎年金の創設、障害者の雇用の促進等に関する法律の改正等、障害者に関する施策の着実な進展」[74]を図ってきた[75]。さらに、翌「1993 年から 2002 年までの十年間をアジア太平洋障害者の十年とすることが国連アジア・太平洋経済社会委員会第四十八回総会において採択され」た[76]。このように「国連長期計画の節目の時期に当た」る 1993 年に、日本は「障害者を取り巻く社会経済情勢の変化等に対応すべく、心身障害者対策基本法を大幅に改正」[77]し、法律の題名も「障害者基本法」へと改められた。以上のように、「国連・障害者の十年」という法的拘束力のない宣言は、日本の障害者法制の進展に影響を与えたと評価できる。

　その後、同じく国連の「障害者の権利宣言」を経て、2006 年に障害者権利条約が国連総会にて採択された。障害者権利条約の影響を受けた国内社会保障法制には、上でも触れた①障害者基本法のさらなる改正ほか、②障害者総合支援法の制定、③障害者差別解消法の制定、④障害者雇用促進法の改正、⑤障害者虐待防止法の制定、⑥学校教育法施行令の改正などが挙げられる[78]。これらのうち、⑤障害者虐待防止法の制定時、および⑥学校教育法施行令の改正時

(74)　第 128 回参議院／厚生委員会議録第 4 号（平 5.11.16）1 頁〔衆議院厚生委員長・加藤万吉＝法律案提出者〕。

(75)　国連・障害者の十年における日本国内の施策に関しては、総理府編『「国連・障害者の十年」の記録』（大蔵省印刷局、1994 年）が詳しい。

(76)　第 128 回参議院／厚生委員会議録第 4 号（平 5.11.16）1 頁〔衆議院厚生委員長・加藤万吉＝法律案提出者〕。

(77)　第 128 回参議院／厚生委員会議録第 4 号（平 5.11.16）1 頁〔衆議院厚生委員長・加藤万吉＝法律案提出者〕。

(78)　例えば、第 185 回衆議院／外務委員会議録第 5 号（平 25.11.13）9 頁〔外務大臣・岸田文雄〕、第 185 回衆議院／外務委員会議録第 6 号（平 25.11.15）3-4 頁〔外務省大臣官房審議官・新美潤〕など（ただし後者では同時に「政策的な観点」の存在にも言及がある）。また、法制定・法改正時において政府側委員から直接言及されてはいないものの、本文中の①から⑥の他にも、「⑦障害者優先調達推進法、⑧成年被後見人の選挙権の回復等のための公職選挙法等の一部を改正する法律」などが障害者権利条約の影響を受けたものとして挙げられることがある（これらを挙げるものとして、第 185 参議院／外交防衛委員会議録第 9 号（平 25.11.28）1 頁〔参考人・川島聡〕）。なお、これらの法律の下地となったと考えられる内容は、いずれも、「障害者の権利に関する条約……の締結に必要な国内法の整備を始めとする我が国の障害者に係る制度の集中的な改革の推進を図る」ために政府が示した、平成 22 年 6 月 29 日閣議決定「障害者制度改革の推進のための基本的な方向について」（http://www.mext.go.jp/b_menu/shingi/chukyo/chukyo3/044/attach/1296136.htm）において言及されている。

の国会における議論では、障害者権利条約への直接の言及は見出せない。この事実は、これら⑤⑥と障害者権利条約との関係が希薄であることを決して意味しないが[79]、以下では、本稿の設定した方法に従って、国会における議論が顕著なものを取り上げる。

　まず、①障害者基本法が、同「条約の発効等の障害者の権利の保護に関する国際的動向等を踏まえ、すべての国民が障害の有無によって分け隔てられることなく相互に人格と個性を尊重し合いながら共生する社会を実現するため、障害者の自立と社会参加の支援等のための施策を推進することを目的として」[80]、2011 年に再び改正された。この改正における中心的な重要性を持つものが、合理的配慮にかかる同法 4 条 2 項である。具体的には、「合理的配慮をしないことが差別であるという障害者権利条約の趣旨を踏まえて、〔中略――引用注〕障害者に対する差別その他の権利利益を侵害する行為を禁止する観点から、社会的障壁の除去の実施に伴う負担が過重でないときは、その実施について必要かつ合理的な配慮がなされなければならない旨を規定をしており……、まさに条約の趣旨を法令上反映をした形になって」いる[81]（併せて、この合理的配慮の中身について、「今後、障がい者制度改革推進会議差別禁止部会におきまして、障害者に対する差別の禁止にかかわる法制を検討しているところであり、その中で、より前向きな形で進められるべきである」[82]と述べられ、この点が下記の③障害者差別解消法制定へと繋がっていく）。さらに、改正法 32-35 条では、内閣府に、新たに障害者政策委員会が設置されたが、同委員会の設置も障害者権利条約 33 条の 2 に言う「この条約の実施を促進し、保護し、および監視するための枠組み」の設置要求を満たすためのものであった[83]。また、この障害者基本法改正の際、修正案により、障害者基本法 23 条（相談等）に「障害者の

<hr>

(79) 例えば、⑥学校教育法施行令の改正の下地となる内容については、平成 22 年 6 月 29 日閣議決定において言及されている。また、⑤障害者虐待防止法については、障がい者制度改革推進会議「障害者制度改革の推進のための基本的な方向（第一次意見）」2010 年 6 月 7 日（http://www8.cao.go.jp/shougai/suishin/kaikaku/pdf/iken1-1.pdf）24 頁において、「推進会議の問題認識」として、「障害者権利条約の趣旨を踏まえ、虐待を未然に防止するため、効果的な監視が可能な態勢を整える。」というように、同条約に直接に言及されている。

(80) 第 177 回衆議院／内閣委員会議録第 14 号（平 23.6.15）2 頁〔国務大臣・蓮舫〕。

(81) 第 177 回参議院／内閣委員会議録第 14 号（平 23.7.28）2 頁〔国務大臣・細野豪志〕。

(82) 第 177 回参議院／内閣委員会議録第 14 号（平 23.7.28）2 頁〔国務大臣・細野豪志〕。

意思決定の支援に配慮しつつ」との文言が加えられた。この文言を加えた背景には、「国連障害者権利条約の理念でありまして、従来の保護また治療する客体といった見方から人権の主体へと転換をしていくという、いわば障害者観の転換ともいえるポイント」[84]があり、ここには批准前の障害者権利条約が影響している。

　なお、同法改正をめぐる議論では、「平成26年末を目途といたしまして、障害者権利条約の締結に向けて、しっかりと国内法の整備を初めとする制度の集中的な改革を政府としてはしていかなければならない」[85]との決意表明がされている。ここでも、条約批准前の国内法整備という姿勢が垣間見える。

　次に、②障害者総合支援法については、同法1条の2に示されている基本理念自体が、障害者権利条約の影響を強く受けている。すなわち、当該基本理念は、上記のとおり、2011年改正時の①障害者基本法が、障害者権利条約19条の影響を受けて、「共生する社会」の実現（障害者基本法1条）、および障害者の「身近」における医療・介護等の提供（同法14条5項）を明記したこと踏まえたものであった[86][87]。また、障害者総合支援法の採る原則が応能負担なの

---

(83) 第177回参議院／内閣委員会議録第14号（平23.7.28）〔内閣府大臣政務官・園田康博〕、第185回参議院／外交防衛委員会議録第10号（平25.12.3）22頁〔内閣府大臣官房審議官・岩渕豊〕。

(84) 第177回衆議院／内閣委員会議録第14号（平23.6.15）12頁〔高木美智代＝修正案提出者〕。

(85) 第177回衆議院／内閣委員会議録第14号（平23.6.15）6頁〔内閣府大臣政務官・園田康博〕。

(86) 第180回衆議院／厚生労働委員会議録第11号（平24.4.18）9頁〔厚生労働大臣政務官・津田弥太郎〕。

(87) 障害者権利条約19条と障害者総合支援法の関係に関しては、同法施行後3年余りを経た第190回参議院／厚生労働委員会議録第22号（平28.5.24）11頁〔厚生労働大臣・塩崎恭久〕においても、次のとおり確認されている。すなわち、「障害者権利条約第19条についてのお尋ねでございますが、障害のある方が障害のない方と同様に居住地の選択の機会があって地域社会で生活する平等の権利があることなどについて定めているというのがこの19条だというふうに理解をしております。〔改行──引用注〕平成25年4月に施行されました障害者総合支援法におきまして、新たに基本理念として、社会参加の機会が確保されること、これがまず第一と。二番目に、どこで誰と生活するかについての選択の機会が確保されて、地域社会において他の人々と共生をすることなどが盛り込まれていると思います。これらは、障害福祉施策を推進していく上で基本となる大事な考え方であるというふうに思っております。」。

か、それとも（改正前の障害者自立支援法が採っていた）応益負担の考え方が残っているのかという点について、前者が原則であること、およびその選択が障害者権利条約の考え方と関わっており、同条約の批准を目指すためという側面を持つことが示されている[88]。

　さらに、③障害者差別解消法は、障害者権利条約の影響を受けた上記の①改正障害者基本法4条2項を受けて、同条約の趣旨を踏まえた「必要かつ合理的な配慮」（障害者差別解消法7条2項、同8条2項）を具体化している[89]。

　最後に、④障害者雇用促進法の改正は、「障害者権利条約を批准する上において大変重要な部分」[90]であると日本政府が考えていた同条約27条（「障害者が他の者との平等を基礎として労働についての権利を有することを認める」規定）の基準を満たすべく、実施された。その具体的な内容は、「障害者の権利に関する条約の批准に備えるため、雇用分野における障害を理由とした不当な差別的取扱いを禁止するとともに、事業主による障害の特性に配慮した必要な措置等を定め、あわせて、障害者の雇用に関する状況に鑑み、現行の障害者雇用率の算定基礎に精神障害者を加える等の措置を講じようとするもの」であった[91]。この法改正により、「雇用分野ということに限れば、これで障害者権利条約の批准に向けた環境整備というものは、この部分は整う」[92]との認識が示されている。

　これらの法制定・法改正を経て、採択翌年の2007年に署名を行ってから約7年後の2014（平成26）年に、日本は障害者権利条約を批准した。上記で検討したとおり、ここでも、国内法制を慎重に整備したのちに、条約を批准するという方向性が顕著である[93]。

---

(88) 第180回衆議院／厚生労働委員会議録第11号（平24.4.18）15頁〔阿部知子、厚生労働大臣・小宮山洋子〕。

(89) 第183回衆議院／内閣委員会議録第15号（平25.5.29）6頁〔内閣府政策統括官・山崎史郎〕ほか。

(90) 第183回参議院／厚生労働委員会議録第9号（平25.5.28）9頁〔厚生労働大臣・田村憲久〕。

(91) 第183回参議院／本会議録第25号（その1）（官報号外・平25.6.5）4頁〔厚生労働委員長・武内則男〕。

(92) 第183回参議院／厚生労働委員会議録第10号（平25.5.30）18頁〔厚生労働大臣・田村憲久〕。

（6）国連関係・まとめ

　以上、本稿で扱った限りの国連関係の国際法規が、日本の国内社会保障法制に対して及ぼした影響を具体的に列挙するとすれば、国籍要件の撤廃、保育所の利用希望制度、障害者に対する合理的配慮義務や差別禁止、障害者雇用率の算定基礎に精神障害者が加えられたことなどが挙げられる。つまり、国連関係の国際法規は、新たな権利義務の創出や既存の権利の拡充など、様々な形において日本の国内社会保障法制に影響を与えている（もちろん、これらは国際法規が唯一の要因となってなされたものであると主張する意図はない。法令の制定・改廃がなされる際には複合的な要因があり得るところ、国際法規の存在がそれらのうちの一つであったという趣旨である）。

　他方で、「条約批准前／批准後の国内立法への影響」という本稿の分析軸からは、次のように言うことができる。すなわち、本稿で検討した国連関係の条約に関して言えば、条約を批准する（日本国内において当該条約の法的効力が生ずる）前に、当該条約の要求に合致するよう国内法制の整備を事前に慎重に済ませたうえで、条約の批准に向かうという姿勢が示されている。換言すれば、「ある条約をまず批准し、当該条約が日本国内において法的効力が発するに至ったのちに、当該条約上の法的義務の履行のために国内法制の制定・改廃をする」という流れがとられたものは、管見の限り存在しなかった[94]。

2　ILO 関係

（1）業務災害の場合における給付に関する条約〔ILO121 号条約〕（1964 年採択・1974 年日本批准）

　本稿の検討対象である 1948 年以降において、日本が初めて批准した ILO 条約は、労働監督条約（1947 年採択・第 81 号）、職業安定組織条約（1948 年採択・第 88 号）、団結権及び団体交渉権条約（1949 年採択・第 98 号）の 3 つである（いずれも 1953 年 10 月に日本批准）[95]。これらの条約以降も、日本は 20 年ほど

---

(93) その背景には、同条約の「締結に当たっては、まず国内法令の整備に取り組んでほしいとの障害者団体の指摘を受けたこともあ」ったという（障害者差別解消法解説編集委員会『概説 障害者差別解消法』（法律文化社、2014 年）2 頁。同編集委員会は、衆参両院の議員と各省庁の関係者から成る）。

(94) ただし、国際人権規約の批准過程は、実態としては、時の外務大臣の強いリーダーシップの下で、（各省庁から異論が出るほど）幾分「無理」をして、何らの国内法の制定・改廃を伴わずに批准されたという点で、「事前の慎重な調整」に対する例外にあたるとも評価できそうである。

の間に 10 余りの条約を批准しているが、それらのほとんどは、現在の視点からすれば労働法領域に関するものである。これに対し、社会保障法領域に関する最初期のものとしては、業務災害の場合における給付に関する条約〔ILO121号条約〕を取り上げることができる。

日本政府としては、1970（昭和45）年の労災保険法改正において、基本的には同「条約で定めます水準に日本の国内の労災の給付水準も到達」したと考えていた。しかしながら、当時は通勤災害に対する規定が存在せず、この点がILO121号条約 7 条[96]の条件を満たしていなかった。そこで、1973（昭和48）年、同条約の批准に向けて、通勤災害に対する規定を設けることが目指され[97]、実際に同年の労災保険法（および国家公務員災害補償法）改正によって当該規定が設けられた。その結果、翌1974年に、「ここで国内法上の整備が終わった、こういう考え方でこの条約の批准に政府としては決意」した[98]。

なお、同じく1974年には、労災保険について「障害者に対する補償年金及び補償一時金を約12％、遺族に対する補償年金を約13％、それぞれ引き上げる」などの法改正が実施されたが、ここには「労災保険及び船員保険の給付をILO121号勧告〔上記ILO121号条約と同日に採択された、当該条約を補足す

---

(95) ILO 駐日事務所ウェブサイトの「日本の批准条約」ページ参照（http://www.ilo.org/tokyo/ilo-japan/conventions-ratified-by-japan/lang-ja/index.htm）。

(96) 同条約 7 条 1 項は、「各加盟国は、「労働に係る事故」の定義（通勤に係る事故を労働に係る事故とする条件を含む。）を法令で定め、かつ、国際労働機関憲章第二十二条の規定に従つて提出するこの条約の適用に関する報告においてこの定義の内容を明示する」、同 2 項は「通勤に係る事故が業務災害補償制度以外の社会保障制度の対象となつており、かつ、この社会保障制度が通勤に係る事故につきこの条約に基づいて要求される給付と同等の又はそれ以上の給付を全体として与える場合には、通勤に係る事故は、「労働に係る事故」の定義に含めることを要しない」と規定する。

(97) まず、国家公務員災害補償法については、「ILO121号条約におきましても、通勤途中における災害について特段の考慮を払うように……定められておりまして」との言及がある（第 71 回参議院／内閣委員会議録第 20 号（昭 48.7.12）2-22 頁〔後藤敏夫〕）。さらに、労災保険法については、同法が通勤災害を給付対象としていなかったことがILO121号条約批准の妨げになっていた旨の言及があったうえで、通勤災害を新設する同法の「改正案が通りましたら〔同条約を——引用注〕批准する方針でございます」との姿勢が示されている（第 71 回衆議院／社会労働委員会議録第 39 号（昭 48.7.6）4-35頁〔労働大臣・加藤常太郎〕）。

(98) 以上、第 72 回衆議院／外務委員会議録第 20 号（昭 49.4.24）12 頁〔労働大臣官房長・北川俊夫〕。

る勧告——引用注〕の水準に合わせる……目途」があった[99]。ここでは、法的拘束力のない ILO 勧告の影響が示されている。

（2）社会保障の最低基準に関する ILO 条約〔ILO102 号条約〕（1952 年採択・1976 年日本批准）

つづいて、社会保障に関する包括的な条約として非常に重要な位置づけを与えられるのが、社会保障の最低基準に関する ILO 条約〔ILO102 号条約〕である。

同条約が ILO において採択されたのは 1952 年であった。同条約は、「社会保障制度の最低基準を 15 部 87 条にわたり、給付の種類別にきめたもの」[100]である。同条約の批准のためには、総則的規定に加えて、9 の給付部門（医療、疾病、失業、老齢、業務災害、家族、母性すなわち出産、廃疾、遺族）のうち最低 3 部門を受諾すればよい（同条約 2 条（a）(ii)：ただし、失業、老齢、業務災害、廃疾、遺族のうち少なくとも 1 つを含む必要がある）。その意味で、「批准規定の点では、他のいかなる ILO 条約よりも弾力的なものとなっている」とも評される[101]。この点につき、同条約案の作成過程における「最終報告書」（1952 年発行）においては、ILO 事務局は、日本も少なくとも 3 部門を満たしているため、同条約を批准可能と評価していた[102]。しかしながら日本の外務省は、国内の法体制が同条約をただちに批准をするような状態になかった[103]と評価しており、また、当該条約の批准よりもまずは年金や医療保険に関する国内法の整備・充実にプライオリティーを置いていた[104]。その結果、実際に日本が同条約を批准したのは 1976 年であった。批准に際して、日本は 9 部門のうち傷

---

(99) 第 74 回参議院会議録第 6 号（昭 49.12.25）178 頁〔社会労働委員長・山崎昇〕。

(100) ILO 駐日事務所による条約概要の説明（http://www.ilo.org/tokyo/standards/list-of-conventions/WCMS_239077/lang--ja/index.htm）。

(101) 高橋武『国際社会保障法の研究』（至誠堂、1968 年）87 頁。同書は、ILO102 号条約に関する包括的な検討を行っている。

(102) International Labour Conference: Thirty-fifth Session, *Minimum standards of social security: Fifth Item on the Agenda*, (International Labour Office, Geneva, 1952) p.155. ただし、どの 3 部門が満たされていると考えられていたのかは、同報告書には記載されていない（日本の年金保険のカバー範囲に関する言及はある：ibid）。なお、高橋・前掲注(101)75 頁脚注 5 も参照。

(103) 第 75 回衆議院／外務委員会議録第 18 号（昭 50.5.30）1 頁〔外務政務次官・羽田野忠文〕。

(104) 第 72 回衆議院／外務委員会議録第 20 号（昭 49.4.24）14 頁〔厚生大臣官房国際課長・綱島衛〕。

病給付、失業給付、老齢給付及び業務災害給付の4部門を受諾した。

　義務を受諾しなかった5部門のうち母性給付については、批准前の1973年に現金給付額の改正が実施されているが、当該改正は同条約を少なくとも意識はしたものであったようである[105]。また、同じく義務を受諾しなかった遺族給付についても、批准に関する国会審議が行われた翌年に、ILO条約の水準を満たすように給付額を上昇させるための改正に着手する姿勢が明確に示されている[106]。しかしながら、その後現在に至るまで、批准時に受諾した3部門以外について、受諾部門が追加されてはいない。

（3）石綿の使用における安全に関する条約〔ILO162号条約〕（1986年採択・2005年日本批准）

　石綿対策については、1972（昭和47）年にILO、WTOが石綿の発がん性を指摘した。これらの指摘以前においても、日本は石綿に対して対策を実施していたが（例えば1960年のじん肺法など）、それは「粉じん対策」に止まるものであった。そして上記の指摘以降、日本は「がん原性ありということで対策を講じ」るようになる。このように、対策の転換という意味において、国際機関による指摘が「ターニングポイント」となっている[107]。

　1986年に、ILOにおいて、石綿の使用における安全に関する条約〔ILO162号条約〕が採択された際の日本国内の状況は、「条約の求めます規制のかなりの部分は国内法令によって措置済み」でありながら、「国内法令の一部については、必ずしも完全には条約の規定と整合していないというところが存在していた」状況であった[108]。

　このような状況の下、「この条約の趣旨を踏まえれば」、単に一部の種類の石綿の使用を禁止するだけでは十分ではなく、国内で最も広く流通する白石綿（クリソタイル）の規制が望ましく、そのために安全かつ低コストの代替品の開

(105) 第75回衆議院／外務委員会議録第18号（昭50.5.30）10頁〔厚生大臣官房国際課長・綱島衛〕。
(106) 第75回衆議院／外務委員会議録第18号（昭50.5.30）9頁〔厚生大臣官房国際課長・綱島衛〕、同参議院／外務委員会議録第15号（昭50.6.19）11頁〔厚生省年金局長・曾根田郁夫〕、同16号（昭50.6.26）11頁〔厚生政務次官・山下徳夫〕。
(107) 以上、第163回衆議院／厚生労働委員会議録第4号（平17.10.19）25頁〔厚生労働大臣・尾辻秀久〕。
(108) 第162回参議院／外交防衛委員会議録第6号（平17.4.12）14頁〔外務大臣官房国際社会協力部長・神余隆博〕。

発が必要であった。その後、代替品の開発が進み、2004 年 10 月に施行された労働安全衛生法の改正施行令によって、クリソタイルを含む国内で流通する石綿含有製品の大部分が規制されることになった[109]。さらに、2005 年に、石綿を使用した建築物の解体作業「における石綿ばく露防止対策等の徹底を図るため、これまで特定化学物質等障害予防規則（昭和 47 年労働省令第 39 号……）において規制していた事項と併せて、労働安全衛生法……に基づく新たな単独の規則として」[110]、石綿障害予防規則（平成 17 年厚生労働省令第 21 号）が制定・施行された。同規則の制定によって、ILO162 号「条約と国内法との整合性を完全に確保することが可能となった」ことで、同年、当該条約の締結承認案件が国会に提出された[111]。

（4）ILO 条約の批准方針に関する昭和 28 年 12 月 3 日の閣議決定

なお、ILO 条約（ないしその他の条約）の日本における批准過程を検討する際に、しばしば国会において言及されるものとして、ILO 条約の批准方針に関する昭和 28 年 12 月の閣議決定[112]がある。資料によれば、同閣議決定（案）の扉には、「国際労働総会で採択された条約及び勧告に関し、国際労働機関憲章第十九条に基いてわが国の執るべき国内措置は、別紙のとおりとする」とある。そして、当該別紙中の「三　条約の批准及び勧告の処理」の項目に、以下のような記述がある。

「1　条約の批准
　　政府が批准することを適当と認める条約については、報告書の国会提出

---

(109) 以上、第 162 回参議院／外交防衛委員会議録第 6 号（平 17.4.12）14 頁〔外務大臣官房国際社会協力部長・神余隆博〕。

(110) 平成 17 年 3 月 18 日付け厚生労働省労働基準局長通知（基発第 0318003 号）。

(111) 第 162 回参議院／外交防衛委員会議録第 6 号（平 17.4.12）14 頁〔外務大臣官房国際社会協力部長・神余隆博〕。

(112) 内閣総理大臣官房総務課長「十一月三十日　十二月四日　閣議資料綴」所収。国立公文書館にて謄写請求ができる（分類：内閣官房／平成 14 年度、排架番号：4E ／ 3 ／ 376）。同閣議決定は「昭和 28 年 12 月 3 日」との日付で言及されることが多い（実際にそれが所収された上記「閣議資料綴」も、表紙は 11 月 30 日から 12 月 4 日のものとされている）。しかしながら、同資料綴の中の手書きでの記載では、「十二月八日（火）閣議　午前九時三十分　院内」として、「一、国際労働総会で採択された条約及び勧告に対する国内措置に関する件」とされており、これらの両日付の関係（食い違い？）については明らかでない。

後なるべくすみやかに、その批准につき国会の承認を求める。これに関する事務は、関係省の協力の下に、外務省が主管する。

2　条約の批准に伴う措置

条約の批准に関連して立法を要する場合には、批准前に立法の措置を講じ、これにつき国会の議決を求める。これに関する事務は、労働省又は他の主管省の所管とする。

立法以外の措置については、政府の責任において処理し、これに関する事務の所管は、右に同じとする。

3　勧告の処理

勧告については、国会に報告する外、政府の責任において処理する。」

この中で特に注目すべきは、2の項目において、条約の「批准前に」立法措置を講ずべきことが明記されている点である。ILO条約の批准に対する慎重な（あるいは「消極的な」）姿勢について質問・批判を受けた外務省や労働省が、この閣議決定の存在を引き合いに出す例がある[113]。

なぜ、このように批准の前に立法措置をとるという方針が採られたのかという理由については、以下のように説明される。すなわち、先に条約を批准してその後速やかに国内法制を整備するという方針もありうるが、現実には、労働に関係する法令は技術的・細目的な規定が多く、かつ労使の対立が生じ得るものであるため、速やかな立法の整備は困難である、そのため事前に各般の事情を調査し、調整を尽くす必要がある[114][115]。

（5）ILO関係・まとめ

以上、本稿で取り上げたILO条約が、日本の国内社会保障法制に対して及ぼした影響を具体的に列挙すれば、母子・遺族給付の給付額の向上、通勤災害を新たに労災保険制度の保障対象としたこと、石綿に関する規制物質の追加などが挙げられる。つまり、ILO条約の影響によって、既存の給付についての給付水準の向上や、新たな権利の創出等がなされていると言える。

また、本稿の設定した分析軸（条約批准前／批准後の国内立法への影響）の観点から以上の検討を眺めた場合、まず条約を批准して、批准した当該条約上の

---

(113) 例えば、第72回衆議院／外務委員会議録第20号（昭49.4.24）15頁〔労働大臣官房長・北川俊夫〕、第84回衆議院／外務委員会議録第24号（昭53.6.14）31頁〔労働大臣官房国際労働課長・石田均〕。

法的義務の履行として国内法を改正する、という姿勢がとられたものは、管見の限り見当たらない。この状況は、上で論じた国連関係に関するものと変わらない。ただし、ILO 条約に特徴的なものとして、条約の批准方針に関する昭和 28 年 12 月の閣議決定への言及があった。当該閣議決定の考え方（特にその根拠となる労使合意の困難性）が正当か否か[116]、また現在でも影響力を持ってい

---

(114)「御指摘のように、昭和二十八年に ILO 条約の批准にあたりましては国内法の整備を行なって批准を行なう、こういう方針をきめまして、現在も政府といたしましてはその方針に従っております。〔改行——引用注〕なぜそういう方針に固執しておるかという点でございますけれども、ILO の条約は、御承知のように先進国から最近の開発途上国というように非常に国情の異なる多くの加盟国対象としております。条約の中には、一般的なの、原則的なものを定めておるのもございますけれども、労働条件の国際的基準を定めるという観点から、非常に詳細、具体的な事項を定めておるものもございます。一方、労働法、労働関係の国内法令につきましては、御承知のようにたいへん技術的、細目的な規定が多く、かつその解釈につきましては労使で意見が分かれることが間々あるものでございます。〔改行——引用注〕したがいまして、いま先生のように、大方向賛成であるから、まず条約を批准してそれから国内法ということになりますと、一年の間に——特に労働問題につきましては労使関係の利害の対立する点もございますので、非常に困難を来たすことが予想されるわけでございます。したがいまして、ILO の条約の批准につきましては、二十八年、かなり前に決定をいたしたものでございますけれども、まず国内法制の整備を行ないましてから、労使関係でももう異論のないという状態にいたしまして条約の批准を行なうというたてまえは、このあとも続けてまいりたいと私たちは考えております。」（第 72 回衆議院／外務委員会議録第 20 号（昭 49.4.24）15 頁〔労働大臣官房長・北川俊夫〕）。

(115) なお、直接的に当該閣議決定に言及していなくとも、同旨を述べるものもある。例えば、「ILO 条約の批准という問題に関しましては、日本としましても、できるだけこれを批准する方針のもとに、いろいろと今日までもやってきております。〔中略——引用注〕今ある日本の国内法との関係において、これをどう調整していくかという問題がありまして、従って労働問題懇談会というものにこれが検討審議を命じて、その結論を待ってやるという方針のもとに、今日まできております。条約を批准し、これに抵触するようなおそれのある国内法は、これを改正したらいいじゃないかという議論も一方において立つと思います。しかし、日本の国内情勢からいって、これらの法制を直ちに修正し改定するということが国内事情に果して適合しているかどうかということにつきましても、各般の事情を調査し、研究する必要があるということで、こういう処置をとっておるわけであります。懇談会においてもその方の専門家なり、各労働問題についてのいろいろ権威の方々が十分に検討されておりますから、その結論を待って政府としては処置する、こういう従来通りの方針でおるわけであります。」などといった答弁がある（第 31 回衆議院／社会労働委員会議録第 3 号（昭 33.12.19）17 頁〔内閣総理大臣・岸信介〕）。

ると評価すべきか否かは、本稿では検討できないが、少なくとも外形上は、当該閣議決定に沿った批准のやり方が踏襲されている。

3 小括——国際法規の立法への影響

（1）国際法規の多様な影響

　国際法規による日本の社会保障法制への具体的な影響として、公的年金や社会手当における国籍要件の撤廃、保育所の利用希望制度、障害者に対する合理的配慮義務や差別禁止、障害者雇用率の算定基礎に精神障害者が加えられたこと（以上、国連関係）、母子・遺族給付の給付額向上、通勤災害を新たに労災保険制度の保障対象としたこと、石綿に関する規制物質の追加（以上、ILO関係）などがあった。

　このように、国際法規による日本国内の社会保障法制への影響のあり方は非常に多様である。具体的には、国家としては差別禁止の法律を新たに制定すれば一旦は国際法規の要請を満たすと考えられるようなものから、個々の社会保障給付の水準（給付額や対象者の範囲）を上昇・拡充させる（よって財源措置等の点で直接かつ継続的な費用負担が国家にとって追加的に生じる）ようなものまで、影響のあり方は非常に多岐にわたっている。これらの影響のあり方を、例えば自由権／社会権、実体的権利／手続的権利といった区分けによって無理なく整理することは困難であるように思われる。

（2）分析軸に基づく整理

　本稿の設定した、条約批准前／批准後の国内立法への影響という分析軸からは、次のように言えよう。すなわち、本稿で取り上げた多数国間条約に関しては、国連関係の条約とILO関係の条約とを通じて、条約の批准後に、当該条

---

(116) 当該閣議決定に対して鋭い批判を投げかけるものとして、第72回参議院／外務委員会議録第12号（昭49.5.16）5頁〔田英夫〕。同所において田は、「つまりこのILO関係の問題は、労働組合が対象であり、労働者が対象であるという状況の中でいろいろ問題がある。特に、自民党政府の立場からは問題があると。そこでそういう閣議決定をされたんだろうと思うんですけれども、そこに非常に問題があると思いますね。で、むしろ現行の日本の国内法、政府・自民党が整備されている国内法が国際的な労働関係の通念と違っていると、そういうものが多いから、まあ非常に手直しをしなければならない。ほかの一般的な条約の場合ですと、関係国内法はこれは条約と並行してその精神にのっとったものがつくりやすいけれども、なぜか労働問題については、自民党側のお立場から国際通念と違った法律をつくってしまっていると、ここに問題があるんじゃないか」と述べる。

約上の義務の履行として国内法制が改廃された例を確認することは、管見の限りできなかった[117]。その背景には、条約の批准に先立って、まず国内法制を十分に調整し、しかる後に条約の批准に向かう、という姿勢を日本政府が一貫して取っているという事情がある。そして、このような姿勢の原型を形成した一因と考えられるものとして、ILO 条約の批准方針に関する昭和 28 年 12 月の閣議決定が存在した。

　そうすると、国内法制が影響を受ける段階においては、当該条約の法的拘束力は日本に対して未だ生じていないのであるから、この段階で存在するのは、批准前の条約による、法的なというよりはむしろ事実上の影響力に過ぎないとも言いうる。

　ただし、この国内法への事実上の影響力を過少に評価するべきではない[118]。すなわち、日本の姿勢として、批准する方向性を定めた条約に対しては、細部にわたって国内法規との調整が行われるためである（そして調整後の国内法規は多くの場合、調整前のものよりも水準が向上している）。このように考えると、条約を批准すべしという圧力が、国内社会保障法規を国際基準に到達させるための、1 つの重要な推進力であると言える。

Ⅳ　日本における裁判上の位置づけ

1　概念の整理と学説の概観——国内的効力／自動執行性／直接適用可能性？

国際法規が、日本国内における社会保障に関する裁判においてどのような効

---

(117) ただし、細部における両者の相違として、次の点が挙げられる。すなわち、ILO 条約に関する場合は、まず国内法の状況を批准しようとする条約に適合するように法改正を実施した上で、適合性についてさらに慎重に検討をし、当該国内法改正を実施したのちの回次の国会において批准の承認を得る、という慣行を採っている。これに対してその他の条約では、多くの場合、批准の承認を求める国会において、併せて国内法の改正案を提出して、同時に承認を求める。以上について、第 72 回参議院／外務委員会議録第 12 号（昭 49.5.16）3-4 頁〔外務省条約局外務参事官・伊達宗起〕。

(118) このように、条約の法的拘束力と区別される事実上の影響力を肯定する評価は、条約に対して「国内法上の効力とは別個に、立法策定指針ないし政策策定指針としての条約の果たす役割は決して小さくない」とする評価（菊池・前掲注(1)47 頁）と共通する側面があろう。

力を発揮するかを検討するに当たっては、まず、「国内的効力／自動執行性／直接適用可能性」といった概念を整理しておく必要がある（ただし、これらの概念については、国際法学上も見解が統一されているわけではなく、概念の整理自体が重要な研究対象たりうる[119]。本稿では、有力な見解をベースにして一応の整理を行うが、その作業はあくまで踏み込んだものではなく、本稿の検討の便宜上なされる簡易的なものにとどまる）。

　まず、国内的効力とは、ある国際法規が「国内で法としての力を認められるか」[120]、別様に言えば「国際法規範が国内法秩序において法規範としての地位を有する」か否か[121]という問題であり、この国内的効力の有無は、「それぞれの国の国内法が決める」[122]。日本の場合、憲法98条2項により、国際法規は国内的効力を持つと理解されている[123]。そして、直接適用可能性（国内適用可能性）とは、ある国際法規の国内的効力を前提として、当該国際法規が「国内においてそれ以上の措置なしに直接適用されうるか」[124]、換言すれば「国内法上の措置（立法など）を介在せずに適用がなされる」か否か[125]という問題である。

　上記のような有力な見解からは、「何らの立法の必要なしに国内で法としての効力を持つという意味で用いられる」自動執行的という語は、本来区別されるべき「国内的効力と国内適用可能性の混同を招く」[126]ものであり、様々な意味に用いられる「極めて多義的な用語」であるうえに「自動（自力）という言葉」に「不明確性」が、「執行」という表現に「不適切性」が存するなどといった指摘がある[127]。そのため本稿でも、自動執行性の語は用いない。

　また、「国際法が国内で直接適用されるのは、個人の権利義務を創設してい

---

(119) 近時の研究として、松田浩道「憲法秩序における国際規範：実施権限の比較法的考察（1）」国家学会雑誌129巻5・6号（2016年）、山田哲史「憲法問題としての国際的規範の「自動執行性」」帝京法学29巻1号（2014年）など。

(120) 小寺彰ほか編『講義国際法（第2版）』（有斐閣、2010年）110頁〔岩沢雄司〕。

(121) 酒井ほか・前掲注(1)386-387頁〔濱本正太郎〕。

(122) 小寺ほか・前掲注(120)110頁〔岩沢雄司〕。

(123) 小寺ほか・前掲注(120)121頁〔岩沢雄司〕。

(124) 小寺ほか・前掲注(120)114頁〔岩沢雄司〕。

(125) 酒井ほか・前掲注(1)387頁〔濱本正太郎〕。

(126) 小寺ほか・前掲注(120)114-115頁〔岩沢雄司〕。

(127) 酒井ほか・前掲注(1)387頁〔濱本正太郎〕。

る場合には限られない」[128]のであるから、個人が裁判所において、当該国際法に基づいて直接に権利主張をなしうるか否かという問題は、直接適用可能性の概念とは切り離すべきであるとされる。

　以上のような整理に従えば、直接適用可能性の意味内容は、国内法に関する議論で用いられる「裁判規範性」と基本的に共通すると考えてよいように思われる[129]。

　さらに、直接適用可能性との関係では、「間接適用」という概念にも言及する必要がある。間接適用とは、「国内で裁判所や行政庁が国際法を国内法の解釈基準として参照し、国内法を国際法に適合するように解釈すること」であり、この場合、「参照される国際人権文書の法的性格はそれほど問題にされない」[130]。つまり、形式的には法的拘束力のない世界人権宣言等も間接適用されうる。この間接適用によって「事実上直接適用と同じ結果がもたらされることもある」[131]。ただし、ある裁判例が国際法規を直接適用したのか、それとも間接適用したのかについては、一見して明らかではないことも多く、学説による評価も対立し得る[132]。

　なお、国際法規の解釈を、国際的な機関が示すことがある（本稿ではこれを「国際平面における解釈」と表現する）。例えば、自由権規約に関しては、同規約締約国による国内的な規約の履行を、国際的に監視するための条約機構（treaty body）として、自由権規約委員会（自由権規約28条。規約人権委員会ともいう）が設置されている。また、社会権規約に関しても、同様の機能を果たす社会権規約委員会（社会権規約上設置されるものではないが、1985年の国連経済社会理事

----

(128)　小寺ほか・前掲注(120)115頁〔岩沢雄司〕。
(129)　ただし、直接適用可能性の概念につき有力な見解を形成した岩沢による概念定義は、裁判規範性の概念とは決定的に異なっていた、との指摘がある（松田・前掲注(119)97頁）。松田によると、岩沢の整理では、「仮に条約が裁判規範として機能し、裁判所が条約に適合しない法律を無効と判断することがあっても、それは条約の「直接適用」ではない」という結論になるのであり、「この点において、岩沢学説における「直接適用」の概念は、裁判規範性とは明らかに異なっている」という。
(130)　小寺ほか・前掲注(120)116-117頁〔岩沢雄司〕。
(131)　小寺ほか・前掲注(120)117頁〔岩沢雄司〕。
(132)　例えば、二風谷ダム事件判決（札幌地判平9・3・27訟務月報44巻10号1798頁）に関する評釈においては、自由権規約を直接適用したものとする説、間接適用したものとする説、さらには間接適用だがある意味では直接適用と説明する説が存在する。これらの点については、松田・前掲注(119)100-99頁参照。

会決議によって設置され、事実上の条約機関として機能している）が存在する[133]。
条約機関は、「条約規定の解釈に関する自らの見解を、全ての締約国にあてた
「一般的意見（general comments）」という形で採択し公表している」が[134]、こ
の一般的意見には法的拘束力はない[135]。

　以上のような概念と用語法を前提に、社会保障についての判例・裁判例と国
際法規との関係性を検討する。

2　国際法規と社会保障判例

（1）史 的 展 開

　本稿において、国際法規と関わるあらゆる社会保障裁判例を網羅的に扱うこ
とは困難である。そのため、社会保障法の多くの基本書・教科書において、国
際法規との関係で特に言及されることが多い判例を中心的に取り上げる。

　まず取り上げなければならないのは、いわゆる①塩見訴訟最高裁判決（最一
小判平1・3・2集民156号271頁）である。最高裁の判旨のうち、日本の締結した
条約に関して検討する部分は、以下の2点である。まず、ILO102号条約68条
1[136]に関して、但書の規定を根拠に、「全額国庫負担の法81条1項の障害福祉
年金に係る国籍条項が同条約に違反しないことは明らかである」と述べる。続
いて、社会権規約9条[137]について、「これは締約国において、社会保障につい
ての権利が国の社会政策により保護されるに値するものであることを確認し、
右権利の実現に向けて積極的に社会保障政策を推進すべき政治的責任を負うこ
とを宣言したものであつて、個人に対し即時に具体的権利を付与すべきことを
定めたものではない。このことは、同規約二条1が締約国において「立法措置
その他のすべての適当な方法によりこの規約において認められる権利の完全な
実現を漸進的に達成する」ことを求めていることからも明らかである。したが
つて、同規約は国籍条項を直ちに排斥する趣旨のものとはいえない。」と論じ

---

(133)　以上、申惠丰『国際人権法（第2版）』（信山社、2016年）36-37頁。
(134)　申・前掲注(133)37頁。
(135)　酒井ほか・前掲注(1)282頁〔濵本正太郎〕。
(136)　「外国人居住者は、自国民居住者と同一の権利を有する。ただし、専ら又は主として
　　　公の資金を財源とする給付又は給付の部分及び過渡的な制度については、外国人及び
　　　自国の領域外で生まれた自国民に関する特別な規則を国内の法令で定めることができ
　　　る。」
(137)　「この規約の締約国は、社会保険その他の社会保障についてのすべての者の権利を認
　　　める。」

た。

　学説においては、塩見訴訟最判の社会権規約に関する判示について、直接適用可能性を否定するものとの評価が一般的である[(138)(139)]。それらは具体的には、本判決は社会権規約9条の法的性格について、「プログラム規定説の立場に立って」、「社会権規約の裁判規範としての効力を一律に否定的に解した」[(140)]、あるいは、「社会権規約2条1項が漸進的達成義務という政治的宣言であることから、直ちに同規約全体の裁判規範性を否定」した[(141)]、といった評価である。

　上記の塩見訴訟最判以降、下級審判決は同最判をほぼ一様に踏襲していると評価される[(142)]。さらに、中には、社会権規約は「法的拘束力を有していても生活保護の対象を日本国民に限定することを禁止する具体的な裁判規範となるものではないから、本件処分を取り消す理由にはならない」[(143)]というように、「社会権規約の直接適用可能性を包括的かつアプリオリに否定するものまである」[(144)]。

　つづいて取り上げるのは、いわゆる②中野宋事件最高裁判決（最三小判平13・9・25集民203号1頁）である。判旨は、社会権規約および自由権規約「の各

---

(138)　なお、同判示は社会権規約を「法的拘束力を有しない」ものと解したとの評価もあるが、判示部分の文脈からは疑問がある（「所論の条約、宣言等は」という判示部分の叙述順序がミスリーディングであるが、文脈からして、法的拘束力が否定されているのは、日本が未批准のILO第118号条約・世界人権宣言・精神薄弱者の権利宣言・障害者の権利宣言・障害防止及び障害者のリハビリテーションに関する決議であると考えられる）。もっとも、この論点は結局は、何をもって法的拘束力とするかという問題に帰着する。

(139)　ただし、直接適用可能性の問題と、個人に具体的な権利が付与されているか否かの問題を区別する本稿の立場（上記Ⅰ.2）からすると、塩見訴訟最判が直接適用可能性そのものを否定したと言えるかについては慎重な判断が必要である（具体的な権利を与えるものではないという点を判断したにとどまると解する余地もあるため）。

(140)　中村睦男「判批（最一小判平1・3・2)」別冊ジュリスト113号（1991年）【社会保障判例　第2版】11頁。

(141)　徳川信治「判批（最一小判平1・3・2)」別冊ジュリスト156号（2001年）【国際法判例百選】109頁。

(142)　申惠丰「社会権訴訟における国際人権法の援用可能性」法律時報80巻5号（2008年）40頁。

(143)　東京地判平8・5・29行政事件判例集47巻4・5号421頁。

(144)　申・前掲注(142)40頁。

規定並びに……世界人権宣言が、生活保護法に基づく保護の対象に不法残留者が含まれると解すべき根拠とならないとした原審の判断[145]は、是認することができる。また、……不法残留者を保護の対象としていない生活保護法の規定が所論の上記各国際規約の各規定に違反すると解することはできない。」と論じた。

　この判示については、「本判決がＡ〔社会権——引用注〕規約が裁判規範になる（自律効〔本稿の用語法では直接適用可能性——引用注〕がある）としてＡ規約に違反しないとしたものか、Ａ規約が裁判規範にはならないとしたものかは、判文から読み取ることはできない」[146]とする解説がみられる一方、学説の大多数は、同規約の直接適用可能性を否定したものと評価している[147]。

（2）国際法規の間接適用

　上記のように、少なくとも社会権規約に関しては、判例の趨勢は直接適用可

---

(145) 原審の判断のうち国際法規に関わる部分は、「社会権規約はわが国も批准した条約であって、わが国に対して法的拘束力を有するものであるところ、右規約二条二項は、「この規約の締結国は、この規約に規定する権利が人種、皮膚の色、性、言語、宗教、政治的意見その他の意見、国民的もしくは社会的出身、財産、出生又は他の地位によるいかなる差別もなしに行使されることを保障することを約束する。」として、平等原則を規定しているのであるから、適用対象を日本国民に限定した生活保護法が、右条項に違反するものであるか否かについては検討を要するといえるものの、控訴人が主張するように、右規約の法的拘束力から当然に（すなわち、同法の法改正を行うまでもなく）、同法の適用対象が外国人をも含める趣旨に変更されたと解することができないことは明らかである。（改行）そして、右規約の平等原則の規定も、合理的な理由のない差別を禁止する趣旨であって、各人に存する経済的、社会的その他種々の事実関係上の差異を理由としてその法的取扱いに区別を設けることは、その区別が合理性を有する限り、右規定に違反するとはいえないものと解すべきであり、……生活保護法上の給付に関し、日本国民を在留外国人に優先させることとして在留外国人を支給対象から除くことも、立法府の裁量の範囲内に属する事柄と解すべきであって、右区別の合理性を否定することはできない」という部分と、「世界人権宣言は加盟国に対して法的拘束力を有するものでなく、社会権規約九条も生活保護の対象を日本国民に限定することを禁止する具体的な裁判規範となるものではない」という部分である。なお、最高裁が引用時に述べるのとは裏腹に、原審は、控訴人（原告）の主張する自由権規約 26 条違反については一切の判断を示していない。

(146) 近田正晴「判解（最三小判平 13・9・25）」判例タイムズ 1125 号【平成 14 年度主要民事判例解説】（2003 年）263 頁。

(147) 例として、成嶋隆「判批（最三小判平 13・9・25）」法学教室 260 号（2002 年）129 頁、早坂禧子「判批（最三小判平 13・9・25）」法令解説資料総覧 238 号（2001 年）138 頁。

能性の否定であった。

　これらに対し、上記①塩見訴訟最高裁判決よりも早期の昭和58年という段階において、国際法規の直接適用ではない方法によって、かつ国際法規の存在を決め手の1つとして、原告を救済する結論を導いたものも存する。いわゆる③金訴訟控訴審判決（東京高判昭58・10・20行政事件裁判例集34巻10号1777頁）は、国籍要件の残っていた段階における旧国民年金に、「韓国の人でも国へ帰らなければ、入っていると得ですよ」との自治体職員の勧誘によって長年加入していた在日韓国人の原告＝控訴人が、老齢年金の受給開始年齢に達したのちに、当該国籍要件によって老齢年金の支給裁定請求を却下されたという事実関係の下、次のように論じて原告の請求を認容した。

　いわく、「控訴人は、自己に国民年金被保険者の資格があると信じ、将来被控訴人が老齢年金等の給付をするものと期待し信頼して、右期待・信頼を前提に保険料の支払を続けたことが明らかであり、また、右経過からみて控訴人がそのように信じたことをあながち軽率であつたということはできない。右のような信頼関係が生じた当事者間において、その信頼関係を覆すことが許されるかどうかは、事柄の公益的性格に考慮をも含めた信義衡平の原則によつて規律されるべきものであ」る。「右信義衡平の原則に従うと……控訴人と行政当局の間で生じた右のような信頼関係を行政当局が覆すことができるのは、やむを得ない公益上の必要がある場合に限られ……る。控訴人は国籍要件を欠いているが、国籍要件をあらゆる場合につき維持・貫徹することは、右やむを得ない公益上の必要には当らない。なんとすれば、法制定当初から米国籍人には日米友好条約を根拠に国籍要件は適用されておらず、昭和54年以来我が国は国際人権規約（A規約）9条により外国人に対しても社会保障政策を推進すべき責任を負つており、昭和57年に至つて難民の地位に関する条約等への加入に伴い整備法による改正で国籍要件は撤廃されたことからして、国籍要件は、一切の例外を許さないような意味において国民年金制度の基幹に係るものではないというべきであり、控訴人の右信頼に反してまで国籍要件を維持・貫徹する必要性が公益上存するものではないと解されるからである。してみれば、控訴人と行政当局の間で生じた信頼関係を行政当局は覆すことができないから、結局、控訴人について国籍要件が充足された場合と同視するのを相当とするような法律状態が生じているというべきであ」る。

　上記引用部分によれば、判旨が結論を導くうえで直接的な法的根拠となった

のは、「信義衡平の原則」だと考えられる。そして同原則違反の判断の有無において、社会権規約9条によって日本が「外国人に対しても社会保障政策を推進すべき責任」を負っていることが考慮されている。その意味で当該事案は、社会権規約を間接適用したものと評価できる[148]。

（3）新たな潮流——社会権規約の直接適用可能性の肯定

　上記の③金訴訟控訴審判決のように、間接適用という手法によって社会権規約の規定内容が結論に影響を与えた裁判例もあったとはいえ、従来の裁判例の趨勢はあくまで上記（1）のような社会権規約の直接適用可能性の否定であった。このことに関する議論を敷衍すると、次のようになろう。すなわち、従来の判例では、自由権規約と社会権規約を区別し、前者については、「政府見解・学説とも……原則として直接適用可能性を肯定し、裁判所も同様の立場から、すでに多くの事案で直接適用可能性を認めてきた」[149]。しかし他方で、後者に対しては直接適用可能性を否定するというアプローチが、裁判例上の流れであった（その前提には、自由権は即時的効果を持つものである一方で、社会権は漸進的実現義務を課すものである、との前提がある）[150]。

　このような状況の下で、次第に社会権規約全般の直接適用可能性をひとくくりに判断するのではなく、個別の条文の性質に即して判断すべきという主張が現れ、それに沿うように社会権規約の特定の条文の直接適用可能性を肯定する裁判例も現れてきた。これらの中でもまず注目に値するのは、④大阪地判平17・5・25（訟務月報52巻4号1047頁）である。

　同判決は、社会権規約「2条、9条についても、留保なしに批准されているところ、社会保障を受ける権利自体は国の漸進的達成義務によるものであるから直ちに具体的な権利として認めることはできないが、すでに立法された場合

---

(148) 申・前掲注(142)40頁も同旨であると思われる。

(149) 申・前掲注(142)39頁。

(150) 棟居徳子「ナショナルミニマムと国際人権基準」『新・講座社会保障法3　ナショナルミニマムの再構築』（法律文化社、2012年）44頁。この傾向は、河野・前掲注(58)50頁をはじめとする論考において、早くから指摘されている。現在では、判例におけるこのような流れを意識して、障害者権利条約のように「いかなる権利の階層もつくらないよう」、自由権と社会権を分離せずに規定することで、「前者の優位性を主張する「人権二分論（自由権／社会権二分論）」を克服しよう」とする試みもある（棟居徳子「社会保障法における「人間像」と「人権観」——国際人権基準からの一考察」法学セミナー748号（2017年）44頁）。

には、社会保障を受ける権利において差別を禁止する同規約2条2項は、自由権規約26条と同趣旨にあるものとして、裁判規範性を認めることができる」ところ、本件は、原告が、社会権「規約9条の規定を具体的に立法化したものである旧法において定められた国籍条項が、内外人平等原則に違反して違法である旨主張して国家賠償を求めている事案であり、いわば国家から差別的待遇を受けないことを求める、A規約の自由権的側面に関わる問題である……〔ため、──引用注〕その性質上、自動執行力ないし裁判規範性を有するものと解すべきである。」と述べ、社会権規約2条2項の直接適用可能性を認めた。

　その上で、判旨は、「国民年金制度への加入資格要件としての国籍条項の存在は、国際人権規約発効当時、必ずしも十分な合理的理由があるとは言えず、自国民と外国人の平等な取扱いを要求する内外人平等原則（A規約2条2項、B規約26条）が許容する処遇の差異の基準に合致せず、このまま放置するときは違法な状態となるとみる余地があった」としつつ、具体的な条約違反の判断基準として、「国際人権規約の発効後、旧法下の国籍条項が国際人権規約の平等原則に違反する状態となりうる事態が生じたとしても、それが直ちに国際人権規約に違反するというものではなく、上記立法措置に必要な合理的期間が経過してもなお必要な改廃措置がとられない場合に、初めて国際人権規約上平等原則違反になる」との基準を設定した（ただし、結論としては合理的期間の経過を認めず、原告の請求を棄却している）。

　さらに、⑤福岡地判平22·9·8判例集未登載（LEX/DB 文献番号 25473447）は、憲法14条1項違反の検討において、自由権規約と併せて社会権規約を参照する判断枠組み（すなわち国際人権規約の間接適用）を示しつつ、（間接適用の枠組みにおいては必ずしも不可欠ではないはずの）自由権規約26条と社会権規約2条2項の直接適用可能性を肯定している（ただし、結論としては、「B規約26条及びA規約2条2項の定める平等原則についても、絶対的な平等を保障したものではなく、合理的理由のない差別を禁止する趣旨のものと解すべきである」から、それらの規定は「国の財政事情や、社会的諸事情等を踏まえた立法府の裁量を許容しているものと解さざるを得ないというべきであ」り、「そうすると、B規約26条及びA規約2条2項の規定内容に照らしてみても、整備法及び昭和60年改正法において救済措置等がとられていないことが立法裁量を逸脱する不合理な差別であるとまではいえず、……憲法14条1項に違反するものではない」として、結論においては憲法14条1項違反を否定した）。

以上、④判決および⑤判決に見たように、社会権規約の一定の条項（差別・平等に関するもの）につき、直接適用可能性を肯定する下級審も現れつつある。下級審におけるこのような流れを、学説は、社会権規約「2条1項、9条への期待に司法は応えてはいないものの、少なくと「平等」については僅かながら国内法論理よりもやや積極的ともとらえられる判断が散見される」[151]と評している。

（4）国際法規の解釈方法——規約人権委員会の一般的意見の参照

さらに、上記の④大阪地判平17・5・25は、自由権規約の解釈に関しても、次の2点において示唆的である。第1に、自由権規約26条[152]について、「社会保障の権利についても、法律によって認められた以上は本規定による保護が可能であり、法律によって認められた社会保障の権利に関して同条が禁ずる差別の状態にあるときは、締約国にはその状態を解消すべき施策を講ずるべき義務が生ずる」と述べて、社会保障への適用を肯定した点である。

第2に、自由権規約26条によって禁止される差別禁止の判断枠組みにつき、「すべての処遇の差異が本条で禁止される差別に当たるわけではなく、基準が合理的あ（ママ）りかつ客観的である場合であって、かつまた、本規約の下での合法的な目的を達成する目的でなされた場合には禁止される差別には当たらない（規約人権委員会一般的意見18）」と述べている点である。この判示部分は、「規約人権委員会の一般的意見18にしたがい、憲法適合性とは若干異なる基準を採用した」[153]ものと評しうる。

ここで、上記④判決の特徴の第2の点が示唆するのが、国際法規の内容をどのように解釈すべきかという問題である。具体的には、ある条約上の文言について、国際平面における解釈（例えば、国際司法裁判所や規約人権委員会などの国際機関による解釈）と、日本国内の行政府（外務省・厚生労働省）等による解釈が食い違うことがあり、そのような局面において日本の裁判所がどの解釈を

---

(151) 葛西まゆこ「国際人権規約と憲法25条」法律時報84巻5号（2012年）64頁。同論文においては、社会権規約の直接適用可能性が認められた裁判例が他にも紹介されている。

(152)「すべての者は、法律の前に平等であり、いかなる差別もなしに法律による平等の保護を受ける権利を有する。このため、法律は、あらゆる差別を禁止し及び人種、皮膚の色、性、言語、宗教、政治的意見その他の意見、国民的若しくは社会的出身、財産、出生又は他の地位等のいかなる理由による差別に対しても平等のかつ効果的な保護をすべての者に保障する。」

採用すべきか、という論点である。

　上記④判決が示したように、国際法規の条文（同判決では自由権規約 26 条）を、国際機関の示す解釈（同判決では規約人権委員会の一般的意見 18）に従って解釈する場合、直接適用可能性を肯定することで救済範囲・対象を広げたり、国の行為の適法性・合憲性に対する審査基準を日本の国内法（同判決では憲法14 条 1 項）独自の判断よりも厳格・精密にしたりといったように、国際法規を援用する側の有利に働くことが多い[154]（少なくとも援用する側はそのような効果を意図している）。しかしながら、日本の国内裁判所の多勢に関して言えば、国際機関の示す解釈、典型的には自由権規約委員会の示す「一般的意見や見解が勧告の効力しか持たず、法的拘束力を有しないことを捉えて、裁判所がこれらの文書を尊重する必要はないと判決するものが多い」[155]。

　このような傾向は社会権規約に関しても変わらず、例えば東京高判平 14・3・28 判タ 1131 号 139 頁は、「社会権規約委員会の意見である「一般的意見・第5」は、社会権規約の解釈について、我が国に対して法的拘束力を有するものではない」として、同意見を社会権規約 2 条 2 項の解釈において参照することを否定する。

　これに対して、⑥大阪高判平 27・12・25 賃金と社会保障 1663・1664 号 10 頁は「社会権規約 2 条 1 項の規定の内容からすれば、……積極的に社会保障政策を推進すべき政治的責任を負うことを宣言したもの」であり「社会権規約を直接

---

(153) 末永雅之「判研（大阪地判平 17・5・25）」『平成 17 年　行政関係判例解説』（ぎょうせい、2007 年）151 頁。規約人権委員会の一般的意見の参照という点については、申・前掲注(142)39 頁は、独居房遮蔽板訴訟控訴審判決（東京高判平 7・5・22 判タ 903 号112 頁）や指紋押捺拒否国賠訴訟控訴審判決（大阪高判平 6・10・28 判時 1513 号 71 頁）を例に挙げつつ、「近年の判例では、〔自由権――引用注〕規約の条項の解釈において……規約人権委員会が採択した「一般的意見」や「見解」で示された解釈を参照しつつ、それらを考慮に入れた国内法の解釈を導くものが徐々に増えてきている」と指摘している。

(154) 同旨と思われるものとして、申・前掲注(142)38 頁は、「人権条約は、人権保護に関する規範として内容的には憲法と大きく重なる分野を規律するが、しばしば、憲法をはじめとする国内法による人権保護を超える内容の規定を含んでいる」と指摘する。

(155) 坂元茂樹「日本の裁判所における国際人権規約の解釈適用――一般的意見と見解の法的地位をめぐって」『講座国際人権法 3　国際人権法の国内的実施』（信山社、2011 年）57 頁。同論文 56-62 頁においては、自由権規約を中心として、一般的意見や見解の援用に否定的な裁判例が多数紹介されている。

の根拠として本件〔生活保護基準——引用注〕改定の違法を論ずるのは相当ではない」と述べて社会権規約の直接適用可能性を否定する一方で、「憲法98条2項は、締結した条約及び確立された国際法規は、これを誠実に遵守することを定めているから、社会権規約の規定の内容は、法や憲法の解釈に反映されるべきものである」として、憲法98条2項を根拠に、社会権規約の「間接適用義務」とでもいうべきものを基礎づける。その上で、「社会権規約9条及び11条1項の内容、社会権規約委員会の一般的意見第3及び第19の内容は、……制度後退禁止を規定しているものと解される」として、社会権規約の解釈の際に社会権規約委員会の一般的意見を参照して、制度後退禁止を導いている（ただし結論としては、「社会権規約の規定の内容を法や憲法の解釈に反映したとしても、本件改定が法や憲法に違反するものでないとの結論は変わらない」とする）。

　以上、国際法規の解釈手法に関する裁判例の流れを概括的に把握するならば、自由権規約については、国際平面における解釈たる「一般的意見の援用を肯定する判決が増えてきた」[156]ところ、社会権規約についても、⑥判決に見られるように同様の傾向が表れつつあると言えよう。

　この論点について、学説中には、裁判所が自由権・社会権規約の解釈において、自由権・社会権規約委員会の解釈を参照しないことを批判する（あるいは参照すべきだと主張する）見解が多く見られる。すなわち、例えば自由権規約に関して、日本が条約の批准の形式として変形受容方式ではなく一般的受容方式（上記Ⅱ.1.(3)）を採ることを根拠として、日本では、条約が変形されずに「条約という国際法のまま国内的に法的効力を有するのである。したがって、自由権規約は、国際的に有している意味内容をそのまま持ち込む形で、国内的に妥当している」、と述べる見解[157]がある。この見解は、「自由権規約委員会は、法的に見て締約国会議の機関であり、法的拘束力がないからということだけで、各締約国がその規約解釈を無視してよいということにはならない」[158]と述べる[159]。さらに、批准に関する「留保」制度の存在を理由として、留保を付することなく批准した条約に関しては、「条約規定を国際法上受

---

(156) 坂元・前掲注(155)57頁。同論文62-66頁においては、自由権規約について、一般的意見や見解の援用に肯定的な裁判例が多数紹介されている。

(157) 薬師寺公夫ほか『法科大学院ケースブック　国際人権法』（日本評論社、2006年）94頁〔小畑郁〕。同旨を述べるものとして、坂元・前掲注(155)69頁。

(158) 薬師寺ほか・前掲注(157)94頁〔小畑郁〕。

け入れたことになり、……条約規定の内容を実現することが日本国全体として
求められることになる」(160)という指摘がある。この指摘も、条約規定の解釈に
際して規約委員会の示す解釈を参照するべきである、という主張につながるも
のであろう(161)。さらに、「自由権規約委員会や社会権規約等の一般的意見・一
般的勧告については、これ自体によってではなく、これが日本にも効力を有す
る条約の適用として問題になっていることを確認すべきであろう。このことは
裁判所における間接適用をより義務的に把握すべきだとする議論に傾く」(162)と
の指摘もある。

（5）直接適用とは別の次元における解決──国際法規の批准過程の参照

　さらに、いわゆる⑦大分高訴訟控訴審（福岡高判平23・11・15訟務月報61巻2
号377頁）は、国際法規（難民条約）そのものの直接適用可能性をめぐる議論
とは異なる次元において、ドラスティックな国内法解釈を展開した点で、注目
に値する。具体的には、日本における国際法規の批准過程への着目と、それに
よる法的効果の導出である。

　同事件の事案は次のようなものである。永住者の在留資格を有する中国籍の
外国人である原告が、生活に困窮したことから、生活保護を申請した。ところ
が、大分市福祉事務所長は、原告及びその夫名義の預金の残高が相当額あると
の理由で、本件申請について却下処分をした。そのため原告は、本件却下処分
の取消等を求めて出訴した。この事件の主たる争点は、外国人に対する生活保
護法適用の有無である。

　一審（大分地判平22・10・18訟務月報61巻2号363頁）は、原告の請求をいず
れも却下あるいは棄却した。これに対して上記⑦控訴審は、控訴人（原告）の
主張する社会権規約2条2項・9条・11条1項の問題には触れず、むしろ日本
における難民条約批准の過程等を根拠として、「国は、難民条約の批准等及び

---

(159)　ただし、こと裁判所がこれら規約委員会の意見等をどう扱えばよいか（扱うべきか）
　　　に関して言えば、「法的拘束力がない」ことと「無視してよいということにはならな
　　　い」ことの関係性が、法的に見てどういう状況なのかが一見した限りでは明確ではな
　　　いように思われる。
(160)　申・前掲注(5)435頁。
(161)　実際に申惠丰は、例えば塩見訴訟最判の評釈において、社会権・自由権規約委員会の
　　　一般的意見等を引用したうえで、最高裁による解釈を批判する（同「判批」別冊ジュ
　　　リスト204号【国際法判例百選第2版】（2011年）103頁）。
(162)　寺谷・前掲注(35)197頁。

これに伴う国会審議を契機として、外国人に対する生活保護について一定範囲で国際法及び国内公法上の義務を負うことを認めたものということができる。すなわち、行政府と立法府が、当時の出入国管理令との関係上支障が生じないとの認定の下で、一定範囲の外国人に対し、日本国民に準じた生活保護法上の待遇を与えることを是認したものということができるのであって、換言すれば一定範囲の外国人において上記待遇を受ける地位が法的に保護されることになった」のであり、「生活保護法……の〔「日本国民」という——引用注〕文言にかかわらず、一定範囲の外国人も生活保護法の準用による法的保護の対象になるものと解するのが相当であ」ると論じた。つまり、難民条約の批准過程における国会審議を根拠として、生活保護法の文言にはなんらの変更が加えられなかったにもかかわらず、同法による法的保護の対象が拡大した、との生活保護法解釈を展開したのである。

　この控訴審判決に対しては、結論については好意的に評価しつつ、「準用」の意味からして「判決理由が説得的であったかについては疑問である」[163]とする見解や、「もう少し丁寧に条約と国内法との関係を論ずる必要があったのではないか」[164]とする見解が見られる。そして結局、同訴訟最高裁（最三小判平26・7・18判例地方自治386号78頁）は、「我が国が難民条約等に加入した際の経緯を勘案しても、本件通知を根拠として外国人が同〔生活保護——引用注〕法に基づく保護の対象となり得るものとは解されない」と論じ、控訴審判決を破棄した。しかしながら、控訴審判決の提示した上記解釈手法は、社会保障裁判における国際法規の意義を検討するうえで、重要な手がかりを与えてくれる。この点については、下記Ⅴ.2.(3)にて詳論する。

（6）国際法規に対する裁判官の意識

　ここで、国際法規に対して裁判所がどのような感覚を有しているかについて、裁判官職を務めた法学者による叙述を参照する。

　例えば、伊藤正己は、いくつかの最高裁判例における国際人権規約の扱いについて、「規約違反の主張に対する態度は極めて冷淡であるというほかない。極端に言えばその主張を黙殺していると言ってもよい」[165]と述べる。伊藤は、

(163) 西片聡哉「判批（福岡高判平23・11・15）」ジュリスト1440号【平成23年度重要判例解説】（2012年）300頁。
(164) 葛西まゆこ「判批（福岡高判平23・11・15）」国際人権24号（2013年）86頁。
(165) 伊藤正己「国際人権法と裁判所」国際人権1号（1990年）10頁。

最高裁のこのような態度の背景を次のように分析する。すなわち、「最高裁は、規約の文言が詳細なときでもそれは日本国憲法を超えた人権保障をしているものではなく、規約の諸規定も憲法の保障をやや具体的に示したものであるとの解釈をとっており、したがって違憲の判断をするときにはその論拠を強化するためおそらく規約が援用されることがあろうが、そこでも実質的に憲法以上の保障を引き出すことはなく、合憲の判断をする場合は、当然に規約にも違背しないとされるのである」[(166)]。

　この点に関して、園部逸夫は「日本の憲法はよくできた憲法で、人権に関しても外国の憲法に比べても劣らない憲法なので、国際人権規約その他国際法の助けを借りなくても、日本の憲法独自で判断できる問題は沢山あるわけで、現にそうして来ているわけです」[(167)]と述べており、これは上記の伊藤による分析を裏付けるものと言えよう。

　これらの見解の背後には、国内法の効力順位（憲法が最上位で、日本が批准した国際法規が法律と憲法の間に位置する）によると、上位規範たる憲法の保障範囲が下位規範たる国際法規の保証範囲を包摂する関係にある以上、憲法違反の判断と国際法規違反の判断は重複するのであり、前者の判断を実施すれば、後者の判断を独立別個にする必要は（あるいはその余地すら）ない、とする認識が存在するように思われる。

　このことを念頭に置いて、具体的な事案に再度視点を転じると、上記（1）で取り上げた②中野宋事件最高裁判決の原審（控訴審）である、東京高判平9・4・24（行政事件裁判例集48巻4号272頁）では、国際法規に関わる判断の脱漏が生じているようにも見える。具体的には、控訴審段階で原告＝控訴人が社会権規約等と併せて、自由権規約26条違反を主張している（そして裁判所自身がそれを「当審における控訴人の主張」3の（二）に摘示している）にもかかわら

(166)　伊藤・前掲注(165)10頁。これに対して、伊藤自身は、「規約による保障は日本国憲法の人権保障と同趣旨であるとして、憲法解釈と同じ線で割り切る態度への検討が必要である」と述べ、「規約の方が日本国憲法以上の保障を与えていると考えられる場合」として、「被疑者や被告人の人権についての規約9条、14条」などを例示している（同11頁）。

(167)　園部逸夫＝小寺彰「〔園部元最高裁判事に聞く〕最高裁判所と国際法」ジュリスト1387号（2009年）12頁〔園部発言〕。ただし、論者は国際法と「外国の法律」や「国際情勢」を明確に区別せずに議論しているように見える部分もある（同13-14頁〔園部発言〕ほか）。

ず、裁判所の判断の中には、自由権規約に関する言及は一切見当たらない。このような扱いは、裁判所における国際法規の位置づけを象徴的に表している。

3　小括——日本の裁判所における国際法規の位置づけ

（1）国際法規の果たしてきた役割

　以上、Ⅳでは国際法規が日本の裁判所における社会保障関連の訴訟においてどのように扱われているかを、代表的な判例・裁判例を用いて検討した。ここでの検討内容を概括的にまとめると、国際法規は、（多くの研究者や弁護士が期待しているほどには）裁判において十分にその威力を発揮しているとは言い難い、と評することができよう。すなわち、裁判所は国際法規そのものを直接の法的根拠としてそれを援用する者（多くの場合原告）の救済をすることには消極的であるし、当該国際法規の解釈手法についても、国際的に権威ある解釈に依拠することは稀であり、基本的には日本の外務省の解釈に立脚していた。これに対しては、学説から、国際平面における解釈を採用すべきであるとの批判がなされることがあった。

　裁判官の意識としても、（通説的な理解とは裏腹に）国際法規を、憲法と法律との間に独立の法規範として捉える感覚は薄いようであった。

　しかしながら他方で、現代の下級審裁判例において、国際法規の位置づけに関する新たな潮流を見て取ることもできる。さらに、特定の下級審裁判例においては、国際法規に関する特徴的な解釈に基づいて、その援用者の救済が図られていた。

（2）分析軸に基づく整理

　上記の内容を、本稿の設定した分析軸（国際法規の直接適用可能性）に基づいてまとめれば、次のようになる。

　従前は、自由権規約に関しては直接適用可能性が肯定されていたが、他方で社会権規約においてはそれが否定されるのが判例・裁判例の趨勢であった。その背景には、裁判所が、社会権規約の解釈において、外務省等の（日本国内の機関による）解釈に依拠していたという事情がある。そのような姿勢に反対する学説は、国際平面における権威ある解釈（一般的意見等）に基づく解釈を裁判所に求めていたが、裁判所は、それらの国際的解釈が国内において法的拘束力を持たないことのゆえに、国際的な解釈に依拠することには否定的なものが大多数であった。

　他方で、現代の下級審裁判例における、国際法規の位置づけに関する新たな

潮流は、第一に、社会権規約に関しても、自由権規約と同様に直接適用可能性を肯定するというものであり、第二に、社会権規約の直接適用可能性を否定しつつも、その間接適用を義務的に把握する（しかも当該国際法規の解釈に際し、法的拘束力のない一般的意見を参照する）というものであった。このうち後者については、未だ直接適用可能性否定の趨勢が強かった昭和58年の段階において、国際法規の間接適用によって原告の救済を導いた金訴訟と同じ系譜に位置付けることもできよう。

　さらに、大分高訴訟控訴審は、国際法規の批准過程に着目することで、国内生活保護法の文言を超える解釈を行い、同じく原告の救済を試みた。

　このように、本稿の分析軸である直接適用可能性が、社会権規約との関係でも徐々に拡大しつつある。他方で、間接適用や批准過程への着目のように、直接適用可能性という分析軸とは異なる次元において、救済範囲を拡大する議論も見られる。

V　考　察

　以下では、これまでの検討内容をもとにして、社会保障法の「法源」としての国際法規に関して、総括的な考察を実施する。ここでの検討は、2つの分析軸、およびそれらの分析軸の導出元であった法的拘束力の概念に基づいて実施される。また、先述のとおり（Ⅱ.2）、Ⅲの検討はⅣの検討の前提としての性格を有しているため、両者の検討内容を融合させつつ、後者に収斂させるような形での考察を行いたい。このような考察の性格から、可能な限り整理した叙述を心がけるが、幾分議論が錯綜する部分も生じてしまうかもしれない。

1　裁判所の「懊悩」──国際法規をいかに解釈すべきか？

（1）日本の、国際法規批准の姿勢──社会保障裁判との関係において

　上記Ⅲの検討において、国際法規が日本の社会保障立法に対して、新たな権利の創出や既存の給付の水準向上など、数多くの重大な影響を与えてきた様子を概観した。本稿がここでの検討のために設定した分析軸は、「国際法規（条約）批准前／批准後の国内立法への影響」であったが、この分析軸に従えば、国連条約・ILO条約が国内立法に及ぼした影響は、すべて条約批准前のものであった（上記検討では、当該条約批准後の法的義務（拘束力）が影響したのではないことを強調する意味において、「事実上の影響力」と表現した）。つまり、日本政

府としては、条約を批准する前に、国内立法の制定や修正等、必要な調整を十分に尽くし、その上で国会において条約批准承認を受ける、という方針を一貫してとってきた。そして、この政府の方針の一端を明示するものとして、ILO条約の批准方針に関する昭和28年12月の閣議決定が存在した。

なぜ日本政府がこのような方針をとるのかを、社会保障裁判との関係において考察するならば、次のように論じることができよう[168]。もし、現在までの日本の方針とは逆に、まず条約を批准して、その後に必要な国内立法の調整を実施するというやり方をとった場合、調整が終了するまでの間は、国内法が条約に反している状態が生じうる。通説的な見解によれば、条約は法律に優位するため、条約違反状態にある法律およびその下位にある命令は、その効力が否定されうる。そうすると、ある社会保障給付の申請却下処分について、前提となる国内法令が条約違反で無効であることを前提として、処分の取消訴訟等の行政訴訟や、国家賠償請求訴訟等といった法的紛争が頻発し、社会保障行政に混乱が生ずる危険がある。そして、国内立法の調整が長引けば長引くほど（事実、上記のILO条約にかかる昭和28年閣議決定は労使対立による調整の困難という懸念に基づいていた）、上記のような危険は高まる。このような危険を考慮した場合、国際法規批准前に念入りに国内法の調整を終えておくことが、裁判との関係においては合理的であると言える。

以上のように、国際法規の批准前にすべての国内法上の調整を終え、しかる後に国際法規を批准するという方針には、まさに社会保障法の法源性との関係において、国内法体系における矛盾によって法的紛争が頻発することを回避するという側面がある[169]ことを指摘できる。

（2）国際平面か、国内平面か？

上記Ⅳの検討において、従前は自由権規約についてのみ認められていた直接適用可能性が、社会権規約の一部の規定についても認められるようになってきた様子を概観した。この問題は、結局は、日本の裁判所が国際法規をいかに解

（168）以下の考察は、本誌編者からのコメントに多くを負っている。

（169）このような考察はあくまで、本稿の問題関心に基づくものであり、条約批准の実務に関する行政権の実際の感覚とは一致しないかもしれない点に注意を要する。むしろ、日本の国際的な立場や、国内の利害調整等に鑑みて、できない約束はしない（できないかもしれない約束をするなんて、恐ろしくてできない）という素朴な感覚もあるのではないか、案外そちらの方が実態には近いのではないか、とも感じられる。

釈すべきか、その解釈に際して国際平面における権威ある機関の解釈を参照する義務があるか、という議論である。

　この論点について、多くの社会保障法・国際法学説は、国際平面における解釈の参照を、国内裁判所の義務と構成する議論をとる。すなわち、日本は、国際法規について一般的受容の方式を採る（よって国際平面の義務をそのまま受け入れている、とも評しうる）のであるから、国際法規を解釈するうえでは、まず国際法規が国際的に有する意味を確定する作業が必要である[170]。そうすると、国際法規の解釈において、一般的意見等の国際的に権威ある解釈を参照するのは当然であり、それを無視することは許されない。

　このように、国際平面における解釈を参照すべきとする学説の主張は明快である。

　しかし他方で、国際平面における解釈よりも、国内平面の解釈を重視する姿勢にも、以下のとおり正当な理由がある。

　国際法規について日本が一般的受容の方式を採るとはいえ、その受容の際には国内の議会（国会）において条約承認案件としての審議が存在する。その審議の過程においては、行政府（外務省をはじめとする関係省庁）が当該条約をどのように解釈したかが、質疑と答弁を通じて示される。その答弁に現れた解釈を通じて理解される条約について、国会はその締結承認を審議する。この際に日本の行政府が示した解釈と、国際的な解釈が、（留保や解釈宣言を付するまでには至らない）乖離を生じることがあり得る。そのような乖離が生じた場合に、日本の裁判所は行政府が示した解釈ではなく国際的な解釈を常に採用しなければならない、という（上記の学説が示すような）議論は、次の２点からすると成り立ち難い。すなわち、第１に、伝統的な理解によれば条約の解釈権は各国が有するとされ[171]、さらに日本においては国際法規の解釈及び実施が外務省の所掌事務とされていること（外務省設置法４条５号）、第２に、国際法規の批准過程において、国会において条約承認案件を検討するという制度設計をすることによって、立法権の関与を確保し、民主的統制を効かせようとしている（したがって条約承認案件における外務省等の答弁内容をはじめとする国会での議論内容が――国内の通常の法律制定過程における国会での議論と少なくとも同程度には

(170)　薬師寺ほか・前掲注(157)94頁〔小畑郁〕。
(171)　寺谷・前掲注(35)197頁。

——解釈上重視されるべき)(172)こと、の2点(173)である。

　特に後者の、条約承認案件における民主的統制をめぐる議論に関しては、衆議院の優越が認められる点など、民主的統制の程度が法律に比して「軽い」ものに止まるという指摘（Ⅱ.1.(3)にて前述）に再度注意を向ける必要がある。もしここで、条約に関する国会での議論内容を軽視し、むしろ国際平面における解釈を参照することを義務づけるということになってしまえば、ただでさえ法律よりも低いと見うる条約の民主的正統性が、より一層薄められるということになりかねない。このことは、国際平面における解釈の重要性を強調する論者の意図とは裏腹に、法律よりも条約が優位するとする効力順位に関する通説への根本的な疑問につながる恐れすらある。

　以上から分かるように、国際法規が日本国内において効力を有するに至る手続（特に民主的正統性の観点）に鑑みると、条約承認案件の際の行政府の答弁を（それがいかに国際基準から「遅れて」いようとも）無視することは、重大な問題を生じる。そして、裁判所がこの板挟みに折り合いをつけて解決を目指す際には、さらに、権力分立の観点からの行政府・立法府との権限配分が問題となる。

（3）裁判所における国際法規の位置づけについて

　裁判所における国際法規の位置づけ（特に上記Ⅳ.2.(6)のような見解）については、どのように考えるべきであろうか。

　出発点として、憲法と法律との関係を考えた場合、ある行政処分について、それが違法であるかどうか（違法性）と違憲であるかどうか（違憲性）の判断は区別し得るであろう(174)。その区別を認めた場合、違法ではあるが違憲ではない、という類型の存在を認めることになる。このことを前提に、国際法規に視点を戻すと、日本が批准し、日本において国内的効力（法的拘束力）を有するに至った国際法規は、通説によると憲法より下位かつ法律より上位に、独立

---

(172) ただし、法解釈の手法として、文理解釈等の他の解釈手法との比較において、国会の議論内容にどの程度の比重を置くかという問題はある。参照、原田大樹「行政法解釈と社会保障制度」社会保障法研究8号（2018年）50頁。

(173) その他にも、一般的意見の目的自体が、「裁判所が常にこれを参照すべきことを意図しているのではなく、……むしろ、各国、裁判所に判断を委ねつつ、その活動を促進させることにある」との指摘がある。寺谷・前掲注(35)197頁。

(174) 藤井樹也「違憲性と違法性」公法研究71号（2009年）112頁は、この両者が区別可能であることを前提としていると思われる。

の法規として存在することとなる。そうすると、憲法違反と国際法規違反は区別し得る、つまり憲法には違反しないが国際法規には違反する行為類型の存在を認めうることとなる。すなわち、たとえどんなに日本の憲法が「良くできて」いたとしても、そして憲法と国際法規の対象領域が重複しているとしても、憲法違反の判断と国際法規違反のそれとをまったく同一のものと捉え、前者の判断に後者が回収・解消されると考えることはできない。①憲法とは異なる保障範囲について下位規範が規定をすることは可能であり、そうした場合には保障範囲自体が異なるし、②下位規範が憲法と全く同一の範囲について保障している場合にも、下位規範の方が規定内容において具体的な場合、憲法違反の判断と下位規範違反の判断は、その手法において異なりうる。

　このことを、憲法と法律の関係との類比を用いてより具体的に言えば、次のようになる。憲法 14 条は性差別の禁止を含み、その点で男女雇用機会均等法 6 条[175]と対象領域が重複する。ただし、均等法 6 条の方がより具体的かつ詳細に差別禁止の内容を示している。この両者の関係において、「均等法 6 条は差別禁止という点で憲法 14 条と同じ規定であるから、憲法 14 条違反の判断と別個独立に、均等法 6 条違反の有無を判断する必要はない」とする主張は成り立ちえないであろう。国際法規違反の判断を憲法判断に完全に回収・解消できるという考えは、これと同じく説得力を欠く。憲法 14 条と社会権規約 2 条 2 項に関して言えば、対象とする問題領域はいずれも平等・差別禁止であったとしても、その規定の具体性や対象領域の特定性の点で、両者には差異がある。このように、憲法と国際法規は別個独立の法規であるのだから、（両者の規定の抽象性（具体性）の程度にさほど差がない場合、判断の中身が結果として似通ることはあるとしても）それぞれに違反の有無の判断がなされなければならない。

　以上のとおり、「憲法違反とは言えない場合でも国際人権規約違反というべき場合はある」[176]のであり、それは憲法違反ではなくとも男女雇用機会均等法

---

(175)「第六条　事業主は、次に掲げる事項について、労働者の性別を理由として、差別的取扱いをしてはならない。
　一　労働者の配置（業務の配分及び権限の付与を含む。）、昇進、降格及び教育訓練
　二　住宅資金の貸付けその他これに準ずる福利厚生の措置であつて厚生労働省令で定めるもの
　三　労働者の職種及び雇用形態の変更
　四　退職の勧奨、定年及び解雇並びに労働契約の更新」。

違反となる場合があるのとまったく同様の、自然なことである。

　ただしこのように考えた場合、通説的理解によると、国際法規に違反する法律の効力が否定される可能性が生じる[177]。そうすると、なぜ法律が、より民主的正統性の薄い国際法規によってその効力を否定されうるのかという難問に、裁判所は直面する（このことは通説的理解の帰結であり、研究者としては受け入れやすいかもしれないが、実際に三権のうちで司法権を担う裁判所・個々の裁判官にとっては、研究者とは異質の切実な悩みを生じうる）。裁判所が、この難問を避けるために、国際法規の適用を敬遠すること、また、もし国際法規を適用するとしても、せめて国会審議過程に現れた議論（その中心は外務省の解釈と答弁である）の範囲を逸脱しないような解釈を採ることによって、民主的正統性を可能な限り担保しようとすることは、いずれも理解し得る。

（4）消極／自制／理解不足？

　このように考えると、日本の裁判所による国際法規に対する消極的姿勢（それは第一に、国際法規を解釈する際に日本の行政府の解釈に依拠する――国際的に権威ある解釈を重視しない――という解釈姿勢であり、第二に、国際法規の適用それ自体に対する消極性であった）を、単に裁判所の国際法規への理解不足[178]のみによって説明することは公平ではない。むしろ、三権分立や民主的正統性といった観点から、裁判所が謙抑・自制の姿勢をとっていると評価することもできる。「日本の裁判所が、法律に比べて民主的正統性の希薄な「条約」について、その直接適用に消極的なのは、議会に代わるゲートキーパーとしての役割

---

(176) 藤原精吾「社会権規約の裁判適用可能性」芹田健太郎ほか編集代表『講座 国際人権法 2 国際人権規範の形成と展開』（信山社、2006年）429頁。

(177) 大石・前掲注(19)97頁は、「人権条約に抵触する国内法は効力を否定されるとする実体的解釈……が形成されつつある」と述べる。なお、同論文97-98頁の注②も参照。

(178) 上記2.(6)の中野宋事件控訴審判決の「黙殺」の例のように、国際法規への理解不足は多かれ少なかれ存在するように思われる。また、山下潔『国際人権法――人間の尊厳の尊重・確保と司法』（日本評論社、2014年）163頁では、同書著者の知人弁護士が、裁判官から、最終準備書面の段階で、「先生方がさかんに引用している国際人権規約というのは、外国の法律ですからね」と言われた話が紹介されている。裁判所によるこのような国際法規への理解不足が、自由権規約委員会による「「裁判官、検察官および行政官に対し、規約上の人権についての教育が何ら用意されていないことに懸念を有する。裁判官を規約の規定に習熟させるための司法上の研究会及びセミナーが開催されるべきである」との批判に結びつくのである」（坂元・前掲注(155)60頁）という指摘にも一定の理由はあるだろう。

を過剰に意識しているからではなかろうか」[179]との指摘は、裁判所が国際法規の扱いに懊悩する様[180]を、少なくとも一面において言い当てているように思われる。

（5）小括――裁判所はいかにして「悩む」か？

Ⅲで検討したとおり、日本の社会保障法制の内容向上に対して国際法規が及ぼしてきた影響力は多大であった。しかしながら、その影響力の中身は、法的なもの（国際法規上の法的義務に従って国内法制が改廃される）というよりはむしろ、（日本において当該国際法規が法的拘束力を生じる前の）事実上のものであった。その背景には、外務省を中心として、条約の批准（法的拘束力発生）前に、もし条約を批准したならば条約上の義務と抵触する恐れのある事項を精査し、必要な立法等の措置をすべて慎重に調整した上で、しかる後に条約の批准に向かう、という日本の実務慣行が存在する。これを裁判との関係で見れば、上記（1）のとおり、国内法が条約に違反している状態が生じること、それによって法的な紛争が頻発することを回避するという側面があると評価できる。

このことを裏から言えば、少なくとも行政府（および批准にかかる審議の場としての立法府）としては、（自らの解釈するところの）条約の批准のために必要な措置はすべて尽くしているということを意味する。そうすると、すでに批准し

---

(179)　石川・前掲注(26) 28 頁・脚注 17。

(180)　このような懊悩が最も先鋭的に表明されたのが、在日韓国人の元日本兵による障害年金請求却下処分取消訴訟（いわゆる姜富中訴訟）の控訴審判決（大阪高判平 11. 10. 15 判例時報 1718 号 30 頁）の顛末である。同判決は、当該事案において憲法 14 条違反および自由権規約違反の疑いがあるとしつつも、結論としては原告の請求を棄却したのであるが、同事件の主任弁護士によると、「判決当日、大阪高裁が判決とは別に「本件に関する当裁判所の所見」を配布した」という（小山千蔭「社会権立法と国籍条項」芹田健太郎ほか編集代表『講座　国際人権法　1　国際人権法と憲法』（信山社、2006 年）329 頁。その現物は手を尽くしても入手できなかった）。同「所見」（「所感」との表記もある）では、裁判所が次のように述べているという。すなわち「現行の法律体系の中で可能な限りの判断をしたつもりです。……しかし〔戦没者・戦傷病者等――引用注〕援護法に基づく給付を受ける権利が社会保障的な側面、その他多様な性質を有している点を勘案すると、現段階において直ちに国籍条項及び戸籍条項を無効と判断して厚生大臣に給付を命じたり、国会の立法不作為を直ちに国家賠償法上の違法な行為であるとまで認めることは困難であり、その是正は第一義的には国会で行うべきものと考えます」（同頁）。小山弁護士はそこに、「わが国の現状の解釈論の中で苦渋する裁判官の姿」を見出す（同頁）。なお、小山千蔭「判解（大阪高判平 11. 10. 15）」賃金と社会保障 1262 号（1999 年）47 頁も参照。

た条約を根拠として、国内社会保障法制の不十分さや欠缺を指摘して当該条約上の義務違反を指摘するような主張は、行政府の観点からすれば——あたかもすっかり搾り終えたレモンからさらなる果汁を求めるようなものとして——ナンセンスなものと映るであろう。そして、このような行政府の言い分は、①条約の解釈権が各国の行政府に与えられていること、および②条約批准過程への民主的統制の確保という2点から、正当化しうるものであった。

　このような考え方を前提として、視点を司法の場に転じると、しばしば批判される日本の国内裁判所の、国際法規の活用に対する「消極的姿勢」にも理由があることが分かる。もし、国内裁判所が国際法規を用いて積極的な司法救済を実施するとすれば、そこでは外務省をはじめとする日本の行政府の解釈——しかもそれは国会の、当該条約に民主的正統性を与える場において示されたものである——が（一定の限度で）退けられることとなる。そうすると、上記①条約の解釈権、②民主的正統性の両局面から、裁判所の権限踰越が疑われかねない。すなわち、国内裁判所が国際法規について積極的に解釈・活用をせず、行政府の解釈を尊重することによって、立法権・行政権と司法権との正面衝突が回避されている[181]、とも言いうる（そしてそこに裁判所の苦悩が垣間見えることもある）。

　以上のように考えた場合、本稿の分析軸である直接適用可能性や検討視角である法的拘束力のような概念を用いて、国際法規の積極的な適用を国内裁判所に求めることは、その意図とは裏腹に、裁判所による拒絶反応と、国際法規の一層の地位低下を生む恐れがある。

2　なお残る裁判所の役割

（1）国内法体系下で裁判所に期待されること

　上記のような考察は、国際法規の日本国内における実現過程を、国際平面

---

(181)　この点に関して、「各国はその憲法で外交処理権、条約締結権の一環としての条約の解釈・適用については、一般には行政府（内閣、大統領など）の専属的な権限としている。〔中略——引用注〕他方、国内の立法機関や裁判所は、それぞれの判断により別の基準により条約の解釈に関与する場合があり、行政府のそれとどのように調整をはかるか、法的システムの構築をめぐり憲法上の問題ともなる」との指摘がある（山本草二「国家の条約解釈権能をめぐる課題」ジュリスト1387号（2009年）17頁）。また、薬師寺公夫「日本における人権条約の解釈適用」ジュリスト1387号（2009年）55頁は、人権条約規定の最終的な有権解釈権が最高裁判所にあるか否かについて「認識が完全に一致しているとは思えない」と述べる。

（国際的に確立した解釈や監視機構等）に重心を置いてというよりは、むしろ日本国内における解釈権限の所在や批准のあり方、三権分立といった観点に重心を置いて捉えるものである[182]。

　しかしながら、このように国際法規の日本における実現過程を国内法の問題として捉えれば捉えるほど、（上記1の議論とは一見矛盾するようだが）国内裁判所の役割もまた強調されざるを得ないように思われる。なぜなら、日本が批准した国際法規は、憲法98条2項によって国内で法として存在するところ（国内的効力：上記Ⅳ.1）、国内における法の解釈に最終的な権限を持つのは司法権であるからである[183]。つまり、国際法規の解釈権限が第一義的には行政府に所在し、また行政府・立法府との関係において権力分立への配慮が重要であるとしても、国内法——そこには日本の批准した国際法規が含まれる——の適用によって具体的事件に対して最終的解決を与えるのは裁判所の役割である。そうすると、たとえ上記1のような三権における正面衝突回避のための知恵という側面を好意的に評するとしても、司法が国際法規を積極的に活用して具体的事件における個人を救済すべき局面は、なお存在しうる。違憲審査権（憲法81条）が示すように、裁判所は時によっては民主的正統性の問題を乗り越えてでも、少数者の権利を擁護する役割を負うのであり、それが日本の統治機構において三権のうちの司法権に担わされた機能である。

　そしてその際に、国内裁判所が自らの国際法規解釈の正当性を基礎づけるために用いうる手段が、第一に、例えば自由権規約・社会権規約委員会の一般的意見などの、（日本に対して法的拘束力を持たないが）国際平面において権威を認められる解釈文書への依拠であり、第二に、大分高訴訟控訴審（上記Ⅳ.2.

---

(182)　国際法規を国内で実施するための措置について、「各国家機関の権限の範囲や中央政府と地方自治政府の権限関係など、国家の統治機構の編成の仕方は国家により異なるから、国内的実施のあり方も各国ごとに異なる」（畑博行・水上千之編『国際人権法概論』（有信堂高文社、1997年）235頁〔村上正直〕）。また、「国家は自国が拘束される国際法の規則を国内的に実施しなければならない」が、「国際法はこれらの編入方法〔国際法に国内的効力を与える方法——引用注〕や効力順位〔国内法秩序における効力上の地位・順位——引用注〕を一律に定めずに各国の国内的取扱いに委ねている」（杉原・前掲注(3)111頁）。これらから、国際法規の国内における実現過程を国内法的観点に重心を置いて捉えることは通常の考え方であると思われる。

(183)　この点に関し、高橋和之は、国内裁判所が国際機関の解釈に法的に拘束されるのかという文脈において、「言うまでもなく、国内法レベルにおける最終的有権解釈権は裁判所にある」ことを指摘する（高橋・前掲注(25)54頁）。

（5））が示唆する、条約批准にかかる国会審議過程から一定の法的効果を導出する試みであるように思われる。以下でこの2点を敷衍する。

（2）法的拘束力なき文書への「依拠」

上記1.（1）の考察において、日本の国内裁判所が国際平面における解釈を採用せず、国内平面における議論を尊重することは理解可能であるし、正当な面があることを確認した。しかしながらこのことは、日本の国内裁判所が、国際平面の解釈を参照すべきではない（してはいけない）、あるいは軽視してよいという主張を決して意味しない。というのも、前提として、裁判所が法的拘束力のない文書等を参照することは可能である（現に、上述のように自由権・社会権規約の解釈において規約委員会の一般的意見を参照している下級審裁判例は多い。また、これらの文書の参照が法的に禁止されるという主張は管見の限り存しない）[184][185]。その上で、例えば自由権規約に関していえば、同規約28条によって設置される自由権規約委員会は、国際平面における自由権規約の解釈に関して最高度の正統性を有していると言えるし、そのことは同委員会の示す解釈内容の（内容面における）正当性を基礎づけうる。そうすると、日本の裁判所が自由権規約委員会の解釈を参照した上で自由権規約を解釈することによって、自らの解釈が正統かつ正当であることを示すことができ、ひいては判決の「説得力」[186]が増すことになろう[187]。

つまり、裁判所の判決において、法的拘束力とは区別される内容面の正当性（「説得力」）の観点から、規約委員会の解釈に積極的な（場合によっては不可欠

---

(184) ただし、参照される文書の（法的拘束力の有無といった）性質に応じた議論をすべきだという主張は存するし（例えば寺谷・前掲注（35））、その指摘自体は正当であろう。また、ILO 諸機関の見解を裁判所が活用することに関して、「もし履行監視メカニズムが発展させた規範群の中から、裁判所が選択的に採用・不採用を決めるとすれば、それは裁判所が実質的な政策判断を手がけることに他ならず、無自覚のうちに司法の政治化を進行させてしまう恐れがある」との指摘もある（伊藤一頼「国際労働機関（ILO）憲章——社会に浸透する国際労働基準」法学教室 438 号（2017 年）119 頁）。

(185) この点、非嫡出子相続分違憲訴訟最高裁大法廷決定（最大決平 25・9・4 民集 67 巻 6 号 1320 頁）が、日本に対していかなる意味においても法的拘束力を持ちえない「諸外国の立法のすう勢」をすら総合考慮の一要素として参照していることも、注目に値する。

(186) 本稿筆者は、結局のところ法解釈において最も重要なものが「説得力」であると考えている。ここでいう「説得力」の意味や、その前提となる法解釈観に関しては、さしあたり、南野森「「憲法」の概念——それを考えることの意味」長谷部恭男ほか編『岩波講座 憲法 6 憲法と時間』（岩波書店、2007 年）27-50 頁参照。

の）位置づけを与えることは十分に可能である。国際法規の、日本を含む各国
における国内的実現は、第一義的には国内問題であるとしても、グローバル化
の度合いをますます強める今般の社会経済状況下においては、国際社会に対す
る答責性をより一層果たすことが求められるであろう。その意味においても、
「法的拘束力ない」国際平面における解釈を、日本の国内裁判所が無視するこ
とは、「法的には」可能であっても、現実問題としては決して賢明な選択では
ないと思われる。

（3）条約の批准過程への着目について──大分高訴訟控訴審判決が示そう
と>したもの

　前掲⑦大分高訴訟控訴審判決が用いたのは、国際法規（難民条約）そのもの
の直接適用いかんではなく、日本における批准（国会審議）過程に着目して国
内法規を解釈するという手法であった。同判決については、下記のような検討
が許されよう。

　難民条約（生活保護との関係では特に 23 条）[188]の規定は、当然ながら同条約 1
条で定義されるところの難民を対象とするものである。そうすると、同条約上
の義務が即時的なものであり（条約承認案件における外務省の理解はこれであっ
た：Ⅱ.1.(3)）、直接適用可能であるとしても、難民以外の者について生活保護
を適用しないことを同条約違反とすることはできない。このことは、たとえ国
会における同条約批准承認案件の議論を参照しても、同条約単独の法的拘束力
という観点に立つかぎり、変わらない（当時国籍条項を有していた他の社会保障
各法において、難民に限定して国籍条項の規律対象から除外する措置を設けるにと
どまらず、広く国籍条項そのものを撤廃したことは[189]、難民条約によって課される
義務の範囲を超えているのであり、生活保護法においても難民のみに適用可能性を
開くだけでなく国籍条項一般をなくさねばならないという義務は、同条約単独の法
的拘束力からは生じない）。この点において、⑦判決の論理構成では、難民条約

---

(187) この点に関し、寺谷広司は、本稿においては取り入れることができなかった「裁判官
　　対話」をめぐる議論について、ICJ が初めて自由権・社会権規約委員会の法的判断に
　　依拠した 2004 年壁事件 ICJ 勧告的意見を取り上げて、「ICJ によるこうした参照が人
　　権監督機関の権威・正統性を高めることはもちろんだが、ICJ のそれをも高める。一
　　般的に、裁判官対話は被言及側だけでなく言及側の権威をも高める」と指摘する（寺
　　谷広司「国際法における「裁判官対話」」法律時報 89 巻 2 号（2017 年）67 頁）。
(188)「締約国は、合法的にその領域内に滞在する難民に対し、公的扶助及び公的援助に関
　　し、自国民に与える待遇と同一の待遇を与える。」

の法的拘束力の問題として結論を基礎づけることは困難であり、同上告審において最高裁が⑦判決を破棄したことも理解できるものである。このように考えると、もし⑦判決が「難民条約のみならず社会権規約などとの関係においても」議論を展開していれば[190]、結論を法的拘束力の観点から基礎づけることが可能だったかもしれない。

　ただし、上記のような評価は、⑦判決の意義を否定するものでは決してない。難民条約承認案件にかかる国会の議論を根拠として一定の法的効果を導く試み[191]は、第1に、（国際法規の第一義的な解釈権限を有する）行政府による、難民条約批准時の解釈を尊重した上で、その後の行政府の矛盾行為を禁ずるような法的効果を生ずる解釈手法を示した点、そして第2に、条約承認案件における国会における議論状況を重視しており、その限りで民主的正統性に対する配慮も利いている点から、積極的に評価することができる[192][193]。外務省の条

---

(189) 確かに、難民条約批准を契機とする国籍要件撤廃について、「難民だけを対象とすることは公平の要請に反する」（河野・前掲注(58)47頁）という指摘は可能であるし、さらに国民と実質的に同じ保護を（ないしは「適用」を）確保していると述べていた行政の答弁の禁反言を問題にすることも可能であろうが、それらは難民条約の法的拘束力とは区別される問題である。

(190) 葛西・前掲注(164)87頁。この点について、河野正輝は、「新たに難民条約が批准され、同条約で「公的扶助に関し自国民に与える待遇と同一の待遇を与える」よう義務付けられた今日では、生活保護法において受給要件の一つとしてあくまで「日本国民」要件を適用することは、世界人権規約（A規約）9条および難民条約23条にもと」るというように、社会権規約と難民条約の併用による条約違反という構成を指摘している（河野・前掲注(58)52頁）。

(191) 控訴審がこの国会の議論を重視したことについては、「国会の議決ではなく審議にそれほどの〔大分高訴訟控訴審が認めたほどの――引用注〕意味を認められる場合がありうるのだろうか」（福田素生「判研（福岡高判平23・11・15）」季刊社会保障研究48巻4号461頁）、「国会審議における答弁をどのような意味を持つものとみるかとの問題もあろう」（早川智津子「判批（福岡高判平23・11・15）」季刊労働法241号（2013年）185頁）というように否定的な見解もある。

(192) これら2点を敷衍すれば、①条約の解釈権限は第一義的には締約国にあるため、国会での審議過程は、その国が当該条約をどのような意味を持つものと解釈した上で批准しようとしているかを判断する重要な資料となる、②条約の締結権限が行政府に存するにもかかわらず、批准された条約は国内法的効力を持ち（憲法98条2項）、しかも法律に優位する（通説）とすると、民主的正統性の観点からは立法府が当該条約の承認に関与する必要性があり、国会承認案件はそのような意味で、条約の民主的正統性の担保の場である、となる。

約解釈を尊重すべきであるからと言って、もし国会における条約承認案件における同省解釈と矛盾するような解釈（行為）までをも同省に認めるとすれば、国会における民主的正統性が軽視されることになる。つまり、⑦判決の試みた判断手法では、条約承認案件における外務省答弁を重視することが、当該条約による原告の救済を肯定する方向に働いており、しかもそれが民主的正統性とも両立するものであり得たという点が非常に示唆的である。

　このことは、その他の社会保障関連の争訟における国際法規の用いられ方と対照すると、より分かりやすい。すなわち、他の事案では、条約承認案件において示された外務省の解釈が条約の意義を狭めるようなものである、と考える原告側が、外務省解釈を批判し、一般的意見のような国際平面における解釈を正当なものとして持ち出す構図が多い。そうすると、当該国際法規の民主的正統性の問題が持ち上がり、裁判所がそれを乗り越えるには三権の役割分担の壁が生ずる。つまり、これらの事案では、民主的正統性の問題と、原告の救済とが、対抗する関係として立ち現れる。それに対して⑦判決では、条約承認案件における外務省答弁を重視する（それを根拠に同省の矛盾行為を禁じ、原告の救済に資するような法的効果を導く）ことにより、上記のとおり、民主的正統性と原告の救済とが調和的に追求されている。

　このような理解からすると、⑦判決は、行政府と立法府による（それらのみでは不十分で条約違反とされかねない）条約上の義務の履行を、司法府が解釈によって補完し、国家全体で同義務の履行を確保するような方途の可能性を示したとも評し得る。最高裁が⑦判決を破棄したからと言って、⑦判決の試みた上記の判断プロセスの可能性や価値は減ぜられるものではない。

（4）総括——法的拘束力を超えて／学説の役割

　本稿では、国際法規の、国内社会保障立法過程への影響と、その裁判上の位置づけについて検討を行った。それらは次のようにまとめられる。

　国内立法過程への影響（Ⅲ）に関しては、国際法規による影響はすべて当該国際法規の批准前のものであり、批准後の国際法規上の義務（法的拘束力）に従って国内立法が改廃されたことはなかった。しかしながら、このことは国際

---

(193) この点について、豊島明子「判批（（福岡高判平 23・11・15））」法学教室 390 号別冊付録【判例セレクト 2012 ［Ⅱ］】（2012 年）7 頁は、「「経緯」を捉えてあたかも法改正がされたかのような解釈を行い外国人の保護につき「国際法及び国内公法上の義務を負う」とした判示部分には賛同できる」と述べる。

法規の意義を否定するものでは決してない。Ⅲ.3 で示したとおり、国際法規の存在と、その批准を目指して実施された国内立法の事前の調整が、国内社会保障の水準向上の推進力となったことは疑いないからである。

国内裁判上の位置づけ（Ⅳ）に関しては、国際法規の直接適用、およびその前提としての国際的な権威ある解釈（一般的意見等）の参照を、国内裁判所に義務付ける（国内裁判所がそれらをしないことを違法と論ずる）方向性での議論は、国内における民主的正統性や三権分立の観点をも視野に入れた場合、袋小路に迷い込む恐れがある。よって、国際法規の法的拘束力を強調するよりは、それらを活用することが国内裁判所にとっても（判決の内容面での正当性ないし「説得力」の向上、さらには国際社会への答責性といった）利点があるということを示し、裁判所による活用を促すようなアプローチの方が、より効果的であるように思われる。

以上の検討を要するに、本稿が設定した分析軸である直接適用可能性や、そのもととなる視角である法的拘束力といった議論を超えたところまで視野を広げることで、ようやく「法源」としての国際法規の正当な評価や、ありうべき役割の考察が可能となるのではないか。

このような考えを推し進めれば、国際法規の実現過程に関して、国内裁判所に過度の期待をかけることの問題点も指摘しうる。既述のとおり、（法的というよりは事実上の影響力であるとしても）国際法規の存在が重要な推進力の一つとなって、日本の社会保障法制が進歩してきたことは疑いない。理論的にも、三権分立を前提とした場合、国際法規の国内における実現については、国内立法機関（日本においては国会）に第一次的な責任があるということができ、国内裁判所の役割はその実現過程の一局面にしか過ぎない[194]。そうすると、国際法規の国内における実現を達成しようとする者が「より力を注ぐべきは立法府に対してであり、〔そのためには——引用注〕政治過程に関与しなくてはならないが、しかしこれは必ずしも法律家の領分ではないと一般的に考えられ」ていることから[195]、（特に法律学の）学説からは裁判所に過度の期待がかけら

---

(194) 寺谷・前掲注(35)201頁。すでに述べたとおり、このように考えた場合には裁判所の「消極的」とも評される姿勢は、常にネガティブに評価されるべきではない。ただし、これもすでに述べたが、立法の不備や狭間で救済されない市民に対して、司法が個別具体的な正義の実現のために救済を試みることは、大いに積極的に評価できるし、それ自体が司法に期待される役割であるとも言える。

れ、そしてその裏返しとしての厳しい批判が向けられる。そのような態度について、法律学者に自省の必要があるようにも感じられる[196]。むしろ、国際法規にかかわる事案における司法の限界を見極めたうえで、立法機関による積極的な国内立法を要請することの重要性にも目を向けるべきである[197]。そのようにして良い国内立法が達成された暁には、「条約はむしろ後景に退くことになるのではあるが、それによって条約目的はより良く達成される」[198]ということになろう。

　再度、視点を裁判の局面に戻すと、学説の役割を以下のようにいうことができよう。将来、上記（2）や（3）のような手段を駆使して、国際法規の法的拘束力と、民主的正統性や三権分立といった諸問題を微妙なバランスにおいて調和させ、個別の事案における「正義」を実現しよう（そして国際社会への答責性を適切に果たそう）と苦心するような判例・裁判例が現れた際に[199]、その「正義」や裁判所の努力に共感する学説の側には、──その苦心の跡を論理破綻とあげつらうのではなく──その意義を正当に評価するような、いわば裁判所との協働が要求される[200]。そのために学説は、裁判所の置かれている立ち位置や条約の締結に行政府・立法府が尽くした努力を正当に評価した上で、一方的

(195)　寺谷・前掲注(35)201頁・脚注87。

(196)　特に、政治過程への関与を志向する法学研究者の所論に対しては、「運動論」との
　　　レッテルが貼られ、「理論」を自任する研究者から否定的なまなざしが向けられること
　　　がある。しかし、こと国際法規と社会保障立法の関係に関しては、立法府の第一次的
　　　責任を念頭に置いた場合、「運動論」の役割を否定的に評価することは公正でない。ま
　　　た、そもそも運動論と理論は何をもって分けられるのかが明らかでない。「運動論者」
　　　とされる研究者の中にも説得力ある法理論を提示するものはある（その逆もしかりで
　　　ある）。「運動論」と「理論」の2種類の所論があるのではなく、そこにあるのは、説
　　　得力ある議論とそうでない議論の2つではないか（なお、この点については本誌編者
　　　から真摯かつ詳細な反論を頂いた。機会を改めて、検討を行いたい）。

(197)　この点において、障害者団体をはじめとする各主体による、条約の批准を求める「運
　　　動」は、従前と同じく非常に重要な役割を担い続けるであろうし、研究者もまた、自
　　　らの役割を適切に果たさねばならない（ただし、上記の圧力があまりに強すぎて条約
　　　の拙速な批准がなされた場合、社会権規約やILO102号条約の状況を想起するに、そ
　　　の後の国内法の改善がなされない恐れもあるのであり、微妙な舵取りが必要とされよ
　　　う）。

(198)　寺谷・前掲注(35)204頁。また、園部＝小寺・前掲注(167)13頁〔小寺発言〕も同旨
　　　であると思われるが、ここでは「人権条約みたいに非常に細かく書いてあるものは別」
　　　とされている。

な批判や価値判断をめぐる水掛け論に陥らないような対話を、普段から粘り強く繰り返す必要がある[201]（もちろん、裁判所をはじめとする三権の側にも、これらを傾聴する姿勢が求められる）。

Ⅵ　おわりに

国際法規が、これまでの日本の社会保障制度の進歩と向上に対して非常に重要な役割を果たしたことは疑いない。また、特定の状況下においては、裁判所が国際法規を直接適用した判断を示さないことを厳しく批判すべきであろう。

しかし、国際法規によってもたらされる規範は、ある場面においては国内法規範と矛盾・衝突し得る。さらに、その場合に、前者の国際規範の方が社会保

---

(199) ここで想定している事案は、具体的には、日本において難民が生活保護申請を行うというケースである。上記のとおり、日本は難民条約を批准しており、しかもそれは国会の条約締結承認案件に現れた外務省の解釈によると「即時的」義務であるが（Ⅱ.1.(3)）、同時に日本の現行の生活保護法は国民（国籍）条項を維持している。このケースにおいて、難民による生活保護申請が却下された場合、（外務省自身が即時的義務と解釈した上で、国会によって批准を承認された）難民条約に違反するが、同時に、立法府は、生活保護法から国民（国籍）条項を削らなかったため、同法の文理解釈によると難民は受給権を得られないこととなり、同却下処分が適法となる余地もある。このような場合に、裁判所が、大分高訴訟控訴審の示唆したようなやり方で救済をなしうるだろうか。

(200) 荒木誠之「国籍と年金受給権——金訴訟控訴審判決の意義」ジュリスト 804 号（1983年）82 頁は、「論理の飛躍はなく、解釈の技術も手堅い」が、それが故にむしろ「一般人の法的感情との違和感が残る」ような判断よりも、むしろ「苦心のあとがうかがわれ、その論理の展開にはなんら疑問の余地も残さないほどの完璧さはな」くとも、「具体的事案に即応して、健全な社会人の法感情にそった解釈を見出そうとする積極的な意欲」のある判断を高く評価する姿勢を示す。まさにそれこそが法解釈のあり様であろう。ただし、社会のあらゆる箇所において分断が生じているように感じられる現代の状況下において、当時荒木が「一般人の法的感情」や「健全な社会人の法感情」と表現したものが広く共有されていると言えるのかという困難な問題がある。

(201) 園部＝小寺・前掲注(167)16 頁〔園部発言〕は、小寺からの「裁判所が国際法の解釈をきちんとするためには国際法学者の役割も大きいと思いますがいかがでしょうか。」との問いかけに対して、「そうそう。たくさんの理論的根拠とか、あまり裁判所を敵視しないで、一所懸命理論的研究を続けていただきたいということですね。それで裁判所は採用できるものはもちろん採用していく。国際法学者がいるから、最高裁も判断ができることがいっぱいあるわけですから、それは大事なことですね。」と応答している。

障の権利主体にとってより制限的なものであることも、（現在までのところは見られなかったとしても）理論的にはあり得る。そうすると、国際法規上の義務（あるいはその批准のための立法整備の必要性）を強調する議論が、「国内における民主的手続に則った理性的な立法論議を回避する隠れ蓑として用いられ」る危険が顕在化する[202]。

　このような視点は、憲法学（「国内法平面への国際法規範の流入による、法の民主的正統性低下」[203]への警戒）や刑事法学（罪刑法定主義との衝突）の問題関心からは比較的理解しやすい。他方で、社会保障法領域においては、従前、基本的に国際法規が国内法の水準を向上させる方向で作用してきたため、上記のような視点・警戒感があまり意識されてこなかったように感じられる。そしてこのことが、国際法規の位置づけをめぐって、裁判所と学説との間に距離を生じさせた一因ともなっていたのかもしれない。

　社会保障法領域の法源としての国際法規の影響力が一層増大するであろう現下の状況において、国際法規がもたらしうる両面に目を向けた議論をすることの重要性が高まっているのではないだろうか。

〔謝辞〕本稿は、科学研究費助成事業・若手研究（B）〔研究課題／領域番号：16K17006〕、および福岡大学研究推進部推奨研究プロジェクト〔課題番号：167101〕による研究成果の一部である。
　本稿執筆に当たっては、明治学院大学図書館コレクション「小川政亮文庫・戦後日本社会保障資料」をはじめ、数多くの大学・公立・その他図書館の貴重な蔵書を閲覧させて頂いた。また、社会法研究会（九州）の会員各位、福岡大学法学部の多くの同僚、そして本誌編者に、たくさんの重要な助言を頂いた。記して御礼申し上げる。

---

(202) 松宮孝明「実体刑法とその「国際化」──またはグローバリゼーションに伴う諸問題」法律時報75巻2号（2003年）28頁。この「民主的手続」との衝突は、たとえ当該国際規範が市民にとって権利拡張的な（望ましい）ものであったとしても生じる。ただしもちろん、そこで言う「民主的手続」が、社会保障法が対象とするような（多くの場合には少数派に属する）人々の意見を吸い上げた法制度を構築するために適しているかという問題はある。

(203) 山田・前掲注(119)344-345頁。

社会保障法と憲法

植木　淳

Ⅰ　社会保障法学と憲法学

　本稿は、日本国憲法が、社会保障法の法源として、社会保障制度に対していかなる規範的要請を与えてきたかを検討し、いかなる規範的要請を与えるべきかを論じるものである。

　一般に「わが国の社会保障制度は、経済の高度成長と国の積極的政策形成によって、戦後50年の間に大きな発展を遂げた」と指摘される[(1)]。そのため、21世紀における「社会保障制度の新しい理念」は「広く国民に健やかで安心できる生活を保障すること」にあるとされ[(2)]、従来は「貧困からの救済（救貧）や貧困の予防（防貧）のための制度」として理解されてきた社会保障は、現在では「相対的に高い水準の生活保障」という「広い目的をも射程に置く」ようになったと指摘される[(3)]。そのような状況において、社会保障法学が「裁判規範としての権利」だけでなく「立法策定指針ないし政策策定指針としての権利」を視野に入れるものと捉えられるのは必然的なものである[(4)]。

　これに対して、社会保障に対する憲法学の立場は、憲法規範——特に憲法25条——の特質を「条件プログラム」（法定条件の充足により法的効果が発生する規範）と理解するか、「目的プログラム」＝「国家目標規定」（国家の施策の方向や到達点を示す規範）と理解するか[(5)]、によって異なる。この点、憲法25条は、それが「個々の国民に権利を与えず、国家を客観的に義務づけるだけ」であれば、「国家目標規定に限りなく近い」ものと評価されることとなる[(6)]。しかし、「憲法が何よりも権力を制限する基礎法（制限規範）」であると考えれば[(7)]、憲法規範は「立法者に対する価値実現の委託（目的プログラム）ではなく、立法者が踏み越えてはならない枠によって立法が憲法適合的か憲法不適合かを見分

---

(1)　西村健一郎『社会保障法』（有斐閣、2003年）6頁。
(2)　社会保障制度審議会「社会保障体制の再構築」（勧告）（1995年7月4日）。
(3)　菊池馨実『社会保障法』（有斐閣、2014年）10頁。
(4)　同56頁。
(5)　小山剛・駒村圭吾編『論点探究憲法（第2版）』（弘文堂、2013年）（小山執筆）15-16頁、18-19頁。
(6)　同20頁。ただし、「それらの条項が同時に条件プログラムとしての面をもつことを否定するものではない」とも指摘されている。
(7)　芦部信喜『憲法学Ⅰ憲法総論』（有斐閣、1992年）50頁。

ける限界づけ規範（条件プログラム）」として理解されるべきこととなる[8]。この点、本稿は、憲法 25 条 1 項を、基本的には、「理想とされる社会保障」を提示する「目的プログラム」としてではなく、「最低限なければならない社会保障」を提示する「条件プログラム」として理解した上で、その意義と可能性を論じるものである。

　近年の憲法学説では、「憲法 25 条の理念は、国会・内閣という政治部門と司法権を付託された司法府とによって、いわば『協働』して実現されることが期待されている」との認識の下で、生存権の具体化は「①憲法 25 条の『核となる内実』を前提に、②社会的・経済的条件を踏まえつつ展開される、立法・行政措置による『内実』具体化の過程を経る」という認識が示されている[9]。このような議論は、違憲審査制における政治部門と司法部門の「対話」の役割を重視する見解とともに[10]、憲法上の人権規定の実現過程を動態的に分析・統制するものであり、特に生存権が「国家的関与が権利の実現に不可欠」なものであることを考えれば[11]、不可欠な視点であるように思われる。それでも、上記のように、憲法 25 条 1 項を「条件プログラム」と解する立場からは、「協働」を枠づけるものとして「健康で文化的な最低限度の生活」という「核となる内実」を究明することが第一義的課題となる。

II　日本国憲法と社会保障

1　日本国憲法と「福祉国家」

（1）　最高裁・憲法学説と「福祉国家」「社会国家」

　日本国憲法が、社会保障制度をどのように規律してきたのかを検討する上で、最高裁及び憲法学説が「福祉国家」あるいは「社会国家」という言葉に与えてきた意義について言及する必要がある。

　最高裁は、「憲法は、全体として、福祉国家的理想」のもとに、「国の責務として積極的な社会経済政策の実施を予定している」と論じるとともに[12]、憲

---

(8)　西原博史『自律と保護』（成文堂、2009 年）21 頁。

(9)　尾形健「生存権保障の現況」論究ジュリスト 13 号（2015 年）88 – 89 頁。

(10)　佐々木雅寿『対話的違憲審査の理論』（三省堂、2013 年）。

(11)　駒村圭吾『憲法訴訟の現代的転回』（日本評論社、2013 年）174 – 175 頁。

(12)　最大判昭和 47（1972）年 11 月 22 日刑集 26 巻 9 号 586 頁（小売市場判決）。

法25条は「福祉国家の理念」に基づくものであると論じてきた[13]。また、憲法学説でも——「福祉国家」に否定的な見解も存在してきたものの[14]——基本的には日本国憲法を「福祉国家」「社会国家」を具体化したものと捉える見解が多数を占めてきたといえる。実際に、日本国憲法が「福祉国家」を前提にしているという認識は、統治機構と人権の双方にわたる憲法解釈に大きな影響を与えてきた。

（2）　統治機構と「福祉国家」

　統治機構に関して、初期の代表的憲法教科書は、「国家統治の基本原理」の一つとして「福祉主義」を掲げた上で、「この理念に即応した強力な政治とそれを裏づけるための国家の財政・経済全般の充実と安定とが必要である」と論じていた[15]。また、現在の代表的教科書では、「国民の生存配慮の課題」を遂行しうるのは「行政権である」ため、「行政権優位の構造」という「『行政国家』の現象が出現する」とされ[16]、「行政国家」であることの帰結として、①「立法の委任は不可避」であること[17]、②「内閣の強化と民主化を実現する必要がある」こと[18]、などが論じられている。

　具体的に、社会保障との関係が問題となるのは「財政」に関する諸規定であるが、概していえば、判例・学説ともに社会保障に関する政府の財政行為に対しては憲法上の規律を緩やかに解する傾向があるといえる。

　第一に、歳入を規律するものとして、憲法84条が租税法律主義を定めていることとの関係で、強制的に賦課徴収される社会保険料等に対して憲法84条が適用されるかが問題となる。この点、最高裁は、国民健康保険の保険料率を市長の告示に委任する市条例の合憲性に関して、国保保険料にも「憲法84条の趣旨が及ぶ」ものの、課税要件の明確性の程度は「国民健康保険の目的、特

(13)　最大判昭和57（1982）年7月7日民集36巻7号1235頁（堀木訴訟）。
(14)　完全に方向性が異なるが、鈴木安蔵編『現代福祉国家論批判』（法律文化社、1967年）27頁（鈴木執筆）、阪本昌成『憲法理論Ⅲ』（成文堂、1995年）307-309頁など参照。
(15)　清宮四郎『憲法Ⅰ』（有斐閣、1957年）46頁。
(16)　野中俊彦・中村睦男・高橋和之・高見勝利『憲法Ⅰ（第5版）』（有斐閣、2012年）43-44頁（高橋執筆）。
(17)　野中俊彦・中村睦男・高橋和之・高見勝利『憲法Ⅱ（第5版）』（有斐閣、2012年）77頁（高見執筆）。これに対して、委任立法に対する議会統制の強化を論じるものとして、田中祥貴『委任立法と議会』（日本評論社、2012年）がある。
(18)　野中ほか・前掲注(17)165頁（高橋執筆）。

質等をも総合考慮」する必要があるとした上で、本件条例は賦課総額の算定基準を明確にし、保険事業の費用・収入の見込額と予定収納率に関する専門的事項を「市長の合理的な選択」に委ねたもので、特別会計の審議を通じて「議会による民主的統制」が及んでいるため、憲法84条の趣旨に反しないとした[19]。

　第二に、歳出を規律するものとして、憲法89条後段が「公の支配」に属しない事業に対する公金支出を禁止していることとの関係で、社会福祉事業に対する補助金支出の合憲性が問題となる。この点、教育関連の事案ではあるが、東京高裁は、憲法89条後段は「同条前段のような厳格な規制を要するものではな」く、「公の支配」として必要な程度は、国・地方公共団体が「当該教育事業の運営、存立に影響を及ぼす」ことで当該事業を「是正しうる途が確保され、公の財産が濫費されることを防止しうることをもって足りる」として、学校法人格のない幼児教室に対する公費支出を合憲としている[20]。この点、憲法学説でも、憲法89条後段の意義を「公費濫用防止」と捉えて、財政統制が及ぶ限りで公金支出の合憲性を支持する立場が有力であると思われる[21]。

　次に、「地方自治」に関する諸規定が問題になりうる。現在、地方公共団体は、国の法律に基づいて生活保護等の実施機関、国民健康保険等の管掌者、障害福祉等の実施主体とされるとともに、独自の条例・規則に基づいて社会保障サービスを提供している[22]。この点、原理的には、国が地方公共団体に事務負担・経費負担を義務づけること自体が、「地方自治の本旨」（憲法92条）や「地方の財政自主権」（憲法92・憲法94条）を侵害する可能性がありうるものの、憲法学説で自覚的に論じられることは少ない[23]。また、憲法94条の条例

---

(19)　最大判平成18（2006）年3月1日民集60巻2号587頁（旭川市国民健康保険条例事件）。国民保険税に関して、市の保険税条例における課税総額規定を憲法92条・84条違反とした事例として、仙台高判秋田支部昭和57（1982）年7月23日行集33巻7号1616頁がある。

(20)　東京高判平成2（1990）年1月29日判時1351号47頁。その他に、新潟地判平成4（1992）年11月26日行裁例集43巻11-12号1462頁、福岡高判平成25（2013）年7月17日判例集未搭載 LEX/DB25446256 など参照。

(21)　尾形健『福祉国家と憲法構造』（有斐閣、2011年）第7章参照。

(22)　菊池・前掲注(3)39頁等参照。

(23)　例外的に、「三位一体改革」における生活保護の国庫負担金改革の議論を検討したものとして、尾形健「憲法と社会保障法の交錯」季刊社会保障研究41巻4号（2006年）329-330頁がある。

制定権との関係で、社会保障に関する法律と条例の相互関係が問題となりうる。この点、最高裁は、規制行政に関してではあるが、法律と条例が同一目的であっても法律が「全国的に一律に同一内容の規制を施す趣旨ではな」い場合には条例で別段の措置を講じることは許容されるとしており(24)、憲法学説でも「法律は全国を通じて確保すべき最小限を定めている」のであって、「ナショナルミニマム」に対する「上積み条例」は許容されると論じられている(25)。その意味で、憲法上社会保障の権限と責任は一義的には国が負うことを前提として、地方公共団体は法律の範囲内での裁量を有するとともに、基本的には「上積み」という方向での権限が認められているといえる(26)。

　上記の諸問題には各々詳細な検討が必要であるものの、総じて言えば、統治機構との関連で、「福祉国家」概念は、国の政治部門による政策決定に対する憲法的規律を緩和する方向性を正当化するものとして機能しているということができる(27)。

（3）　人権規定と「社会国家」

　人権に関して、初期の代表的教科書は、「社会国家の理念が確立された現代では、人権宣言で花形的地位を占めるものは、いうまでもなく、社会権である」と論じた上で、一方で、「社会権の保障は、その本質上、必然的に各人の自由権——とりわけ財産的な自由権——に対する制約を含む」とし、他方で、生存権は「具体的な内容をもつ請求権ではない」と論じてきた(28)。現在の代表的教科書も、一方で、「社会国家の理念を実現する」ために「経済的自由は、精神的自由と比較して、より強度の規制を受ける」とし、他方で、「生存権」は「それを具体化する法律によってはじめて具体的な権利となる」と論じている(29)。もちろん、憲法学説の中には、生存権の裁判規範性の確立を目指す試みなど(30)、「司法過程を通しての生存権実現のための解釈論の整備」を追

---

(24)　最大判昭和50（1975）年9月10日刑集29巻8号489頁（徳島市公安条例事件）。
(25)　佐藤幸治『日本国憲法論』（成文堂、2011年）568頁。
(26)　原田尚彦『新版地方自治の法としくみ（改訂版）』（学陽書房・2005年）185-186頁参照。
(27)　典型的には「憲法25条などに規定される福祉国家の理念は、公共性を持つ学校事業等への助成について、本条後段をゆるやかに解することを要求している」などと論じられている（長谷部恭男『憲法（第6版）』（新世社、2014年）359頁。
(28)　宮沢俊義『憲法II』（有斐閣、1959年）100頁、230頁、412頁。
(29)　芦部信喜著・高橋和之補訂『憲法（第5版）』（有斐閣、2011年）216-217頁、260頁。

求する立場が有力に存在してきた[31]。それでも、総じて言えば、戦後の憲法学説は、上記の代表的教科書のように、憲法 22 条・憲法 29 条に関して政治部門による広範な規制を容認するとともに[32]、憲法 25 条に関しては抽象的権利説の立場から政治部門による積極的実現を期待してきたといえる。

　そのような中で、最高裁は、憲法が「福祉国家的理想」を採用していることを根拠として、経済的自由の「規制」に関する広範な立法裁量を正当化するとともに[33]、社会保障に関する「給付」も「負担」も共に政治部門による裁量的判断に委ねてきた。具体的には、「給付」に関する憲法 25 条による統制は極めて限定的なものとなり、最高裁は、同条は「直接個々の国民に対して具体的権利を賦与したものではない」として生活保護法上の保護基準の設定を厚生大臣の裁量に委ねるとともに[34]、社会保障に関する広範な立法裁量を根拠に障害福祉年金と児童扶養手当の併給調整を合憲とした[35]。また、「負担」に関する人権規定による統制も抑制的なものとなった。第一に、社会保険料負担と「財産権」（憲法 29 条）との関係に関して、最高裁は、国民健康保険は「相扶共済の精神」から疾病・負傷等に対する保険給付を目的とするものであって、強制加入と保険料支払義務は憲法 29 条に反しないと判断した[36]。第二に、社会保険料負担と「生存権」（憲法 25 条）との関係に関して、最高裁は、国民健康保険法は恒常的生活困窮者に対しては生活保護（医療扶助）による保護を予定していること等を指摘しつつ、生活保護未受給の生活困窮者に保険料減免を認めない市条例は憲法 25 条に反しないとした[37]。

　次に、憲法 14 条「平等原則」との関係が問題となる[38]。この点、私見で

---

(30)　代表的なものとして、具体的権利説を主張する、大須賀明「社会権の法理」公法研究 34 号（1972 年）115 – 118 頁などがある。

(31)　樋口陽一『近代憲法学にとっての論理と価値』（日本評論社、1994 年）142 頁。

(32)　憲法学者は、憲法 22 条・29 条における「公共の福祉」という文言を「日本国憲法が経済的再配分を通じて個人の生存保障を図る福祉国家体制を念頭においていることの象徴とみなしてきた」（中島徹『財産権の領分』（日本評論社、2007 年）193 頁）。

(33)　最大判昭和 47（1972）年 11 月 22 日刑集 26 巻 9 号 586 頁（小売市場事件）。

(34)　最大判昭和 42（1967）年 5 月 24 日民集 21 巻 5 号 1043 頁（朝日訴訟）。

(35)　最大判昭和 57（1982）年 7 月 7 日民集 36 巻 7 号 1235 頁（堀木訴訟）。

(36)　最大判昭和 33（1958）年 2 月 12 日民集 12 巻 2 号 190 頁。

(37)　最大判平成 18（2006）年 3 月 1 日民集 60 巻 2 号 587 頁（旭川市国民健康保険条例事件）。介護保険料の賦課徴収が憲法 25 条に反しないとしたものとして、最判平成 18（2006）年 3 月 28 日判時 1930 号 80 頁がある。

は、憲法25条は社会保障給付が「健康で文化的な最低限度の生活」を実現するに足りるものであることを要求するものであるのに対して、憲法14条は「不合理な差別」を禁止することによって給付の公正を維持するという独自の機能があると考える[39]。実際に、社会保障に関して憲法14条違反を認めた下級審判例の中には、憲法25条で処理されるべき議論が混在しているものもあるが[40]、憲法14条に独自の機能があることが確認されたと評価されるべき事例も存在する[41]。特に、学生無年金障害者訴訟の東京地裁判決は、同じく国民年金未加入者であっても20歳前に障害を負った者には年金を支給しながら学生で20歳以後に障害を負った者には年金を支給しないことを「不合理な差別」としたものであり、社会保障に関して平等原則に独自の機能があることを示した判決であると思われる[42]。これに対して、同訴訟の最高裁判決は、憲法14条と憲法25条を別個の枠組で検討せず、社会保障に関する立法裁量を根拠として平等原則違反の主張を退けるものであった[43]。その意味で、最高裁は、社会保障に関しては、憲法14条との関係でも、立法裁量を強調して区分の合理性を広範に認める傾向にあるといえる。

　上記のように、人権の領域においても、「福祉国家」「社会国家」という概念は、①生存権（憲法25条）の実現を政策的裁量に委ねるとともに、②経済的自由（憲法22条・29条）に対する広範な政策的制約を正当化し、③平等原則（憲法14条）との関係でも区分の合理性を正当化するものとして機能してきた。

---

(38)　葛西まゆこ「福祉・『平等』・憲法」憲法理論研究会編『変動する社会と憲法』（敬文堂、2013年）47頁以下、山本まゆこ「日本国憲法第14条と社会福祉の関係についての一考察」社会保障法研究3号（2014年）153頁以下等参照。

(39)　植木淳「平等原則と社会保障」北九州市立大学法政論集32巻2＝3号12-15頁（2004年）。これに対して、「25条関連事案において14条独自の判断枠組みを適用することは、人格的価値に関する事案を除いては困難」であり「14条独自の枠組みが働く余地はあまり広くはないと思われる」とする見解もある（葛西・前掲注(38)52頁）。

(40)　東京地判昭和43（1968）年7月15日行集19巻7号1196頁（牧野訴訟）。

(41)　奈良地判平成6（1994）年9月28日判時1559号26頁（婚外子児童扶養手当訴訟）、大阪地判平成25（2013）年11月25日判時2216号122頁（遺族補償年金男女差別訴訟）など。

(42)　東京地判平成16（2004）年3月24日判時1852号3頁（広島地判平成17（2005）年3月3日判タ1187号165頁参照）。同判決の意義については、植木・前掲注(39)19頁参照。

(43)　最判平成19（2007）年9月28日民集61巻6号2345頁。同判決の問題点については、植木淳「学生無年金障害者訴訟最高裁判決の検討」法と民主主義425号（2008年）60頁以下参照。

その意味で、「福祉国家」は「政治的プロセス」によって実現されるべきであることを強調する見解は[44]、現実の憲法規範の動向を説明するものであったといえる。すなわち、「福祉」の問題は「権利」の問題ではなく「政策」の問題とされてきたのである。

2　「福祉国家」の過去と現在——憲法学説の課題

上記のような憲法規範に関する理解を前提とした上で、戦後日本の「福祉国家」の過去と現在を確認して、憲法学にとっての課題を検討することとしたい。

（1）　日本型福祉国家

そもそも、「福祉国家」とは、「国民の福祉の向上を目的とし、完全雇用や社会保障を重視する国家」であり、経済的困窮者に対する「給付」と、労働者・消費者を保護するための「規制」によって実現されるものである[45]。

この点、戦後日本の経済社会をみるに、「高度経済成長期の経済システム」は「広範な政府の民間経済活動への介入」「産業間の利害調整メカニズム」とともに、「長期雇用」と「年功賃金」を基礎とする「日本型雇用システム」によって特徴づけられるものであった[46]。また、「地方に対する公共事業、地方交付税・補助金などの税・財政面での優遇」と「農業、中小企業、零細小売業の保護」により、地域間・産業間格差の縮小が図られた[47]。その意味で、戦後日本においては、基本的には政府の「規制」と「助成」による所得再配分によって「福祉」が実現されてきたといえる。

その一方で、1970年代以降、社会保障制度の拡充——「賦課方式による年金給付の大幅改善を伴う『手厚い福祉国家』」——が開始され、社会保障関係費が増大することとなったものの[48]、生活保護を中心とする公的扶助に関しては給付総額・保護率ともに先進国間では低位にとどまってきた[49]。その意味で、高度成長期以降には、「福祉」のための「給付」が拡大したものの、それが「最低限度の生活」を営む「権利」として意識されてきたとは必ずしもいえな

(44)　松井茂記「福祉国家の憲法学」ジュリスト1022号（1993年）73-74頁）。
(45)　武川正吾『福祉社会（新版）』（有斐閣、2011年）9頁、207-211頁。
(46)　寺西重郎『日本の経済システム』（岩波書店、2003年）200頁、236-240頁。
(47)　岩田規久男『「小さな政府」を問いなおす』（ちくま新書、2006年）48頁。
(48)　同上36頁。
(49)　原田泰『日本はなぜ貧しい人が多いのか』（新潮選書、2009年）93頁。

かったといえる。

　上記のような日本の経済社会を、棟居快行は「見えない憲法」と表現し、そこでは「弱肉強食の自由競争経済ではなく、国家による競争制限的な社会経済秩序が望ましい」ことと「国民の雇用を確保することは、国家および企業の責務である」ことが基本命題とされてきたと批判的に描写する[50]。その一方で、中島徹は、「経済政策や産業政策によって経済的再配分を行うという日本型『福祉国家』＝小さな福祉国家は、…負の側面を伴いつつも、とりあえず『豊かな社会』を作ることに成功した」とした上で、福祉国家の「再建」を主張する[51]。両者は「日本型福祉国家」とそれを解体する「規制緩和」に対する評価を異にしているものの、それでも「日本型福祉国家」に関する認識を大部分で共有しているように思われる。

　ここで重要なのは、先述した憲法規範の状況が「日本型福祉国家」と表裏一体のものとなっていたことである。この点、西原博史は、「官僚による規制と行政指導の体系に、実は憲法学が裏から理念的な下支えを提供して」おり「抽象的権利説も、経済成長によるパイの拡大を期待する方向性と無縁ではなかった」と指摘する[52]。実際に、1990 年代までは国民多数に生活向上に対する予見が共有されており——「貧困」は深刻な社会問題であり続けたものの——将来的には「政策」による「福祉」の実現が期待されていた。そのことが、「福祉」の問題を「権利」の問題として意識する必要性を失わせてきたように思われる[53]。その意味で、「『福祉国家』シンボル」は「個人と国家のあいだの対立・緊張関係を消去する」ことによって「国家へのコントロールを本質とする近代立憲主義の基本的構図を逆転」させ、「国家ないし『国民経済』への協力義務を根拠づけた」ものとなったのである[54]。

(2)　21 世紀の「福祉国家」と憲法学・社会保障法学

　これに対して、21 世紀の日本では「福祉国家」を支える前提条件に根本的

---

(50)　棟居快行『憲法学再論』(信山社、2001 年) 54 頁。

(51)　中島・前掲注(32) 205 頁。

(52)　西原・前掲注(8) 31 頁、69 頁。

(53)　「成熟社会への移行」と「所得保障制度の充実」によって「社会保障への権利論的アプローチ」が「下火になったようにもみられる」(菊池馨実『社会保障の法理念』(有斐閣、2000 年) 3 頁) のは必然的である。

(54)　樋口・前掲注(31) 131 頁。

な変化が生じている。具体的には、経済の停滞とグローバル化が、「日本型雇用システム」の解体をもたらし、失業率の上昇と非正規雇用化を加速させるなど、国民の生活を支える労働の量と質の悪化をもたらしている[55]。また、国の財政収支は「急速な高齢化を背景とする社会保障費の増加、景気低迷による税収の落ち込み、度重なる経済対策に伴う歳出拡大と減税などから赤字基調が継続している」[56]。そのような状況を前提にして、2000年代以降は、政治の側から社会保障改革の必要性が発信され、「適切な給付と負担の水準」（骨太の方針2002年）や「社会保障給付費の伸びの抑制」（骨太の方針2003年）が語られるようになってきた。

　この点、本稿は、上記のような政治・経済・社会の状況を所与のものとして是認する立場に立つものではない。しかし、将来にわたる大幅な経済成長が見込めない状況の中で社会保障の問題を考えた場合には、財源（税・保険料・自己負担）の問題を無視して、「給付」の拡大を求めることは不可能であり、何らかの意味で「給付」と「負担」との均衡を意識することは不可避であると考える。その意味で、特に社会保障法学では、「給付」と「負担」の均衡、あるいは、「相対的に高い生活水準の保障」から「最低限度の生活水準の保障」までを含めた立法論・政策論を構築することが重要な課題となると思われる。その一方で、全体としての「給付」の抑制が不可避であるとしても──それならば一層のこと──、憲法学は、「最低限なければならない社会保障」を描くことで「抑制」の「限界」を明らかにする役割を負うというべきである。そこでは、「健康で文化的な最低限度の生活を営む権利」が「政策」の問題ではなく「権利」の問題であることを再確認した上で、その本質を究明することが求められているといえよう[57]。

Ⅲ　社会保障の理念──「連帯」と「自律」

1　社会保障の理念

憲法学が「健康で文化的な最低限度の生活」を「権利」の問題として再構築

---

(55)　加藤久和『世代間格差』（ちくま新書、2011年）110−113頁。
(56)　内閣府『平成25年度版経済財政白書』115頁。
(57)　「滴り効果を期待した政策に限界が見えた今こそ、生存権の権利論としての実質が光り輝かなければならない時代となるはずである」（西原・前掲注(8)67頁）。

するにあたって参考になるのは、社会保障の法理念としての「連帯」と「自律」に関する論争である。この点、「連帯」と「自律」を検討した上で、「社会保障法学者がめざしているものは、関心の違いや程度の差はあれ、突き詰めれば大きな違いはない」との指摘があるが[58]、「健康で文化的な最低限度の生活」の内実は「その背後にある目的を反映させてはじめて、画定の基準をより明らかにでき、さらにその具体的な実現手段の構想が可能になる」ものであって[59]、生存権論にとっては、「連帯」を基底にするのと、「自律」を基底にするのでは、大きな相違があるように思われる。

2　憲法・社会保障法と「連帯」

　社会保障法の成立には「国民の社会連帯＝国民連帯」という理念があったと指摘されるものの[60]、戦後の憲法学にとって「連帯」の概念は「自由の抑圧を含意しうるものとして、警戒の対象であった」といえる[61]。この点、社会保障の理念として「連帯」概念がもちいられる場合には、単純に租税負担や社会保険料負担を正当化する義務の根拠として位置づけられている場合（「義務の根拠としての連帯」）と、社会保障制度の基底に国民の自発的な「連帯」があることが論じられる場合（いわば「権利としての連帯」）がある。

　例えば、社会保障法の代表的教科書が「負担のない社会保障は考えられない」ため、「個々の国民」が「他者に対する負担を担う必要がある」とし、社会保障は「社会連帯の精神を具体化したものと捉えることができる」と述べているのは[62]、「義務の根拠としての連帯」を論じているように思われる。しかし、社会保障を求める「権利」の正当化を前提とせずに、「連帯」自体を目的として「義務」を正当化することには疑問がある[63]。この点、社会連帯を基底的原理とする論者は、それは「理性によって喚起され」「『人間愛』を基礎と

(58)　水島郁子「原理・規範的視点からみる社会保障法学の現在」社会保障法研究1号（2011年）117頁。

(59)　遠藤美奈「憲法に25条がおかれたことの意味」季刊社会保障研究41巻4号（2006年）336頁。

(60)　堀勝洋『社会保障法総論（第2版）』（東京大学出版会、2004年）100頁。

(61)　遠藤美奈「『健康で文化的な最低限度の生活』の複眼的理解」齋藤純一編『福祉国家／社会的連帯の理由』（ミネルヴァ書房、2004年）156頁。

(62)　西村・前掲注(1)17頁。

(63)　「『連帯』が自己目的化し、『自律』が『関係性』よりも劣位におかれるとすれば、それは25条1項の求める規範にはそぐわない」（遠藤・前掲注(61)178頁）。

するものである」と説いているが(64)、「理性」あるいは「人間愛」に関する特定の見解から「義務」を導くことは、「各自が自らの人生を構想し、それを自ら生き抜くための権利」(65)を尊重する立場とは相容れないように思われる。

　その一方で、社会保障の基底に国民の自発的な「連帯」が存在していることを指摘する議論は、いわば「権利としての連帯」を論じるものといえる。この点、倉田聡は、「社会連帯」を「所得再分配的な単なる財貨の移転関係」として捉える見解は「規範論にとって示唆的な内容を含んでいるとはいいがたい」と指摘する(66)。その上で、倉田は、ドイツとフランスにおける疾病保険が被保険者の「連帯」を源泉としてきたことを指摘した上で、日本でも「健保組合や国保組合はいうに及ばず、各種の共済組合制度」のように「被保険者の『連帯』を前提とした保険者組織が数多く存在する」のであって、「わが国の医療保険制度も、ドイツ・フランスと同様に、全体としては被保険者の『連帯』による社会保険制度とみなされる」と論じている(67)。

　上記のような議論は、1970年代に論じられた「下からの社会権」論——「労働者を中心とする利害関係者の集団的権利・自由」としての「社会権」(68)——と同じように、国民の自発的連帯によって「健康で文化的な最低限度の生活」を実現しようとするものといえる。現実に社会保障における重要な柱が被用者保険を中心とする社会保険となっていることからすれば、「社会的な連帯関係を抜きにして、国家の責任のみで社会保障は成り立ち得ない」ことは否定できないし(69)、規範論としても被保険者集団の「連帯」に対する憲法上の権利保障の在り方は検討されるべき問題といえる。

　しかし、社会保障制度全体を個人の意思による「連帯」によるものと位置づけることは困難であるように思われる。例えば、倉田は、社会保険は「被保険者の集団自治を基盤とする」ものであるとしているが、例えば、強制加入の国民健康保険制度に関して、それが保険料方式を原則としていることや、市町村議会とは別に運営協議会の設置が義務付けられていることだけを根拠にして、

---

(64)　高藤昭『社会保障法の基本原理と構造』(法政大学出版局、1994年)49頁。
(65)　長谷部・前掲注(27)443頁。
(66)　倉田聡『社会保険の構造分析』(北海道大学出版会、2009年)258頁。
(67)　同275-276頁。
(68)　中村睦男『社会権法理の形成』(有斐閣、1973年)295頁。
(69)　西村・前掲注(1)17頁。

「被保険者による集団自治」の考え方が「現在でも制度の根幹をなすものと位置づけられる」[70]と評価していることには疑問がある。それ以上に、生活保護等の社会扶助は個人の意思に関わらずに強制的な所得再配分を行うものであるため、自発的な「連帯」によって正当化することはできない。

　この点、倉田の議論の前提には「『個人』と『国家』の中間に位置する『社会』という存在」を重視する立場があり[71]、社会保障制度を必ずしも「個人」の意思に還元されない「社会」の「連帯」として把握する立場があるように思われる。しかし、そのような議論は「社会全体の利益の中に個人を埋没させ、安易に個人への犠牲を強いかねない危険性」と「個人の自由ないし自律を抑圧する危険性」を孕んでいる[72]。その意味でも、「連帯」を基底とする生存権論は、ともすれば「社会の権利」＝「個人の義務」を強調するものとなることは否定できない。これに対して、憲法規範の問題としては、憲法25条は「連帯」できなかった者——あるいは、「連帯」しなかった者——に対しても「健康で文化的な最低限度の生活を営む権利」を保障しているものと解されるべきであるように思われる。

3　憲法・社会保障法と「自律」

　近年の憲法・社会保障法学説においては、「生存権」（憲法25条）と「個人の尊重」（憲法13条）とを連続的なものと捉える見解が有力となっている[73]。

　代表的論者として、菊池馨実は、「『自律』した『個人』による『主体的』な『生の構築』」が、わが国憲法体制下にあってもそれ自体積極的に評価されるべき価値」であるとして、社会保障の目的は「自律した個人の主体的な生の追求による人格的利益の実現（それは第一義的に『自己決定』の尊重という考え方とも重なり合う）のための条件整備」にあるとして、「憲法との関連では13条に規範的根拠をおくものである」と論じている[74]。また、尾形健は、「抽象的・理

(70)　倉田・前掲注(66)227－228頁。
(71)　同26－27頁。
(72)　菊池馨実『社会保障法制の将来構想』（有斐閣、2010年）37頁。このような指摘は、「福祉社会」論が「共同体からの自由な諸個人の解放という、近代立憲主義の基本前提をあいまいにする論理を含んでいる」（樋口・前掲注(31)165頁）という憲法学の懸念と通底する。その一方で、近年の憲法学説では「他者との結びつき」自体の重要性を指摘する見解もある（岡田順太『関係性の憲法理論』（丸善プラネット、2015年)）。
(73)　竹中勲「社会保障と基本的人権」日本社会保障法学会編『21世紀の社会保障法』（法律文化社、2001年）43頁など参照。

念的には、憲法 25 条とは、各人が、現実の社会状況下にあって、自己の生を自律的・主体的に構想し、かつ達成しようとする営みを支援することを目途としたもの」であると論じている[75]。

　上記のように、社会保障の理念として「自律」を掲げる議論に対して、笹沼弘志は、自律能力の保有を権利享受の根拠とすることは「自律能力なき者の権利行使資格を否定することになる」と批判する[76]。このような笹沼による批判から、自律基底的な生存権論に関する次のような論点が浮かび上がるように思われる。

　第一に、社会保障の「基礎付け論」として「自律」が論じられることの意味である。この点、特定の人間観に基づいて人権を基礎づける議論には当該人間観に該当しない者を排除する危険性があることは否定できない[77]。そこには、「個人の尊重」規定に関して「人格的・理性的な要素を強調する見解」が主張されてきた理由として、「人権の基礎づけ機能を認めようとすれば、かつての人間の尊厳論に見られる人格主義的な要素をもち込まざるをえないと考えられた」[78]ことと同じ陥穽が存在するように思われる。ただし、菊池は、「社会保障のいわば基礎理論レベルでの根拠付け」として「社会契約的な説明を行う際に想定される個人は自律的人間である」ことを論じるものであり、「個別制度の適用場面における現実具体的な人間のありようが個々に異なる」ことは当然であるとして、「完全な自律能力」を「権利享受の前提条件とするものではない」と論じている[79]。その意味で、菊池が、「認知症高齢者が自己同一性を失うまいとして生きる姿勢」などに「自律」性を看取できるとしていることは[80]、現実に存在する全ての人間の在り方を説明するものではなく、「『自律』とは所与の前提ではなく、目指されるべき目標である」[81]ことの例示として理解され

---

(74)　菊池・前掲注(53)124 頁、140 頁。

(75)　尾形・前掲注(21)127 頁。

(76)　笹沼弘志『ホームレスと自立／排除』（大月書店、2008 年）53 頁。

(77)　若松良樹「人権の哲学的基礎」ジュリスト 1244 号（2003 年）7 頁参照。

(78)　玉蟲由樹『人間の尊厳保障の法理』（尚学社、2013 年）37 - 38 頁。その上で、玉蟲は「人格的・理性的な要素を強調」すれば「人権は人格的・理性的な個人にのみ認められるある種の『特権』にほかならなくなる」と指摘する（同 38 頁）。

(79)　菊池・前掲注(72)32 頁。

(80)　菊池・前掲注(3)109 頁。

(81)　菊池・前掲注(72)32 頁。

るべきである。その限りでは、自律基底的な生存権論が自律能力なき者の権利
行使資格を否定するものであるとの批判は必ずしも妥当なものとは思われない。
　第二に、自律基底的な生存権論における「貢献原則」を巡る問題がある[82]。
例えば、菊池は、「サーファーの自由」（確信的就労拒否者）を認めない立場か
ら、稼働能力がある場合には「精神的自立ないし人格的自立は、原則的には就
労等による可能な範囲での経済的自立を通じて実現される」と論じている[83]。
ただし、菊池も、社会保障の目的を「稼働能力の有無・程度に応じた『包摂』
を図ること」にあるとして、稼働能力がある場合には「職業訓練、リカレント
教育、職業紹介など自立に向けた積極的取組みが規範的に求められる」と論じ
ており[84]、就労拒否者に対しても保護を実施した上で就労支援をはかること
を否定していないように思われる。その一方で、笹沼も、能力活用要件を定め
る生活保護法 4 条 1 項を否定しているわけではなく、「勤労意欲と社会性の回
復、自尊感情の回復」などに留意して「就労意欲を失っている者への就労指
導」を行うことが必要であると論じている[85]。その意味で、両者の議論は、
特に「就労自立」に関して、菊池は保護受給者の側にも積極的な取組が「規範
的に求められる」とするのに対して、笹沼は国の側が「就労支援」によって
「勤労の権利」を具体化する義務を負うことを強調するものである[86]、という相
違があるものの、能力活用要件は「保護を開始したうえで、自立支援ないしソー
シャルワークの一環として就労指導を行う場面で重視されるものである」[87]と
いう範囲において大きな差異がないのかもしれない。
　上記のような論争があるものの、憲法学説では「社会保障制度をもって、憲
法 13 条を基軸に、憲法 25 条をそれと有機的に連結させ、各人がその生を主体
的に構想し、達成できる存在であり続ける条件整備」として理解する見解は広
い支持を集めているように思われる[88]。実際に、笹沼も憲法 13 条「個人の尊

---

(82)　「貢献原則」に関する笹沼による批判に関しては笹沼・前掲注(76)55 - 56 頁、菊池に
　　　よる応答に関しては菊池・前掲注(72)32 - 35 頁参照。
(83)　菊池・前掲注(72)34 頁、187 頁。
(84)　同 35 頁、21 頁。
(85)　笹沼・前掲注(76)86 頁。
(86)　同 46 - 47 頁。
(87)　加藤智章・菊池馨実・倉田聡・前田雅子『社会保障法（第 4 版）』（有斐閣、2009 年）
　　　349 頁（前田執筆）。
(88)　佐藤・前掲注(25)362 頁。

重」は「恣意的支配」に「抵抗する権利」を含むものであり、そのために「国家により自立のための保護を整備して他者への依存を抑制し、かつ国家による保護を請求する権利を個人に保障したのが、25条生存権の意義である」と論じている[89]。その意味で、社会保障の目的に「自律」（自立）があること——「憲法25条の保障するものの実体を『自由』や『自律』の原理と連続性をもったものと意識し続けること」が重要であること[90]——に関して、憲法学説では共通了解が生まれつつあるように思われる。

4　「自律」の意義——「個人の尊重」か「人間の尊厳」か

その一方で、自律基底的な生存権論に関して重要な分岐点となるように思われるのは、そこでいう「自律」が、その人の「ありのままの生き方」を認めるものなのか、それとも、一定の「規範的・標準的な生き方」を支援・推奨するものなのか、という問題である[91]。

それを検討する前提として、社会保障には、本質的に特定の生き方を規範的・標準的なものとして、受給者を強制・誘導する契機が含まれていることを指摘する必要がある[92]。具体的には、生活保護基準が「人間に値する生存」を保障する水準でなければならないとすれば、一定の価値判断を前提とした「標準的な生活」を措定せざるをえない。例えば、保護実施要領では「社会通念上処分させることを適当としないもの」の保有が認められているが、仏壇仏具の保有は社会通念上認められるが、宝飾品・貴金属の保有は社会通念上認められないと判断されるとすれば、それは一定の価値観・人生観を保護受給者に強制するものとなる。また、社会保障に画一化された給付ではなく「『ニーズ』に対応すべきだという法的義務を読み込む」という立場に立った場合には[93]、

---

(89)　笹沼・前掲注(76)59頁。
(90)　西原・前掲注(8)72頁。
(91)　この問題は、憲法13条の保障するものが「個人の尊重」が「人間の尊厳」かという論点に関わる。この点、押久保倫夫によれば、「人間の尊厳」は「特定の客観的（に存在すると想定される）倫理規範の法的根拠」になるのに対して、「個人の尊重」は「各自の個々の行動、個々の多様な意思を何よりも重視する」ものと説明される（押久保倫夫「個人の尊重」ジュリスト1244号（2003年）18頁）。これに対して、現代のドイツにおける「人間の尊厳」の新しい議論傾向に関して、玉蟲・前掲注(78)19-36頁参照。
(92)　「政府があらゆる個人に対する理想的なエンパワーメントを行うだけの資源を持ち得ないことを考えれば」、「いずれの方向にあっても、保護提供者の視点に基づいて固定化された生への誘導が働く危険がある」（西原・前掲注(8)74頁）。

「人間にとって〈緊急性〉の高い福祉ニーズを特定」するという価値判断を行わざるをえない[94]。例えば、「介護を受ける権利」が「健康で文化的な最低限度の生活を営む権利」に含まれると考えた場合には[95]、介護支給量の決定は、本人の心身の状況と生活の状況を踏まえつつ、標準的な介護ニーズに関する規範的判断を前提として行なわれることとなる。

　ただし、それでも、社会保障の目的たる「自律」を、その人自身の生き方に対する尊重を意味するものとして捉えた場合には、生活保護受給者でも保護費の範囲内でどのような生活を送るかに関しては、その人自身の決定が尊重されるべきであると思われる。その意味で、興味深い問題を提起するのが、中嶋訴訟最高裁判決であった。本件は、生活保護受給者が受領した学資保険の返戻金が収入認定された処分の合法性に関して、最高裁が「生活保護法の趣旨目的にかなった目的と態様で保護金品等を原資としてされた貯蓄等は、収入認定の対象とすべき資産には当たらない」として、「高等学校修学のための費用を蓄える努力をすること」は「自立助長」という「同法の趣旨目的に反するものではない」ため、本件払戻金は収入認定すべき資産に該当しないと判断したものであって[96]、「生活保護受給者の主体的な生活設計の余地を認めた」ものと評価されている[97]。

　しかし、本件で直接に争われたのは、学資保険の「返戻金」の収入認定の合法性であったことは注意を要する問題である。この点、杉本則彦最高裁調査官の解説では、本件では返戻金の使途に関する原告の説明が十分ではなかったため、使途に関する審理のために「原審に差し戻すことが相当であると考える余地もないではなかった」が、原審の概括的な判断も「首肯できないではない」ため「差し戻すことまではしないで」「本件を終了させることとした」ものであると説明されている[98]。その前提として、杉本は、生活保護世帯の貯蓄が

---

(93)　葛西まゆこ『生存権の規範的意義』（成文堂、2011 年）203 頁。

(94)　岩本一郎「生存権と国の社会保障義務」高見勝利＝岡田信弘＝常本照樹編『日本国憲法解釈の再検討』（有斐閣、2004 年）219 頁。

(95)　植木淳「介護請求訴訟の展開(1)」北九州市立大学法政論集 40 巻 4 号（2013 年）6−8 頁。

(96)　最判平成 16（2004）年 3 月 16 日民集 58 巻 3 号 647 頁。

(97)　西原博史「生活保護世帯の学資貯蓄と『最低限度の生活を営む権利』」受験新報 640 号（2004 年）9 頁。

(98)　杉本則彦「判解」法曹時報 57 巻 5 号（2005 年）353−354 頁。

許容されるためには「当該貯蓄等の使われ方が自立更生に役立つものである」ことが必要であり、「例えば遊興のために浪費されたような場合には、さかのぼって収入認定をすることができる」と論じているのである[99]。

　このような理解によれば、保護受給者は原理的には最高裁の認める「自立」に資する範囲でしか保護費からの支出が認められないことになる。例えば、日常生活費を切り詰めて貯蓄をした上で「遊興」のために費消するということは──非保護受給者の場合には「自由」の範囲に属する事柄であるが──保護受給者には認められないものとなる。これは「一般市民にとってはノーマルな行為が、保護受給者にとってはノーマルな行為とみなされていない」ことを意味するものであって、「シティズンシップの剥奪」といえるものである[100]。

　実際に生活保護に対して批判的な世論は、保護費の使途に神経を尖らせ、殊更に保護受給者の市民的地位を貶めようとする傾向にある[101]。そのような状況の中で、自律基底的な生存権論が想定している「自律」が、保護受給者の生き方の「自由」を──「遊興の自由」を含めて──非保護受給者の「自由」と同程度に尊重するのか否かは重要な問題である。この点、「自分には通常の生活保護給付に加えてシャンパン代が加算されるべきだ」という主張は不合理であるとしても[102]、「生活保護給付の範囲でパン代を節約してシャンパン代に充てる」ことは認められるべき「自由」であると思われる。その意味で、国家の任務は「自律のための物質的・教育的基盤の保障」であり、「どんな生活を営むのかの決定」は「基本的に個人の問題であり、本来的な国家の任務の外にある」と考えるべきであろう[103]。

---

(99)　杉本則彦「時の判例」ジュリスト 1273 号（2004 年）170 頁。

(100)　遠藤美奈「『健康で文化的な最低限度の生活』再考」飯島昇蔵＝川岸令和編『憲法と政治思想の対話』（新評論、2002 年）116 頁、123 頁。

(101)　例えば、小野市福祉給付制度適正化条例は、保護受給者の「パチンコ、競輪、競馬」等の「遊技、遊興、賭博等」を殊更に問題視し、市民からの通報を促すものとなっている。

(102)　長谷部恭男「個人の尊厳」岡田信弘ほか編『憲法の基底と憲法論 高見勝利先生古稀記念』（信山社、2015 年）19 頁。

(103)　西原・前掲注(8) 65 頁。

Ⅳ　「健康で文化的な最低限度の生活」再論

1　憲法 25 条論の意義

　最後に、日本国憲法が社会保障に対して与えるべき規範的要請に関して、憲法 25 条を中心に論じることとする。

　近年の社会保障法学で社会扶助だけではなく社会保険を含めた社会保障法制の全体像を意識すべきであることが指摘されていることは[104]、国民の生活保障が社会保険と社会扶助の双方によって支えられていることからすれば必然的なものといえる。これに対して、憲法学の課題が、憲法 25 条を「権利」の問題として捉え直して「最低限なければならない社会保障」を明らかにすることにあるとすれば、――「健康で文化的な最低限度の生活」保障には所得保障だけでなく社会サービス保障も含まれるとしても[105]――そこでの中心課題が生活保障のための「最後の砦」である生活保護となることは否定しえない。特に、2000 年代以降、生活保護制度に対する改革の中で保護基準の減額が行われていることに関して、憲法学が応答することは重要な課題となる。

　この点、生存権論の中心課題が「最低限なければならない社会保障」を明らかにすることにあると考えれば、憲法 25 条 1 項は「『最低限度』の生活の保障」を「値切れない "緊急的生存権"」として保障するものであり、憲法 25 条 2 項は「『最低限度』の生活水準をうわまわる条件の維持・向上についての国家の努力義務」を規定するものであると解すべきこととなる[106]。また、近年の憲法学説では、憲法 25 条に関する「抽象的権利説」を前提として、生存権を具体化する法律を「廃止しあるいは正当な理由なしに保障基準を切り下げる措置は、生存権を侵害する行為として違憲無効となる」とする「制度後退禁止原則」が説かれる[107]。このような「制度後退禁止原則」に対しては、「今日の立法府は過去の立法府の政治的判断に拘束されない」ため「制度後退それ自体に必要性・合理性を求めるのは筋違い」とする批判がある[108]。しかし、政策

決定者が過去に合理性を認めて給付水準を設定しているのに、それが切り下げられた場合には、「民主的多数派」が「切り捨てやすい少数者への給付を安易にカット」したのではないかが疑われるべきであり[109]、その意味で、制度後退の合理性の論証を求めることには正当性があるように思われる。

2　「健康で文化的な最低限度の生活」再論——生活保護減額をめぐって

　1967 年の朝日訴訟最高裁判決は、生活保護基準の合憲性・合法性を審査するにあたって、「健康で文化的な最低限度の生活」の具体的内容は「文化の発達、国民経済の進展に伴って向上するのはもとより、多数の不確定的要素を総合考量してはじめて決定できる」として、厚生大臣の広範な裁量権を認めたものであった[110]。次に、生活保護基準の合憲性・合法性が争われた 2012 年の老齢加算廃止違憲訴訟最高裁判決は、「老齢であることに起因する特別な需要が存在するといえるか否か」の判断に関する厚生労働大臣の裁量権を尊重した上で、老齢加算廃止の根拠とされた「専門委員会」の「中間取りまとめ」の判断内容を是認し、厚生労働大臣の判断には「判断の過程及び手続に過誤、欠落があると解すべき事情はうかがわれない」と判断した[111]。上記の判断に対して、憲法 25 条 1 項が「値切れない“緊急的生存権”」を保障するものと考える立場からは、生活保護基準に関しては高い審査密度での審査が行われるべきであるように思われる[112]。生存権の実現は、政治と司法との「協働」「対話」を通じて具体化されるべきであるとしても、「対話」の実現のためには裁判所による「審査密度の濃い」「厳格な違憲審査」が必要であって[113]、そのような司法の側からの「発話」がなければ「対話」は成立しない。

　現在、生活扶助費の削減を含む 2013 年度の生活保護基準改定による保護変更決定に対して、全国各地で裁判が提起されている[114]。

---

(109)　棟居快行「生存権と『制度後退禁止原則』をめぐって」初宿正典ほか編『国民主権と法の支配（下巻）佐藤幸治先生古稀記念』（成文堂、2008 年）372 頁。

(110)　最大判昭和 42（1967）年 5 月 24 日民集 21 巻 5 号 1043 頁。

(111)　最判平成 24（2012）年 2 月 28 日民集 66 巻 3 号 1240 頁。

(112)　「生活保護法による行政裁量統制はその実質において憲法的統制」であり「実質的な合憲性判断を行ったとの評価に堪えうるだけの位置づけを、法 3 条・8 条 2 項について行うべきであった」と指摘される（葛西まゆこ「生活保護老齢加算廃止訴訟上告審判決」ジュリスト 1453 号（2013 年）27 頁）。

(113)　佐々木・前掲注(10)20 頁、216 頁。

(114)　朝日新聞 2015 年 11 月 3 日朝刊 31 頁（東京最終版）。

社会保障法と憲法〔植木　淳〕

　2013 年度から段階的に行われた生活保護基準の引下げは物価下落分（580 億円）と生活基準部会検証分（90 億円）を含めて 670 億円（約 6.5 ％）にのぼるものであった。この点、第一に、物価下落分（580 億円）に関して、厚生労働省は生活扶助に相当する消費品目の消費者物価指数（生活扶助相当 CPI）に係るデフレ調整分（2008 年から 2011 年）を 4.78 ％として引下げ額を算定している。しかし、①近年中では物価が最高値に位置する 2008 年を基準年度としたことは恣意的であること、また、②電化製品の物価下落率が高いことが生活扶助相当 CPI 物価下落の要因であり、食料品や光熱水道費は横ばいであることからすれば、4.78 ％減という算定は保護世帯の消費特性を無視したものであると指摘される[115]。第二に、生活保護基準部会の検証結果による引下げは、年間収入階級第 1・十分位（下位 10 ％の低所得層）の消費実態と生活保護基準を比較したものであったが、生活保護基準部会の報告書自体が「留意事項」として、①「政府部内において具体的な基準の見直しを検討する際」には「検証方法について一定の限界があることに留意する必要がある」としていること、②「現実には第 1・十分位の階層には生活保護基準以下の所得水準で生活している者も含まれることが想定される」として、保護基準を「第 1・十分位」との比較で決定することの問題性を意識していること、が指摘される。

　上記のように考えれば、2013 年度の生活保護基準改定は、実体的問題として考慮要素（「生活扶助相当 CPI」「収入階級第 1・十分位の消費実態」）の抽出と評価に疑問があるばかりか、手続的問題として生活保護基準部会報告書の「留意事項」を軽視しているように思われる。そして、今回の保護基準改定は、2012 年 4 月以降の「生活保護バッシング」とともに、同年 12 月の総選挙で「生活保護見直し」として「給付水準の原則 1 割カット」を選挙公約とした自民党の政権復帰直後に実施されたことにも留意する必要がある。

　その意味で、2013 年度の生活保護基準改定の合憲性・合法性を判断するにあたって、裁判所は改定の合理性を検証することを通じて、「民主的多数派」が「切り捨てやすい少数者への給付を安易にカット」したのではないかを吟味しなければならない。社会保障給付の抑制が進む中で、憲法 25 条に関する政治部門と司法部門の「対話」が行われるためにも、裁判所には意味のある「発話」をすることが求められているように思われる。

---

(115)　池田和彦「消費者物価指数と生活保護基準（その 2）」賃金と社会保障 1580 号（2013年）4 頁以下参照。

社会保障法と行政基準

笠木　映里

I　はじめに──社会保障法と行政基準

　社会保障は、国や地方公共団体等が、租税や保険料を財源として個人や世帯に対して金銭やサービスを提供する仕組みであり、財源の調達および金銭・サービスの給付のいずれの側面においても、行政の作用が重要な役割を果たす。そして、これらの行政の作用については、法律の定めに加えて、法律の定めを行政機関が自ら具体化する一般的基準（行政基準）が多数定められている。こうした行政基準は、外部効果を持たない（従って厳密には「法源」とはいえない）ものも含めて、実質的には法律や条令以上に重要な法源としての役割を担っていることがある[1]。本稿では、社会保障法の領域の中で主として給付の側面に注目をし、また、実体法的側面に着目して、社会保障法の法源として機能する行政基準（行政立法[2]）をめぐる論点を取り上げ、検討を加える（必要に応じて簡単に、負担や訴訟にかかる問題にも言及する）。

　行政基準は、①法律の委任に基づいて行政機関により定立され、国民の権利義務を直接画し、裁判規範として拘束力を有する法規命令と、②法律の委任なしに定立され、原則として国民の権利義務に影響を及ぼさない行政規則に分けることができる。以下、本稿が対象とする社会保障法という領域の特殊性に着目しながら、それぞれの類型ごとに問題状況を検討する。社会保障法の分野で行政基準が果たす役割は広く多様であり、論点を網羅的、あるいは体系的に取り上げることは筆者の能力を超える。この意味で本稿の検討は若干まとまりに欠けるものになるが、以下では、特に重要と思われる論点や近年の判例・裁判例で扱われた問題を中心として、出来る限り「社会保障法の法源たる」行政基準という観点を意識しながら検討を加えたい。

---

(1)　岩村正彦『社会保障法I』26-28頁（弘文堂、2001年）。

(2)　行政の定立する規範については、行政立法という呼称が伝統的に用いられてきたが、本稿では、法律の授権に基づかない規範が含まれることを明確に示すため、行政基準という用語を用いることとする。参照・大橋洋一『行政法① 現代行政過程論』278頁（有斐閣、2009年）。

Ⅱ　法 規 命 令

1　は じ め に

　各種の社会保障受給権については、①支給要件（受給資格）、および、②給付水準ないし給付範囲の具体化が、法律により政省令あるいは告示に委任されている例がしばしば見られる。外部効果を有する法規命令への委任の場面である。以下、社会保障給付の支給要件が法規命令により具体化される例として児童扶養手当制度、金銭給付の給付水準・範囲が法規命令により具体化される例として、生活保護制度、現物給付の給付水準・範囲が法規命令により具体化される例として、医療保険制度を主として取り上げて検討を加える[3]。これらの場面については、理論的には、法律による行政の原理との関係で（ⅰ）そのような行政基準への委任自体の合憲性（憲法 41 条参照）、適否の問題と、（ⅱ）委任を受けて定められる法規命令の適法性の問題が存在するが、（ⅰ）（の合憲性）の問題につき謙抑的な態度を示すこれまでの判例の傾向を前提として[4]、従来、少なくとも司法判断の場面では、（ⅱ）の論点が議論の中心となってきた。

2　ある社会保障給付の受給資格の一部が法規命令により定められる場合

　(1)　児童扶養手当法 4 条 1 項 1 号・2 号は、児童を監護する母ないし父が児童扶養手当の受給資格を得るために当該児童が満たすべき要件として、父母の婚姻関係の解消や父ないし母の死亡等を列挙したうえで、これらの列挙された状態にある児童に「準ずる児童で政令で定めるもの」を挙げる（4 条 1 項 1 号ホ、同条項 2 号ホ）。このような法律による委任を受けて、児童扶養手当法施行令 1 条の 2 第 1-4 号が、法律の列挙する者に準ずる児童の範囲を定めている。

　(2)　法は、このように、法律上支給要件を列挙した上で、政令に、この要件に当てはまる状態に「準ずる」といえる条件を補完することを求めて委任を

---

(3)　本文で挙げたもの以外にも、例えば児童手当の所得制限の基準についての政令への委任（児童手当法 5 条 2 項。受給資格の〔厳密には受給資格を有しうる者について資格を否定する事由の〕具体化が法規命令に委ねられている例）、介護保険制度における要介護・要支援状態の定義の省令への委任（介護保険法 7 条 1 項 2 項。同じく受給資格の具体化の例）、及び支給限度基準額への大臣告示への委任（同法 43 条 2 項等。金銭給付の給付範囲の具体化の例）等、多種多様なものがある。

(4)　宇賀克也『行政法概説Ⅰ（第 4 版）』268-270 頁（有斐閣、2011 年）。

行っている。このような委任規定は、法がいわば例示列挙のような形で児童扶養手当の対象となる状態を具体的に述べた上で委任を行っているため、委任の範囲は比較的具体的に枠付けられているといえる。このような委任を受けて定められた法規命令の適法性を検討する際には、例示された状況に「準ずる」ものとなっているかという観点から、委任の範囲をこえない行政立法か否かの検討が行われ得ることになる。

　この規定をめぐっては、かつての児童扶養手当法施行令1条の2第3号（平成10年改正前）が、手当の受給資格を発生させうる児童として婚姻外懐胎児童をあげたうえ、その括弧書きの中で「父から認知された児童」を除外していることについて、法の委任を逸脱した違法な規定として無効であると判断した最高裁判例がある（最一小判平14年1月31日民集56巻1号246頁。なお、平成10年改正により上記括弧書きは削除された）。最高裁は、法の委任の範囲について、委任を行う法律上の規定の「文言はもとより、法の趣旨や目的、さらには、同項が一定の類型の児童を支給対象児童として掲げた趣旨や支給対象児童とされた者との均衡等をも考慮して解釈すべき」と述べている（下線は筆者）。法の文言・趣旨目的が委任の範囲を画するのは当然であるとして、上述のようないわば例示列挙型の委任が行われている際の司法審査のあり方を示す点でも、意義のある判示といえよう[5]。

　(3)　社会保障給付の支給要件の決定が法規命令に委任されている他の例として、保育所入所サービスの対象となる児童について定める児童福祉法24条1項（平成24年67号法律[6]による改正前のもの）がある。同条項は、「保護者の労働又は疾病その他の政令で定める基準に従い条例で定める事由により」その監護すべき乳児、幼児等の「保育に欠けるところがある場合」に、保護者から申込みがあったときは児童を保育所で保育しなければならないと定め、この規定を受けて、法施行令27条が「保育に欠ける」場面を具体化している。もっと

(5)　参照、中野妙子「判批」ジュリスト1230号（2002年）128頁。なお、既に法改正による解決された論点ではあり、また通知による裁量基準の設定にかかる問題であるが、保険医療機関の指定を大臣が拒否できる場合について、自ら複数の処分理由を列挙した上で「その他…保険医療機関…として著しく不適当と認められるものであるとき」との一般条項をおいていた平成9年改正前の健保法43条の3第2項の解釈をめぐる行政規則の適法性が問題となった事案として、最一小判平17年9月8日判時1920号29頁。
(6)　本年4月の消費税率引き上げを受けて、2015年4月に施行される予定である。本稿では差当り改正前の現行法のみを検討対象とする。

もこの場合には、法律と政令によって定められるのはあくまで市町村による条例制定の際の「基準」であり、サービス支給要件を終局的に具体化する規定ではない。このような場合、政令は、受給者との関係でサービス支給要件の大枠を決定すると共に、市町村との関係で、条例制定を通じた地方自治体による児童福祉の実施のあり方を枠付ける役割を果たしており、問題状況はより複雑になる。

3　金銭給付の給付水準が法規命令により定められる場合
——生活保護制度

（1）　続いて、社会保障給付の給付水準が法規命令で定められる場合のうち、金銭給付を中心的に行う生活保護制度を取り上げて検討を加える。

　生活保護法 8 条は、「保護は、厚生労働大臣の定める基準により測定した要保護者の需要を基とし……行うものとする」と定め、これを受けて、「生活保護法による保護の基準」（昭和 38 年 4 月 1 日厚生省告示 158 号）が告示の形で定められている（以下、「生活保護基準」という）。生活保護基準は、この基準との関係で不足する部分に限り生活保護給付が行われるという意味で、生活保護の給付水準を決定する規範である。同時に、法はこの基準を下回る生活水準の者について生活保護受給を認め、保護受給者がこの水準を上回る生活水準を自ら安定的に支えられる状況となれば、原則として保護は終了する。この意味で、生活保護基準は生活保護受給の開始・終了の基準（つまり支給要件）たる要保護状態を具体化するものでもある（法 4 条等参照）。なお、告示が法規命令として外部効力を有しうるかについては争いがあるが、生活保護法 8 条による委任を前提として定められた生活保護基準は、外部効力を有するものと考えてよいだろう[7]。8 条 2 項は、「前項の基準は、要保護者の年齢別、性別、世帯構成別、所在地域別その他保護の種類に応じて必要な事情を考慮した最低限度の生活の需要を満たすに十分なものであつて、且つ、これをこえないものでなければならない」として、大臣の立法裁量に一定の枠を設定している。

（2）　生活保護法の保護基準が（法律ではなく）法規命令の形で定められることの妥当性については同法の制定時から議論がある[8]。法規命令による決定は時宜にかなった引き上げや予算編成の枠にとらわれない決定を可能にするとの

---

(7)　大橋洋一『行政規則の法理と実態』221 頁（有斐閣、1989 年）。
(8)　大橋・前掲注(7) 224 頁以下。

指摘がある一方で、生活保護が社会保障法体系の中心であり国民の生存権にかかわること等から、少なくともその方向付けを議会立法により行うことや、告示でなく省令により決定するべきことなどが繰り返し主張されてきた[9]。上述の通り、生活保護法8条2項は基準設定について一定の枠を設定しているが、詳細な規定とはいえず、行政の裁量をきわめて広く認める内容となっている（(3)参照）。

　生活保護基準は上述のように生活保護の水準と支給要件を同時に具体化する規範であるが、これに加えて、最低賃金の決定（最賃法9条3項参照）等の多様かつ重要な場面で参照され、日本の貧困政策を議論するうえでの出発点となるものといえる。また、関連して、「生活保護を受けていること」は社会保険料の免除要件（国年89条2号）や社会保険の適用除外要件（国健保6条9号）でもあり、保護基準は間接的にはこれらの要件の内容——いかなる者につき社会保険制度の負担を免除するか、あるいは制度から排除するか——を具体化する基準ともなる[10]。こうしたことを考慮すれば、上記の通り既に繰り返し指摘されていることではあるが、生活保護基準について、上述のような立法の迅速・柔軟性を害さない範囲で、少なくともより具体的な法律の定め[11]がおかれることが望ましいだろう。

　(3)　委任のあり方の問題をいったんおくとして、次に、法8条による委任の範囲をどのように画するべきかが問題となりうる。この点について、周知の通り行政立法の裁量を広く認めるものと読める（但し該当箇所は判決の傍論である[12]）大法廷判決として朝日訴訟（最大判昭42年5月24日民集21巻5号1043頁）がある。上記の通り8条2項は裁量の範囲を画する内容となっているが、考慮事項を列挙するだけの、いわば大枠を示すに留まるものとなっている。朝日訴訟判決判旨に賛成するか否かは別として、法による委任の構造からして、列挙さ

---

(9)　大橋・前掲注(7)224・225頁。

(10)　参照、大橋・前掲注(7)224頁。加藤智章・菊池馨実・倉田聡・前田雅子『社会保障法（第5版）』378頁（有斐閣、2013年）も、生活保護基準の「他の法令の指針としての役割」を指摘している。

(11)　いわゆる本質性理論によれば、委任立法の限界の問題は法律の規律密度の問題と統一的に議論される。大橋・前掲注(2)32-33頁。

(12)　同判決の今日における評価については、村上裕章「生活保護老齢加算廃止訴訟」法政研究80号1巻210頁および注18。

れた考慮事項を総合衡量する際に、各要素にどの程度の重要性を付するか、どのように衡量を行うか、については大臣に一定の広い判断の幅が開かれている、すなわち、行政裁量が広く認められる制度設計となっていると理解せざるを得ないだろう[13]。

なお、最近では、保護基準の引下げという場面において、保護基準の決定過程について、いわゆる判断過程審査の手法によって裁判所が審査を行う例が見られる（老齢加算の廃止に関する最判平24年2月28日判時2145号3頁、最判平24年4月2日判時2151号3頁）[14]。判断過程審査は、行政庁が自らの判断の過程を裁判官および原告に説明する責任を基礎として、行政庁の説明が一応納得のいくものか否かという観点から行われる審査であり[15]、実体的審査では裁量の逸脱濫用の有無が明らかでない場合に用いられるべきとされる[16]。上記の通り重要な論点について緩やかな形での委任が行われている生活保護基準については、裁判所による実体的審査はきわめて困難であり、こうした手続的審査が積極的に用いられることによって、行政庁の裁量に対する司法審査が強化されることが望ましいと考えられる[17]。

4 現物給付の給付範囲が法規命令により定められる場合
——医療保険制度

（1）健保法等による医療保険制度における給付の範囲・水準について、法は、診察、薬剤等の項目と給付から排除されるサービスの類型をいずれも大枠で定めるに留まり（健保法63条1項、2項）、個別具体的な医療行為がいかなる条件の下で保険給付の対象となるのかを定めていない。一方、健康保険法76条2項は、療養の給付に関する費用の額を、厚生労働大臣が定めるところにより算定するものと定めており、これを受けて、「診療報酬の算定方法」（以下、診療報酬点数表という）が厚生労働省告示の形で定められている（平成20年

（13）　行政処分を念頭においた記述であるが、参照、山本隆司『判例から探求する行政法』224頁（有斐閣、2012年）、大橋・前掲注(2)324頁。

（14）　これらの判決は、法規命令についてこうした審査を行う初めての例であった。村上・前掲注(12)211頁。

（15）　山本・前掲注(13)232頁。

（16）　村上裕章「判断過程審査の現状と課題」法律時報85巻2号16頁（2013年）。

（17）　参照、大橋・前掲注(2)328頁、山本・前掲注(13)233頁。なお、こうした司法審査の強化は、必ずしも行政庁の裁量を狭める（審査密度を高める）ものとは限らない。村上・前掲注(16)14頁。

3月5日厚労省告示59号）。この診療報酬点数表は、①保険医療機関が診療を
行った際に請求できる費用の額を定めると同時に、②この点数表に記載されて
いない診療行為はそもそも費用請求の対象とならないという意味で、診療報酬
支払の対象となる医療行為の範囲を定めるものでもある。結果として、診療報
酬点数表は被保険者たる患者が受けられる給付の水準・範囲を画定する規範と
しても機能すると考えてよいであろう[18]。また、健保法72条1項・70条1項
等は、社会保険による療養の給付を提供する保険医および保険医療機関が遵守
すべきルールの設定を厚生労働省令に委ねており、これを受けて、「保険医及
び保険医療機関療養担当規則」が定められている（いわゆる療養担当規則。昭和
32年4月30日厚生省令15号）。療養担当規則を遵守せずに行われた医療行為に
ついては、保険医療機関の診療報酬請求権も、患者の保険給付請求権も発生し
えない[19]。このように、診療報酬点数表及び療養担当規則は、医師が診療報
酬を取得できる医療行為の範囲を定めると同時に、被保険者が受給権を有する
「療養の給付」の範囲を定める規範でもある（以上の議論は、国保制度について
も同様に当てはまる。国保45条2項等参照）[20]。

(2)　診療報酬点数表、療養担当規則のいずれの規範についても、法律には方
向付けや枠付けを行うと見られる規定がほとんど存在せず、法は大臣の立法裁
量を広く認めていると考えざるをえない。上述の児童扶養手当法や、さらには
生活保護法の例と比べても委任の外縁は広く、法律上の規定からこれらの規範
の内容について何らかの限界を導き出すのはほぼ不可能ともいえる。この法規
命令が保険医療機関および被保険者の双方の権利の中核的部分を定めるもので
あることも考慮して、法律による委任のあり方として適切であるか、議論の余
地があろう。

(3)　但し、この点との関係では、診療報酬点数表・療養担当規則が中医協へ

---

(18)　笠木映里『公的医療保険の給付範囲』17頁（有斐閣、2008年）。
(19)　参照、最二小判昭61年10月17日判時1219号58頁。日本の医療保険における現物
　　給付の法律関係の詳細については、笠木・前掲注(18)第1編を参照。
(20)　なお、診療報酬点数表は保護基準と同様に告示の形をとって定められているが、健保
　　法76条2項による委任を受けた外部効力を有する法規命令としての性格をもつと考え
　　られる。なお、診療報酬点数表の決定行為について、立法行為であると同時に行政行為
　　であるとの判断をした下級審決定として、東京地決昭40年4月22日行裁集16巻4号
　　708頁。

の諮問を経て決定されること（健保82条1項）を考慮する必要がある。法規命
令の決定に際して審議会への諮問を要求する例はしばしば見られ、多くの場
合、メンバーが、専門家であること、ないし対象となる者の利益代表者である
ことが要求されている(21)。中医協の構成員は医療提供者代表、被保険者・保
険者代表、公益委員から成り、専門性と利益代表者性の両方を兼ね備えている
といえるが、歴史的経緯からして、少なくともこれまでは、どちらかといえば
後者の性格が強かったものと思われる(22)。医師と保険者の間の価格交渉に代
わる手続として、中医協における交渉の仕組みが発展してきたと見られるので
ある。

　(4)　このように歴史的にみていわば価格交渉の代理ともいえる役割を付与さ
れてきた中医協の性格からは、上記のような法の大臣への緩やかな委任をいか
に評価するかという観点から、以下の2点を指摘することができる。すなわ
ち、まず、①診療報酬点数表の役割のうち、診療報酬の額の決定という役割に
注目すれば、中医協への諮問は、大臣による決定の内容の実質的な正当性を担
保する役割を担っているとみることができる（東京地判平元年3月14日判時
1301号21頁は、中医協の諮問という手続を、診療報酬点数表を自由診療にも準用す
ることを正当化する理由の1つとして挙げている）。

　他方、②診療報酬請求権および療養の給付の対象・範囲の決定という役割に
ついては、これを上記のような白紙委任的な形で、利益代表による交渉の性格
をもつプロセスを経た決定に委ねることには依然として問題を指摘しうると考
えられる(23)。医療保険の給付範囲との関係では、上記の他に、保険給付から
定型的に除外され保険外併用療養費制度の対象となる医療行為の類型について
も、厚生労働大臣による決定への委任が行われており、法律の定めはかなり広
い解釈を許す内容になっている（健保法63条3号・4号）。

　日本の医療保険制度においては、保険医療は安全で有効性の確認された医療
行為を包含する、との前提が厚生労働省を中心に実務上暗黙のものとして共有
されてきたと考えられ、診療報酬点数表によって定められる給付の範囲は、比
較的広いものに維持されてきた。そして、この暗黙の了解を前提とした、ある

(21)　宇賀・前掲注(4)276・277頁。
(22)　笠木・前掲注(18)23頁以下。
(23)　参照、笠木・前掲注(18)304頁参照。

いはこのような広い給付範囲を背景から支えるような機能を有する混合診療禁止原則も、必ずしも法律上明らかとはいえない形で維持されている[24]。このような全体としてのシステムを前提として、従来、法律上の枠付けが無いままで比較的広範囲の医療行為を包含する形で診療報酬点数表が作成され、また、保険外併用療養費の対象も比較的限定されてきたものと思われるのである。

もっとも、近年では医療制度の根本的な見直しの議論も存在し、医療保険制度の根幹に関わる部分が上記のような不透明な形で維持されていることには問題が無いとはいえない。保険給付の範囲について、改めて法律レベルでの何らかの具体的な方向付け・枠付けを行う必要性について議論する必要があろう[25]。

(5)　なお、中医協における議論に過誤・欠落があるような場合や、（従来の経緯からして考えづらいが）大臣が中医協答申と全く異なる内容の診療報酬点数表を設定する場合には、司法判断において、上述の判断過程審査による手続的審査が行われ得ると考えられる[26]。

5　若干の検討

(1)　以上の検討を簡単にまとめておこう。まず、児童扶養手当の例が示す通り、法律上形式的には認められていると読むことが可能な社会保障給付について、何らかの基準により一定のグループを排除するものと解釈しうるような内容の法規命令については、法令の委任の範囲との関係でのコントロールがされやすい、あるいは裁判所として違法との判断に踏み込みやすいものと考えられる[27]。また、同様に児童扶養手当に見られるように、法規命令への委任を行う法律の規定自身が例示的に支給要件を示すなど、委任の際に枠付けないし方向付けの意味をもつ規定をおいている場合には、法規命令が法律を補足する形で定められるため、委任の範囲がより画定されやすくなる。逆に言えば、委任の趣旨を明確化するという意味で、より望ましい委任のあり方と評価すること

---

(24)　以上、笠木映里「日本の医療保険制度における『混合診療禁止原則』の機能」新世代法政策学研究 19 号 221 頁以下（2013 年）。

(25)　島崎謙治「判批」季刊社会保障研究 49 巻 1 号 152 頁（2013 年）、参照、笠木・前掲注(24)237 頁。

(26)　判断過程の合理性を審査する手法は、専門技術的な問題について、特に専門家から成る諮問機関が関与している場合に用いられているとの指摘として、村上・前掲注(18)15 頁。

(27)　社会保障法以外の分野においても、法律で認めていることを命令で制限することについて、委任命令の違法性が認められる事例が散見される。宇賀・前掲注(24)270 頁以下。

ができる。

(2)　他方、法律上の曖昧な文言や概念を直接に具体化する形式のものについては、立法裁量の限界を議論することが難しくなるが、生活保護制度においても、医療保険制度においても、制度の中核的部分が、そのような限界を画しづらい形での委任を受けた法規命令によって決定されている。とりわけ、生活保護基準についての委任の態様については、受給要件・給付水準全般にわたって大臣の立法に広い立法裁量を認めつつ具体化を求め、行政立法につき手続的な手当も行わない（生活保護基準の決定についていかなる手続が望ましいかはさらに議論の余地があるが）という点において、その特殊性が改めて意識されるべきであろう。

Ⅲ　行 政 規 則

1　は じ め に

続いて、外部効果をもたない行政法規である行政規則を扱う。行政規則は、外部効果をもたないという性格上、法律の根拠なく定められうる。社会保障法を中心とする給付行政の分野においては、行政機関の裁量の有無にかかわらず、ある社会保障制度による社会保障給付の要件・効果を行政規則が画する効果をもつことがしばしばみられる（解釈基準、裁量基準）[28][29]。また、そもそも法律上に申請・処分等に関する定めがなく、もっぱら要綱等を基準として給付が行われる場面もある（給付規則）。以下、まずは解釈基準・裁量基準に属するものとして、①被用者保険の被保険者資格に関する行政規則、②受給権の帰趨にかかわる行政規則、③参入規制の意味をもつ行政規則について検討を加えたうえで、①〜③とは問題のレベルが異なる訴訟上の問題として、給付規則を基礎として行われる給付行政の処分性の問題にも補足的に言及する（④）。

2　被保険者資格にかかる行政規則

(1)　健康保険や厚生年金保険のような被用者保険について、法は、適用事業

---

(28)　大橋・前掲注(2)2頁。その背景として、手続要件が緩やかで柔軟な運用が可能となること、行政規則は市民の側の請求権を基礎づけないと考えられたために弾力的な処理が可能となったことが挙げられている。

(29)　裁量基準と解釈基準について、塩野宏『行政法Ⅰ（第5版補訂版）』101頁以下（有斐閣、2013年）。

所（健保法3条3項、厚年法6条）に「使用される者」（健保法第3条柱書、厚年法9条）を被保険者としてカバーしている。いずれの法も、使用関係が安定せず把握が困難な労働者等を適用対象から明文で除外しており（健保法3条ただし書及び各号、厚年法12条）、法律上は、これらの適用除外にあたらない労働者は全て保険の適用を受けるものとも解釈できる。もっとも、(3)で述べる法改正（施行は2016年10月の予定）以前は、これらの法令上の適用除外にあたらない適用事業所の被用者の一部を被用者の範囲から除外する扱いが実務上行われてきた。具体的には、通常の就労者の所定労働時間、所定労働日数の概ね4分の3以上の者について被用者として扱う等とする通達が存在しており（昭和55年6月6日　各都道府県保険課(部)長あて内かん）、結果として、いわゆるパートタイマーは、これらの基準を下回れば被用者保険の適用を受けないこととされてきたのである。

　(2)　この「内かん（内翰）」は、「内部向けの書翰」を意味する行政実務上の名称であり[30]、上級行政機関の補助機関が下級行政機関の補助機関に対して発するいわゆる依命通達にあたる[31]。被保険者資格という重要な事項を行政規則によって定めている状況については長い間学説の強い批判があったが、他方で、法は常勤的な就労状況の下にない短時間労働者について適用を除外しており、「使用される者」の解釈につき行政機関に裁量を認めていると述べる学説もあった[32]。

　注意すべき点は、被用者保険における被保険者資格は、使用者及び労働者の双方に保険料負担を発生させるか否かを決する基準ともなるという点である。つまり、従来、被保険者資格の外縁について行政規則による画定が行われていたことの結果として、法令上直ちには読み取れない保険料拠出義務を負う者の外縁が、行政規則によって定められていたということになる[33]。このことは

(30)　台豊「被用者保険法における短時間労働者の取扱いについて——健康保険法、厚生年金保険法および1980年厚生省内かんに関する一考察」季刊社会保障研究38巻4号308頁（2008年）。

(31)　台・前掲注(30)309頁。「通知」や「事務連絡」と同様のものと理解してよいとする。平岡久『行政立法と行政基準』（有斐閣、1995年）144頁以下は、「通達」のほか「訓令」・「訓達」・「達」・「通知」等、様々な名称のものが講学上「通達」と呼ばれうるとする。大橋・行政規則17頁も、訓令・通達を名称により区別することの実益を否定している。

(32)　台・前掲注(30)312頁。

（不確定概念を用いることは直ちには租税法律主義に反しない[34]としても）、租税法律主義（の趣旨[35]）との関係で、問題を提起しうる（少なくとも「使用される者」の範囲画定について正面から行政裁量を認める上記の学説には問題があったと考える）[36][37]。

（3）　平成24年の法改正により、厚生年金保険法12条及び健康保険法3条1項（いずれも適用事業所に使用される労働者の適用除外に関する規定）の中に、短時間労働者への適用を従来の基準よりも拡大する形で法律上の規定が新たに加えられた[38]。この改正は、長らく議論のあった短時間労働者への社会保険の適用拡大を実現するという意味で注目されたが、同時に、被保険者の範囲（からの排除）ないし保険料を賦課しないための基準を行政規則のレベルから法律レベルに引き上げたという意味でも重要な意味を有する。当事者に重要な影響を及ぼす基準であるために法改正に際しては様々な議論があったが、まさにこうした活発な議論を通じて立法により基準が定められることに重要な意味があったといえよう（Ⅳ参照）。また、とりわけ被保険者範囲ないし保険料負担を行う者の範囲の「変更」という場面においては、それが内かんの変更ではなく立法で行われるべき要請がきわめて強かったことから考えれば、この法改正は望ましいものであったと評価できる[39]。

3　被爆者援護法上の健康管理手当
——受給権の帰趨・行使に関する行政規則

（1）　被爆者援護法上は、原子爆弾被爆者の医療等に関する法律及び原子爆弾被爆者に対する特別措置に関する法律を統合する形で1994年に制定された法

---

(33)　実際問題としても、周知の通りこの基準は、保険料負担の回避という使用者・労働者双方の関心重要な論点となってきた。

(34)　金子宏『租税法（第18版）』78頁（弘文堂、2007年）。

(35)　最大判平18年3月1日民集60巻2号587頁。

(36)　碓井光明「社会保障財政における社会保険料と租税——財政学からの分析」国立社会保障・人口問題研究所編『社会保障財源の制度分析』103-105頁（東京大学出版会、2009年）。

(37)　裁判例は、短時間労働者は法が予定する「労働者」に該当しないと解釈した上で、内かんは周知されており、また内かんの基準以外に妥当な基準が存在しないとして、このような扱いは適法であるとしていた（京都地判平11年9月30日判時1715号51頁）。

(38)　週の所定労働時間が20時間以上、賃金額が月額7万8000円以上、等の具体的な基準が定められた。

(39)　碓井光明『社会保障財政法精義』79頁（信山社、2009年）。

律である（以下、3つの法をあわせて被爆者援護法等とする）が、これらの法における健康管理手当については、厚生省公衆衛生局長が、1974年7月22日付けの各都道府県知事並びに広島市長及び長崎市長あての通達「原子爆弾被爆者の医療等に関する法律及び原子爆弾被爆者に対する特別措置に関する法律の一部を改正する法律等の施行について」（昭和49年衛発402号。いわゆる「402号通達」）、及び1995年の法改正後も402号通達の内容を維持するものとする厚生事務次官による「原子爆弾被爆者に対する援護に関する法律の施行について（平成7年発健医第158号）によって、受給権者たる被爆者が日本の領域外に居住地を移した場合には失権の取扱いとなるものとしていた。もっとも、被爆者援護法等には、国外に居住を移した被爆者の受給権を失権させることを根拠付ける規定はなかった。最高裁は、一連の判決の中でこのような通知を違法なものと評価し（参照、最三小判平18年6月13日民集60巻5号1910頁）、原則として外部効果をもたない行政基準が実質的に私人の権利行使を妨げる効果を有していたと評価して、国による時効の主張が信義則に反するとの判断（最三小判平19年2月6日民集61巻1号122頁）、及び、権利行使を行わなかった私人による国賠請求（慰謝料）を認容する判断（最一小判平19年11月1日民集61巻8号2733頁）をしている[40]。

　(2)　上記402号通達は、法律によって与えられている権利を奪うものとも解釈できる内容となっており、法規命令の場面（→Ⅱ2）とパラレルに考えても、行政基準の違法性が認められやすい場面であったと思われる。

　他方、平成19年に出された2つの最高裁判決は、誤った法解釈に基づく通知の発出が私人による給付申請を躊躇させたことが行政機関の責任原因になるという意味で、この通知に少なくとも部分的な外部効果を認めるものといえ[41]、各種の社会保障給付についても同様の議論が当てはまりうるか否かという観点からも注目に値する。まず、上記平成19年2月判決は、当局によって示された通知が原因で私人が申請自体を控えていた場合に、信義則により行政主体による消滅時効の主張が遮断される旨を示している。同判決については、被爆者の要保護状態と関係のない出国という事実を理由にした原告らの権利行使の妨

(40)　問題の背景や2つの最高裁判決については、山本・前掲注(13)76頁以下及び506頁以下を参照。
(41)　山本・前掲注(13)87頁。

害に等しい取扱いという特別な事情が考慮されたものとの指摘があり⁽⁴²⁾、単
に私人に申請を控えさせるような誤った通達の存在だけでは、消滅時効の主張
は遮断されないと考えるべきであろう（また、本判決は「自己の権利を行使する
ことが合理的に期待できる事情があったなどの特段の事情」が無い限りという留保
も付している）。逆にいうと、単なる誤った法解釈の表明を超て行政が私人の行
動を妨害したとも評価できるような特別な事情が認められる場合には、他の社
会保障給付についても消滅時効の主張が信義則上否定される可能性は理論的に
あり得よう。

　また、上記の平成19年11月判決による、給付資格の帰趨に関する誤った通
知の発出を国賠法上違法と捉えた上での損害賠償請求の認容との関係では、申
請をおこなえば給付が受けられたであろうという抽象的な地位が原告らに認め
られるとしても、そうした抽象的地位の侵害を具体的な損害として国賠法上評
価し保護できるのかが問題となる⁽⁴³⁾。学説はこの点につき、原告らが受けた
精神的苦痛の大きさや、健康管理手当が「『被爆者』の精神的安定を図る」こ
とをも目的として支給されるといった事情により（本判決は法的保護に値する内
心の静穏な感情を侵害されるという精神的損害についての慰謝料請求を認めている）
ごく特別な事案として請求を認容した判決として理解すべき旨を指摘してお
り⁽⁴⁴⁾、こうした理解からすれば、国賠請求については、上記平成19年11月
判決の議論が他の社会保障給付に広く応用できる可能性は今のところ小さいも
のと思われる。

4　参入規制が行われる場合
（1）社会保障法と経済活動への規制

　続いて、ある社会保障・福祉の市場への参入を規制するような役割を有する
行政規則について、保育と医療の場面を取り上げて検討してみよう。社会保障
法と行政法の関係を考える際には、給付行政という観点が注目されることが多
いが、医療・保育・介護等の現物給付の社会保障法分野は、今日において、そ
れぞれの分野について大きな人的・物的サービスの市場を擁しており、関連す

---

(42)　山本・前掲注(13)88頁。

(43)　そもそも、こうした抽象的な地位をもつ者が給付を受けられなかったことについて、
　　違法な通達・行政実務との因果関係が認められるかという前提問題も存在する。山本・
　　前掲注(13)528-529頁。

(44)　山本・前掲注(13)528-529頁。

る法律は、私人の経済活動に対する規制の法としても重要な機能を有する。

（2）株式会社による保育所経営に関する行政規則

近年、民間経営主体の参入が活発に議論されている分野として、保育所の分野がある。保育所は社会福祉法上第二種社会福祉事業に分類され（同法2条3項2号）、法律上、設置主体に関する規制は特に存在しない（第一種福祉事業に関する法60条を参照）。もっとも、2000年以前は、「保育所の設置認可等」と題する通知（昭和38年3月19日児発第271号）が、認可保育所の設置主体を市区町村と社会福祉法人に限定していた。この規則は2000年に同名の通知により改正され（平成12年児発第295号）、これにより、株式会社、NPO、学校法人など社会福祉法人以外の者が認可保育所を設置することが、国の通知のレベルでは原則として可能となっている[45]。

もっとも、認可保育所の経営主体をめぐるこれらの通知の性格を理解する上では、これらの通知が、国による保育所経営への参入規制の性格を有するのと同時に、保育所認可は原則として都道府県が自らの事務の一環として行使する権限であること、従ってこれらの通知は、国の自治体に対する技術的勧告（地方自治法245条の4）としての意味を有するに留まり、都道府県は少なくとも理論的には一切この通知に拘束されないことに注意が必要である。実際、上記の通り、現在、国の通知は株式会社を含む多様な主体の保育所経営を容認する内容となっているが、株式会社については認可を行わない都道府県が多く見られる状況であった。これを受けて、平成24年の子ども・子育て関連3法制定時には、認可要件を満たす申請について、都道府県が原則として認可しなければならない旨の法改正が行われた（施行は2015年の予定であったが、現在その前倒しが議論されている）[46]。

(45) 池本美香「幼児教育・保育分野への株式会社の参入を考える——諸外国の動向をふまえて」JRIレビュー5巻5号（2013年）62頁。
(46) 規制改革会議における議論（2013年5月2日の朝日・産経新聞等報道による）。なお、同じく技術的勧告にあたる行政規則として、営利法人については病院開設の許可を与えないことができるとの医療法上の規定（法7条5項）につき、営利法人について病院開設を許可しないとの国の通達を挙げることができる（昭和25年8月2日発医第98号。また、例えば、平成5年2月3日総第5号・指第9号「医療機関の開設者の確認及び非営利性の確認について」も参照）。

（3）「医行為」の定義に関する行政規則

次に、医師による医業の独占を定める医師法17条との関連で、行政規則が
果たす役割を検討する。

同条は「医師でなければ、医業をなしてはならない」と定めた上で、違反し
た者について3年以下の懲役ないし100万円以下の罰金が科されるものとして
いる（同法31条1項）。患者の健康・安全を守るために、刑事罰を用いて医師
による医業の独占を定める規定といえる。もっとも、この規定は、医師が独占
すべき「医業」について定義をしていない。そして、この点については複数の
通知が発せられており、これらの通知は、医業を「当該行為を行うにあたり、
医師の医学的判断及び技術をもってするのでなければ人体に危害を及ぼし、ま
たは危害を及ぼすおそれのある行為（＝医行為）を、反復継続する意思をもっ
て行うこと」と定義したうえで[47]、個別の行為について、医師法上の医業にあ
たらない場面を周知している（「医師法第17条、歯科医師法第17条及び保健師助産
師看護師法第31条の解釈について（通知）」平17年7月26日医政発第0726005号、
「非医療従事者による自動体外式除細動器（AED）の使用について」平成16年7月
1日医政発第0701001号各都道府県知事あて厚生労働省医政局長通知等）[48]。いずれ
の通知も、医業に含まれる行為の外縁を直接的・網羅的に示すものではなく、
例えば比較的網羅的と思われる上記平成17年通知も、「『医行為』の範囲が不
必要に拡大解釈」されないように、「医療機関以外の高齢者介護・障害者介護
の現場等において判断に疑義が生じることの多い行為であって原則として医行
為ではないと考えられるもの」を列挙する形式となっている。

以上のような状況には、大きく2つの問題がある。1つは、このような通知
からは医行為の外縁が一義的に明らかとはいえず、結果として、隣接する医療
関係の有資格者や患者と日常的に接する者に対して萎縮効果をもたらすことで
ある。もう1つの問題は、これらの医行為の定義が「通知」によって行われて
いることであり、本稿の関心にとってはこちらの問題が中心的な論点である。
これらの通知は、外部効果を持たないとはいえ、刑事罰の構成要件の解釈を示
すものであり[49]、実質的には私人に対して重要な影響を及ぼす[50]。また、医

（47）　樋口範雄「『医行為』概念の再検討」樋口範雄＝岩田太編『生命倫理と法Ⅱ』（弘文
　　　堂、2007年）6頁。

（48）　実務上、医行為の範囲はきわめて広く解釈され、爪切り、検温等も含まれるものとさ
　　　れてきた。樋口・前掲注(47)6頁。

師による医業独占は上記の通り第一義的には患者の安全のためのものと考えられるが、同時に、医師に一定の利益を独占させることで医師という専門家の利益を守るという副次的な目的も有している[51]。医業独占の規定は隣接分野の専門家にとって参入規制としての性格を有するのである。これらの専門家の職業上・経済上の自由を（刑事罰を背景として）制限する医業独占の規定が、法による委任もない通知によって——かつ、上記のように萎縮効果をもたらすと思われる形で[52]——具体化され、簡単に変更されうる状況であることは望ましい状況とはいえないだろう。さらに、17条違反についての行政的な不利益処分は予定されておらず、これらの通知もあくまで関係機関への周知にかかる都道府県への通知という形式をとっているため、本通知は行政手続法の適用をうけないという問題もある[53]。上記の通り刑罰の適用を左右する規定であることも考慮すれば、少なくとも医行為（ないし医行為から除外される行為）の定義や判断基準についてのより明確な何らかの法律上の定め、場合によってはこれを受けた委任立法による具体化が必要であるように思われる。

（4）まとめ

（2）、（3）の検討をふまえて、改めて、通達による参入規制がおこなわれる場面という観点からの検討を加えておこう。参入規制は、潜在的に参入主体となりうる私人の経済的自由権を制限するもので、個人の権利利益に重要な影響

---

(49)　山本隆司「医行為概念の再検討——行政法学の立場からのコメント」樋口・岩田編・前掲注(47)23頁。

(50)　社会保障法分野の行政刑罰についての一般論として、堀勝洋『社会保障法総論（第2版）』（東京大学出版会、2004年）298頁以下。

(51)　樋口・前掲注(47)8頁。

(52)　他方で、複雑かつ個別的な性格を有する医療の現場において、当該行為が行われる具体的な文脈を無視して、医行為とそうでない行為を網羅的に、かつ明確に定義することは技術的に不可能ともいえる。参照、佐伯仁志「樋口論文に対する若干のコメント」樋口＝岩田編・前掲注(47)17・18頁（弘文堂、2007年）。また、従来の取り扱いとして、行政解釈が慎重に一般論としての医行為の判断基準を示すことを避けてきたことについて、野口尚「『医行為』概念の解釈運用について」同書39・40頁。この問題については、例えば、医行為の定義を現状よりも狭く限定した形で定義すると共に、患者・家族が主体となって医師以外の者に委ねられる「医療的ケア」の領域を新たに作り、別途異なる規制することなどが専門家により提案されている。樋口・前掲注(47)14-15頁。

(53)　山本・前掲注(49)。パブリックコメントの重要性について、大橋・前掲注(2)285・286頁。

を及ぼす。他方で、既に市場に参加している主体は直接・間接的な政治的影響力の面で有利な立場にあり、結果として、これらの主体の既得権益が不透明な形で守られる結果となることもあり得る。こうした性格をもつ規制が、行政規則という透明性の低い形で定められていることには問題がある。そして、通達によってルールが容易に変わりうる、あるいは、通達の変更によって結局いかなる変更が生じるか当事者にとって明らかでない（特に保育所の例を参照）という状況は新規参入主体に対する萎縮的な効果をもたらすと考える。

5　給付規則に基づく給付行政の処分性の問題

　行政規則、具体的には要綱や通達に基づいて何らかの給付が行われる場合に、支給・不支給の決定の行政処分性が争われることがある。そして、法令全体の構造（労災就学援護費）、立法の経緯等（大分高訴訟）を理由として、これらの給付の支給・不支給の決定が行政処分と認められる裁判例が存在する（労災就学援護費不支給処分取消請求事件・最判平 15 年 9 月 4 日判時 1841 号 89 頁、大分高訴訟控訴審判決・福岡高判平 23 年 11 月 15 日[54]賃金と社会保障 1561 号 36 頁等）[55]。

　行政規則に基づく行政の行為を処分と認めることは、法律上の根拠をもたない行政規則に外部効果を認めることになる。そのため、一般論として、このような行為については処分性を否定したうえで、当事者間の契約上の債務の履行請求等、当事者訴訟の形で争う途を検討することが理論的には望ましいといえる[56]。他方で、上記のような給付行政の場合、当事者間の関係を処分でなく契約と考えると、当該契約は贈与契約にあたり、一般的な契約法理によれば贈与契約を義務づけるための議論が難しいという難点があり[57]、このような考慮が、上述のような処分性の拡張的な解釈につながっていると思われる。

　学説においては、公の行政として行われる以上平等な実施が求められるとして、通達等に定められた要件を満たす場合には契約を擬製して給付請求を認め

---

(54)　原判決は、通知による外国人への生活保護の適用は任意の行政措置でありその法的性格は「贈与」にあたるとして、この措置を求める申請に対する却下は行政処分性を有しないと述べていた（大分地判平成 22 年 10 月 18 日賃社 1534 号 22 頁）。

(55)　また、被災者自立支援金について、大阪高判平 14 年 7 月 3 日判時 1801 号 38 頁。区の要綱に基づくヘルパー派遣について、東京地判平 8 年 7 月 31 日判時 1593 号 41 頁。

(56)　参照、太田匡彦「判批」『行政判例百選Ⅱ（第 2 版）［別冊ジュリスト 12 号］』341 頁（2012 年）。

(57)　下井康史「判批」『社会保障判例百選（第 4 版）［別冊ジュリスト 191 号］』124 頁（2008 年）。

ることが可能との主張が有力であり⁽⁵⁸⁾、このような法律上の根拠に基づかない給付行政に関して、贈与契約のロジックを用いて行政裁量をコントロールする際の理論的基礎の構築・精緻化が今後の課題となろう。他方で、当事者からすれば訴訟方式の選択に常に不安定さがつきまとうことも事実であり⁽⁵⁹⁾、法定化が可能かつ適切な給付については法律に根拠を定めることが当事者にとっては明快ともいえる。

6　若干の検討

（1）　本来法律で定められるべき事項が通達で定められていることについては、以下のような問題が指摘されている⁽⁶⁰⁾。すなわち、①通達またはそれに基づく行為により市民の権利自由が侵害・制限されるという問題、②通達・要綱に基づく給付制度において、受益者である市民の法的地位が弱いものとされたり、申請手続が裁量的に扱われるという問題、③通達が行政施策の最も基本的な方針を定めているために、法律の改正手続を経ることなく、通達レベルでこの基本方針が簡単に変更・廃止されるという問題である。

　上記の議論のうち、1から4で論じた問題については①および③、処分性の問題との関係で論じたことは、特に②に関係すると思われる。特に、被爆者援護法に関して見たように法律によって付与されていると読める権利を通達により否定するような場面については、①の観点からきわめて慎重な考慮が必要とされる。また、社会保障、特に社会福祉の領域においては、個人のおかれた状況に則した給付が必要となるため、サービスの性格上行政に広い裁量を認めざるを得ない場面がありうるが、本稿で論じたような拠出や参入規制に関わる領域においてはそうした議論は必ずしも当てはまらない。私人の権利利益が容易に制限されることのないよう、（対象との関係で可能な限りにおいて）法律ないし法令によって明確なルールが定められることが強く望まれる。

（58）　水島郁子「判批」民商法雑誌 128 巻 6 号（2003 年）参照。

（59）　太田・前掲注(56)341 頁は、前掲平成 15 年最判の評釈において、同一私人への同一行政庁による給付をめぐる争いについて私人に異なる訴訟形式を用いることをどこまで厳格に要求すべきであろうかという問題提起をし、処分性の有無の判断につきむしろある程度の「大雑把さ」を認めるべき場合があるのではないかと指摘をした上で、処分性概念の拡張的な解釈の射程と評価は、処分性の否定される行為から生じる不利益についても当事者訴訟によって裁判救済が適切に与えられねばならないという要請が如何に実践されるかによって定まるとする。

（60）　大橋・前掲注(7) 19 頁以下。

(2)　また、以上の例に見られた通り、外部効果を有しない通知はあらゆる局面で行政が自由に発することのできるものであるため、私人の権利利益に直接関わるもの以外にも、多様な名宛人と多様な（間接的）効果があり得（親告罪の性格を有する刑事罰の構成要件の解釈、自治体に対する技術的勧告等）、私人の行動にいかなる形でどのような影響を及ぼすか、特に丁寧な分析が必要といえよう。

Ⅳ　おわりに

(1)　最後に、以上の検討を全体として振り返りつつ、論点を整理しておく。

　まず、法規命令と行政規則のいずれについても、これらの基準を直接に攻撃対象とする訴訟は想定しにくいため[61]、その基準に従って何らかの処分がおこなわれた場合に初めて、基準の適法性に関する審査が行われる（但し外部効果をもたない行政規則の場合には、この場合にもあくまで個別事例における裁量判断の適法性という形で間接的な司法審査の対象となるに留まる[62]）。そのため、ある処分が行われる前提となる私人の行動に対する萎縮的効果が強いと考えられる場面で行政基準が用いられると、基準に関する司法審査が、そうでない場合と比べてさらに困難になる。そのような場面としては、問題となっている制度の構造や基準の内容次第で多様なものを想定できるが、典型的には、まず、社会保障給付の給付要件や申請手続にかかるルール（給付申請をするか否かの私人の意思決定を左右する）を挙げることができる（→Ⅱ2、Ⅲ3）。また、参入規制にかかるルールも、そうした場面の１つとして整理できる（→Ⅲ4）。こうした場面では、基準の内容の合法性、法律による委任の適否、行政に広い解釈や裁量の余地を残す法律の定め自体の適切性が特に慎重に評価されるべきである。

(2)　次に、いずれの類型の行政基準にも共通して、ある制度の支給要件や給付水準に関する基準設定が、実際には同制度内の他の要件や他の制度の重要な規定に直接・間接に関わっている場面があることには注意が必要である（被保険者資格と保険料賦課基準、生活保護基準による生活保護支給要件の決定、最賃法

---

(61)　大橋・前掲注(2) 283頁。
(62)　法規命令も裁量基準たる行政規則も法律の限界の下で設定されるという点で、その限界には本質的な違いはないが、裁量の場合には個別事案の解決の妥当性が前面に出てくるという点で微妙な差異があるとの指摘として、大橋・前掲注(8) 367頁。

との関連等）。特に生活保護基準が国のあらゆる貧困・所得保障政策のスタートラインとなりうる基準であることは、貧困問題が活溌に議論される今日、従来にまして強く意識されてもよいように思われる（この点は次に述べる指摘にも関わる）。

（3）　また、いくつかの領域では、行政基準が用いられることにより、評価が大きく分かれる、あるいは多くの利害関係者と関わる根本的かつ複雑な論点について、国民的議論が回避され、また政策担当者による柔軟な微調整が可能となってきたという状況が（そうした制度設計・運営が意識的に行われてきたか否かはここでは論じない）見られる。医療保険の給付範囲については既にⅡ4で詳細に論じたが、他にも、生活保護基準[63]、法改正前の被用者保険の適用対象者、医業・医行為の定義等がその例として挙げられるように思われる。

しかしながら、いずれの制度についても、従来このような柔軟なやり方で調整されてきた問題が国民的な議論によって改めて検討されるべきと考えられるような社会の変化が認められるし[64]、上記のような議論の回避は結局のところ、法の予定していない考慮要素が暗に考慮されたり、単に一部の当事者の既得の権利が不透明な形で守られるということにつながりかねない。社会保障制度・医療制度の複雑さとも相まって、重要な論点が国民的議論の対象とはならずに決定されており、場合によっては行政規則のレベルで容易に変更しうるとすれば、好ましい状態とはいえないだろう。今日の社会保障の分野においては、法律の留保原則に包含される行政の民主的コントロールの観点[65]をより重視した議論が要請されていると考えるべきではないか[66]。

（4）　また、本稿では十分に検討できなかったが、地方自治体が重要な役割を

---

(63)　保護基準が大蔵省と厚生省（当時。以下同じ）の予算折衝の中で形成され、この折衝の中で厚生省が財政的配慮による制度の後退を防ごうと努めてきたことについて、大橋・前掲(7)223頁。252頁の注18も参照。

(64)　医業について、樋口・前掲注(50)8頁以下。医療保険の給付範囲については、笠木・前掲注(18)・(24)などを参照。

(65)　塩野・前掲注(32)77頁。参照、原田大樹「法律による行政の原理」法学教室373号（2011）7・8頁以下。

(66)　大橋・前掲注(2)31・32頁は、法律の留保原則について近年有力な説である本質性理論との関係で、法律制定過程が行政過程よりも多元的な見解を統合し、また公開性にすぐれることから、このような法律制定手続によって審議・決定するのにふさわしい事項は何なのかという視点から法に留保された事項を検討することが要請されるとする。

果たす社会保障の分野では、法源と地方分権の関係についても、より立ち入った検討が必要である[67]。保育サービスとの関係で見た通り、行政基準の中には、条例への委任を定める法律の規定の一部を具体化する行政規則や、地方の事務に関する国の技術的勧告のように、法律──行政基準──地方自治体の定める条例というより複雑な問題として論じることが必要な場面が見られる[68]。国の行政権と、地方の事務・地方議会の権限の分担関係も視野に入れた理解が必要であろう。

[追記]

　Ⅲ4（3）で言及した医師法17条については、本稿公刊後、入れ墨の施術が医行為にあたるとして医師免許を持たずに施術を行った者へ罰金刑が科された事例についての裁判例が登場している（大阪地判平29・9・27判時2384号129頁、大阪高判平30・11・14判時2399号88頁）。詳細については曽我部真裕「高裁判決判批」判時2415号132頁（判評728号2頁）を参照。また、この論点については、笠木映里＝嵩さやか＝中野妙子＝渡邊絹子『社会保障法』（有斐閣、2018年）188-189頁も参照。

---

(67)　主に国レベルの法律と条令との関係を念頭においた指摘と思われるが、参照、原田・前掲注(64)10頁。
(68)　本稿では言及しなかったが、社会保障法の領域で国の行政基準が重要な役割を果たしてきた分野として、児童福祉施設その他の福祉施設・事業者の施設基準・指定基準等がある。地方分権改革推進委員会第3次勧告等を受けて、いわゆる第1次・第2次一括法により、2012年以降、従来の国によって定められていた最低基準の多くが条例によって定められることになる一方、国は「参照すべき基準」「標準とすべき基準」「従うべき基準」を定めている。

社会保障法と私法秩序

嵩 さ や か

I　はじめに

　本稿では、社会保障に関する法的関係の私法秩序による規律について論じる。社会保障は、従来、行政主体と私人との間の公法的関係として把握される傾向にあったが、近年社会福祉の領域で見られる「措置から契約へ」の動きに伴い、私人間の契約関係によって占められる領域が拡大してきている。このことから、社会保障法の法源として、私法秩序を形成する民法をはじめとした民事法規の役割が重視されるようになってきている[1]。

　そこで本稿では、まず社会保障法における民事法規の位置づけについて概観した上で（Ⅱ）、私人間の契約関係を中心に、社会保障の当事者関係において民事法規がどのような規律を与えているか（Ⅲ）、ならびに個別の社会保障法規の解釈・運用に対して民事法規が及ぼしている影響（Ⅳ）について検討する。

Ⅱ　社会保障法における民事法規

1　社会保障法の規律対象と法源としての民事法規
（1）伝統的な社会保障法の理解と民事法規

　伝統的には社会保障法は生存権を実現する法として観念される。すなわち「社会保障とは、国が、生存権の主体である国民に対して、その生活を保障することを直接の目的として、社会的給付を行う法関係」[2]とされ、この社会保障の理解を前提に「社会保障法は、私的契約関係を媒介とせず、直接に生存権の実現をはかる法」であり、「国家と国民との間の公法的関係の法」であるとされる[3]。この見解によれば、契約などに由来する私人間の権利義務関係は、社会保障法の規律する対象から外れることになる。

　しかし、このことは主に私人間の権利義務関係を規律する民事法規（民法等）

---

(1)　岩村正彦「社会保障法と民法——社会保障法学の課題についての覚書」中嶋士元也先生還暦記念論集刊行委員会編『中島士元也先生還暦記念論集　労働関係法の現代的展開』392-393頁（信山社、2004年）は、社会保障に関する権利義務関係が、国民対「国」という「単線的」なものから、近年多様化・複雑化してきている状況を受けて、民法（とりわけ契約法）を視野に入れて社会保障に関する権利義務関係を法的に考察する重要性を主張する。
(2)　荒木誠之『社会保障法読本（第3版）』249頁（有斐閣、2002年）。

の規定が、いっさい社会保障法の法源たり得ないことを意味するものではない。すなわち民法の規定のうち、法律関係全般に妥当すべき法の一般原則を定めた規定（信義誠実の原則（1条2項）、権利濫用の禁止（同3項）など）や、法技術的規定（住所（22条）、期間（138条以下）、時効（144条以下）など）は公法的関係（行政上の法律関係）にも適用されるため[4]、上記のように理解される社会保障法においても、少なくともこうした民法上の規定の適用はあることになる[5]。

　また、社会保障法を上述のように「国家と国民との間の公法的関係の法」と捉えた場合でも、そこで当事者間の法律関係を規律する民事法規は、法の一般原則等の規定に限られないと解される可能性がある。すなわち給付行政については、特別の規定がない限り、契約方式の推定が働く[6]ことから、給付行政のひとつである社会保障の給付においても、行政主体と私人との間に契約が成立していると解せる場合があり、その場合には、私人間の契約とは異なる特別の規制に服することはあるにしても、当該契約に民事法規（民商法）が適用されるのである[7]。もっとも、現行の社会保障関係の実定法は、多くの場合、給付について（行政主体と私人との間の）契約方式ではなく、行政処分（行政行為）による決定の仕組みを採用しているため、民事法規によって規律される領域は限定されているようにみえる。しかし、行政処分における権力性の要素を、行政庁による関係人の行動の一方的規律という実体的な意味ではなく、人為的に与えられた通用力として理解すれば、契約と行政処分とは概念上は必ずしも相互排他的な関係に立つとはいえないことになる[8]。この見解にしたがえば、社会保障の領域でも、給付決定自体は行政処分と解しつつも、その後の行政主体と私人との関係を契約関係として把握することも可能であろう[9]。このように

(3)　荒木・前掲注(2)246-247頁。なお、西村健一郎『社会保障法入門（補訂版）』17頁（有斐閣、2010年）は、「社会保障法における法律関係の当事者は国あるいは公的な団体（地方自治体、公法人等）と国民であり、その法関係が公法に属することからいって、私的な法律関係の対象となるものは、社会的性格を持つものであっても（たとえば、自動車損害賠償、公害補償等）、社会保障には含まれない」として、社会保障法を公法の領域に分類する。

(4)　塩野宏『行政法Ⅰ（第5版補訂版）』82-86頁（有斐閣、2013年）。

(5)　堀勝洋『社会保障法総論（第2版）』118頁（東京大学出版会、2004年）。

(6)　塩野・前掲注(4)190頁。

(7)　芝池義一『行政法総論講義（第4版補訂版）』244頁（有斐閣、2006年）。

(8)　小早川光郎「契約と行政行為」芦部信喜ほか編『岩波講座　基本法学4——契約』127-128頁（岩波書店、1983年）。

解した場合には、（公法上の契約関係というか否かはさておき）行政主体と私人との間の社会保障給付に関する法律関係は、（法の一般原則等に限られない）契約に関する民事法規によっても実体的に規律されることになるといえる。もっとも、行政主体と私人との間の契約は、私人間の契約とは異なる特別の規制や要請に服し、給付要件・手続きは法令に規定されることが多いため、民事法規の解釈・運用が問題となる局面は少ないだろう。

（2）社会保障法の現代的理解と民事法規

（1）で示した伝統的な社会保障および社会保障法の捉え方に対して、社会保障をその実際的機能に即して捉えた上で、それに沿って社会保障法を理解する見解もある。すなわち、社会保障を「要保障事由（具体的には、傷病、障害、老齢、要介護状態、生計維持者の死亡、出産、多子、失業、困窮等）が発生した場合に、社会保険料や租税等を財源として、国および地方公共団体あるいはそれらの監督下にある機関が、財貨や役務等の給付を提供する制度[10]」として捉え、社会保障法はこうした「社会保障制度に登場する各種の当事者の組織、管理運営およびそれらに対する監督を規律するとともに、これら当事者相互間に発生する様々な法律関係、権利義務関係を規律する法[11]」として理解する見解である。

この社会保障法の理解は、国と国民との間の給付関係では捉えきれない多様な法主体間の法律関係の解明に焦点を当てた捉え方といえる[12]。こうした捉え方は、現代の社会保障における国や地方公共団体の役割に照らして肯定的に評価できる。つまり、最低生活水準の確保が目指された戦後復興期の社会保障

---

(9) たとえば保育所利用関係について、行政処分による規律と契約による規律の併存・交錯について論じるものとして、交告尚史「演習行政法」法学教室289号160頁以下（2004年）、亘理格「保育所利用関係における合意の拘束力」小林武＝見上崇洋＝安本典夫編『田村悦一先生古稀記念論文集 「民」による行政——新たな公共性の再構築』208頁（法律文化社、2005年）。なお、堀勝洋「社会保障の給付」日本社会保障法学会編『講座社会保障法 第1巻21世紀の社会保障法』129-130頁（法律文化社、2001年）は、社会保障給付決定は権力的行為ではなく、医療や福祉の提供という継続的関係を行政行為という1回限りの法律行為だけで規律することにも無理があるとしつつ、単独行為・一方的行為である行政行為と双方行為である契約とが併存するというのは論理的には理解しにくいとする。
(10) 岩村正彦『社会保障法I』13-14頁（弘文堂、2001年）。
(11) 岩村・前掲注(10)15頁。
(12) 加藤智章・菊池馨実・倉田聡・前田雅子『社会保障法（第5版）』63-64頁（有斐閣、2013年）。

とは異なり、相対的に高い水準の生活の確保が目指される現代の社会保障では、公的主体（国および地方公共団体）が直接かつ全面的に責任を負うことは可能でも適切でもないため公的主体の役割は相対化され、私人間の法律関係として規律される場面が増えざるを得ないからである[13]。こうした見解によれば、社会保障法が規律すべき対象として私人間の法律関係（権利義務関係）を正面から捉えることが可能となるため、そうした法律関係を直接規律する民事法規が社会保障法の法源のなかに積極的に位置づけられることになる。

　また1990年代後半以降、社会福祉基礎構造改革として高齢者福祉や障害者福祉等の領域で実現された措置方式から契約方式への転換により、サービスの提供が利用者と事業者との間で締結される契約にしたがって実施されるようになったことに伴い、社会保障法の法源としての民事法規の役割が拡大してきていることも指摘できる。

2　社会保障関係法令の解釈・運用における民事法規の影響

　以上の議論は、契約等を媒介とした私人間の法律関係が社会保障法の規律対象として位置づけられるのか否かに着目し、（法の一般原則等の規定に限らない）民事法規が社会保障法の当事者関係を直接規律する規範として位置づけられうるのかをめぐるものであった。これに対し、民事法規（とりわけ民法）の目的・機能と社会保障法の目的・機能とが重複あるいは抵触する場合などのように、個別の社会保障関係法令（たとえば国民年金法や生活保護法）の解釈・運用において、民事法規の解釈・運用が影響を及ぼすこともある。こうした場合に見られるように、民事法規は社会保障法において、当事者の権利義務関係を間接的に規律する法規として機能することがあり、これも社会保障法における法源としての民事法規の態様のひとつといえる。

　以下では、上記の社会保障法の法源としての民事法規の2つの側面——①社会保障に登場する当事者間（とりわけ私人間）の権利義務関係を直接規律する法規としての側面（民事法規による直接的規律）、②個別の社会保障関係法令の解釈・運用に影響を与える法規としての側面（民事法規による間接的規律）——に分けて、具体的にいかなる民事法規が適用され、いかなる規律を社会保障の法律関係にもたらしているかを検討する。

---

(13)　菊池馨実「社会保障法の私法化？」法学教室252号121-122頁（2001年）。

Ⅲ 民事法規による直接的規律

社会福祉基礎構造改革による契約方式の導入などを捉え「社会保障法の私法化[14]」とも形容される今日の状況に鑑みて、以下では社会保障法の当事者関係のなかでも近年その重要性が増している私人間の契約関係を中心に、契約の進展過程に沿いながら民事法規がどのような規律を及ぼしているかを検討する。ただし、上述の通り、行政処分と契約とが併存しうるとの理解に立てば、行政主体と私人との関係にも、以下で検討する民事法規による規律が及ぶ可能性はある。

1 契約締結過程における情報提供義務・説明義務

（1）情報提供の必要性

契約締結のための情報の収集・分析や相手との交渉の失敗によって生じた不利益は、それに失敗した者自身が負担するというのが、法律行為法の原則的規律であるといわれる[15]。これは、自由主義社会においては、契約自由の原則により他者と自由に合意を形成しうるが、その結果については自ら決定した当事者自身が責任を持つべきものであるという私的自治の原則の現れといえる[16]。こうした原則は、情報収集・分析の能力や交渉力において契約締結当事者が相互に対等であることが前提となる[17]。しかし、消費者と事業者との間の契約に典型的に見られるように、契約当事者間でこうした能力に大きな格差があったり、一方当事者（多くの場合、事業者）のみが情報を握っていたり、あるいは、相手方が提供した情報の誤りに気づかずに、相手の言うままに契約を締結してしまうことがある。そこで、こうした情報の収集力・分析力・交渉力に格差のある当事者間の契約については、契約内容への実体的規制だけでなく、契約締結過程にも一定の規制（手続的規制）が要請される。なかでも重要なのが、一方当事者による他方当事者への情報提供・説明に関するものである。

---

(14) 菊池・前掲注(13)121頁。
(15) 山田誠一「情報提供義務」ジュリスト1126号181頁（1998年）。
(16) 河上正二『民法学入門——民法総則講義・序論（第2版）』59頁（日本評論社、2009年）。
(17) 横山美夏「消費者契約法における情報提供モデル」民商法雑誌123巻4＝5号552頁（2001年）。

（2）社会保障関係法令による情報提供・説明に関する規制とその限界

　要保障事由の生じた個人と、サービス等を提供する事業者との間には、上記のような情報の収集力・分析力・交渉力における格差があると考えられるため[18]、社会保障関係法令、とりわけ社会福祉の諸法令では、契約締結過程における情報提供について一定の規定がある[19]。たとえば、社会福祉事業の経営者は、福祉サービスを利用しようとする者に対して情報提供努力義務を、また利用契約の申し込み者に対して説明努力義務を負う（社会福祉法75条・76条）。ただし、これらについては努力義務にとどまっている点と、義務の内容が曖昧である点などの問題点が指摘されている[20]。また、介護保険などで事業者の指定基準を規定する都道府県条例や市町村条例を定めるにあたり従うべきもの等として厚生労働省令で定める基準では、利用申込者またはその家族に対して重要事項を記した文書の交付および説明の義務を事業者に課している[21]。しかし、こうした指定基準の不遵守については、行政庁による是正勧告、公表、改善命令、指定の取消しなどがなされうるが、同基準が私法的効力を有するのか（利用者が事業者に対しその不遵守を理由に契約の取消しや損害賠償を求められるのか）については、規定上は明らかでない[22]。

　このように社会保障関係の法令は、契約締結過程にある一方当事者に明確に私法的効力をもつ情報提供義務・説明義務を課しているとは言えない場合が少なくない。そこで要保障事由の発生した者とサービス等の提供者との間の契約締結過程における情報提供・説明について、特別法を含めた民事法規はどのよ

---

(18)　額田洋一「福祉契約論序説」自由と正義52巻7号15頁（2001年）、岩村正彦「社会福祉サービス利用契約の締結過程をめぐる法的論点」岩村正彦編『福祉サービス契約の法的研究』31頁（信山社、2007年）（同論文の初出は季刊社会保障研究35巻3号251頁以下〔1999年〕）。

(19)　なお、社会保障の領域で重要な情報提供義務としては医療提供におけるインフォームド・コンセントがあり、これには契約締結過程におけるものと、診療契約締結後に病状に応じてその診療内容を具体的に決定する際のものとがあると思われる。かつての特定療養費にかかる契約における医療機関の患者への高度先進医療についての説明義務規制について、岩村正彦「社会保障法入門57」自治実務セミナー43巻2号17頁（2004年）参照。

(20)　岩村・前掲注(18)35頁。

(21)　たとえば、「指定居宅サービス等の事業の人員、設備及び運営に関する基準」（平成11年3月31日厚生省令37号）8条。

(22)　岩村・前掲注(18)37頁。

うな規律を及ぼしているのか、またそれをめぐりどのような解釈がなされているのかを以下に検討する。

（3）消費者契約法による規律

1）消費者契約法の適用対象

　まず、契約当事者間の情報の質・量ならびに交渉力の格差に着目して、不利な立場に立っている一方当事者の利益擁護を目的とする法律として消費者契約法がある（消費者契約法1条参照）。消費者契約法の規律の対象となる「消費者契約」とは「消費者と事業者との間で締結される契約」である（同法2条3項）。ここにいう「消費者」とは、事業としてまたは事業のために契約の当事者となる個人を除くすべての個人である（同条1項）。そのため、社会保障の領域で要保障事由が発生した受給者は、金銭やサービスの提供者との契約関係において、ここにいう消費者に該当する。また、「事業者」とは、「法人その他の団体及び事業として又は事業のために契約の当事者となる場合における個人」をいう（同条2項）。そのため、社会福祉サービスを提供する事業者がこの「事業者」にあたるのは当然として（したがって、たとえば、要介護認定を受けた介護保険被保険者と介護サービス事業者とが締結する介護サービス契約は「消費者契約」に該当し、消費者契約法の適用対象となる[23]）、企業年金を給付する企業[24]や基金[25]も「事業者」に該当すると考えられる。また、国・都道府県・

---

(23)　消費者庁企画課編『逐条解説消費者契約法（第2版）』89-90頁（商事法務、2010年）。なお、消費者契約法上の消費者に該当するかという法律の適用の問題とは異なる視点であるが、福祉サービスの契約化により「消費者としての利用者」が登場したことを指摘しつつ、契約化のみでは対応しきれない社会福祉に特有の問題について分析するものとして秋元美世『社会福祉の利用者と人権――利用関係の多様化と権利保障』29頁以下（有斐閣、2010年）がある。

(24)　なお、消費者契約法48条により、同法の規定は労働契約には適用されない。

(25)　基金型確定給付企業年金の場合、企業年金基金と加入者・受給者との間に年金支給契約が成立していると考えられるが、代行部分も支給する厚生年金基金について裁判例（りそな企業年金基金・りそな銀行（退職年金）事件・東京地判平成20年3月26日労判965号51頁および同事件・東京高判平成21年3月25日労判985号58頁）は、加算年金部分に関する基金による裁定も行政処分にあたり、基金と受給者との間に契約が成立するわけではないと解する（この点につき、森戸英幸「企業年金と契約」季刊社会保障研究45巻1号57-58頁〔2009年〕参照）。しかし、上述の通り給付行政においては行政処分と契約とが相互排他的関係に立たないと解しうることから、（代行部分・加算年金部分に係る）裁定を行政処分と解しつつも、契約の成立を認める余地はあると思われる。

市町村といった公法人も「事業者」に含まれると解されている[26]ため、（行政処分が併存している場合も含め）行政主体と私人との間で社会保障給付をめぐる契約が成立していると観念されるケースでは、消費者契約法による規律を受けることになる[27]。

2）消費者契約法による誤認惹起行為への規制

消費者契約法4条1項・2項は、消費者契約締結についての勧誘の際に、事業者による一定の行為（具体的には、不実告知（1項1号）、断定的判断の提供（同項2号）、不利益事実の不告知（2項））により消費者が誤認をし、それによって当該消費者契約の申込みまたはその承諾の意思表示をしたときは、消費者はこれを取り消すことができるとしている。取り消された行為ははじめから無効であったこととされるため（民法121条）、不当利得の返還として既に給付されたもの（原物や金銭。給付されたものが役務の場合にはその客観的価値に相当する金銭）が相互に返還されることとなる。

こうした消費者契約法4条1項・2項の規定は、いずれも民法における詐欺取消（民法96条1項）の要件を緩和したものと解されている[28]。学説では、不実告知と不利益事実の不告知については、錯誤無効（同法95条）および公序良俗違反（同法90条）による無効を認めることが可能であるとの理解を前提に、これらについての消費者契約法の規定は、従来からあった民法による規律の具体化・明確化であるとする見解もある[29]。

このように従来の民法による規律（錯誤や公序良俗）をいかに解するかにより民法との関係における消費者契約法4条1項・2項の位置づけは変わりうるとしても、勧誘段階での事業者による一定の誤認惹起行為による取消しを消費者に認めたことの意義は大きく、これらの規定については、社会保障の領域でも事業者による勧誘時の誤認惹起行為の防止機能および事後救済機能が期待できる。たとえば、介護サービス契約において本当は有料のサービスを勧誘時に無料と言う行為は不実告知に該当すると思われるし、希望者が退職金を会社に預け入れて会社がその運用実績に応じて支給する自社年金について「必ず

（26）　消費者庁企画課編・前掲注(23)82頁。

（27）　消費者庁企画課編・前掲注(23)82-83頁。

（28）　消費者庁企画課編・前掲注(23)130頁。

（29）　山本敬三「消費者契約法の意義と民法の課題」民商法雑誌123巻4＝5号511-512頁（2001年）。

30％得をする」などと勧誘時に言う行為は、断定的判断の提供に当たることになろう。

　ただし、ここでやや問題なのが消費者契約法4条1項・2項（および3項）でいう「勧誘」の意味である。行政当局は、「勧誘」とは特定消費者に向けられた個別の契約締結の意思形成に影響を与える勧め方であるとして、不特定多数に向けられた広告・チラシなどはこれに含まれないと解している[30]。これに対し、学説では、客観的に消費者による特定の契約締結の意思形成に影響を与えうる行為か否かが問題であり、事業者の行為の対象者が特定されているか否かは問題ではないとして、広告・チラシ等についても上記のような影響を及ぼすものは「勧誘」に該当するとの主張も有力である[31]。消費者契約法4条が、事業者の不適切な働きかけによって不本意な契約を締結してしまった消費者の利益保護を目的とした規定であるという点に照らせば、対象の特定性は「勧誘」の判断に影響しないと解すべきであり、後者の見解が妥当であろう。この見解に立てば、たとえば、社会福祉事業の経営者が社会福祉法79条で禁止されている誇大広告をし、それにより誤認した利用者が契約の申込みあるいは承諾の意思表示をした場合、同条の私法的効力は明らかではないが、広告の態様によっては消費者契約法4条1項あるいは2項により消費者の意思表示の取消しが可能となる場合がありうることになる[32]。

3）消費者契約法による情報提供努力義務と民法による規律の可能性

　消費者契約法は上述のように4条1項・2項により勧誘時の事業者による不実告知等を規制するとともに[33]、3条1項で事業者に対し消費者契約締結の勧誘時に情報提供努力義務を課している。同義務は努力義務であるため、同条違

---

(30)　消費者庁企画課編・前掲注(23)108頁。

(31)　山本豊「消費者契約法(2)」法学教室242号89頁（2000年）、横山・前掲注(17)565-566頁、河上正二『民法総則講義』398頁（日本評論社、2007年）。

(32)　同旨の結論を述べるものとして、笠井修「福祉契約と契約責任」新井誠＝秋元美世＝本沢巳代子編著『福祉契約と利用者の権利擁護』28-29頁（日本加除出版、2006年）。なお、額田・前掲注(18)18-19頁は、社会福祉法79条に違反する誇大広告が消費者契約法4条に規定する誤認惹起行為に当たりうることとともに、不法行為を構成しうるとする。

(33)　さらに、消費者契約法4条3項は、事業者の不退去あるいは監禁により消費者が困惑した場合には、当該消費者契約の申込みまたは承諾の意思表示の取消しを消費者に認めている。

反を理由として契約の取消しや損害賠償責任などの私法的効力は発生しないと解されている[34]。この点につき、学説からは努力義務にとどまっていることへの批判が強く[35]、学説の多くは、当事者間に情報力の格差がある場合に、（その実質的根拠はさまざまであるものの）信義則上一方当事者（事業者）が相手方（消費者）に対して情報提供義務を負うことを肯定する[36]。そして同義務に事業者が違反した場合には、契約の効力を否定するため錯誤無効、詐欺取消[37]あるいは公序良俗違反による無効が認められるとの主張がある[38]。また、裁判例でも、事業者は信義則上情報提供義務あるいは説明義務を負い、それらに違反した事業者は不法行為あるいは債務不履行に基づいて消費者に対し損害賠償責任を負うとするものが少なくない[39]。

　さらに学説では、情報提供をしなかった事業者に対し契約の効力を否定したり損害賠償責任を負わせたりするにあたり、消費者契約法3条を一種の行為規範と捉えて、民法の一般条項の具体化・拡張の基礎として積極的に同条の役割を認める見解もある[40]。裁判例でも、同法1条・3条・4条2項の趣旨から信義則上事業者は告知・説明義務を負うとした上で、これらの違反を理由に不法

(34)　消費者庁企画課編・前掲注(23)96頁。

(35)　沖野眞已「『消費者契約法（仮称）』における『契約締結過程』の規律」NBL685号27頁（2000年）、潮見佳男「消費者契約法と民法理論」法学セミナー549号13頁（2000年）、山本・前掲注(29)518頁など。

(36)　横山・前掲注(17)570頁。

(37)　故意の情報不提供を理由とした詐欺は、間接的に相手方の意思形成に干渉するものであるため、相手方の意思形成に対する直接的干渉を意味する詐欺の拡張と位置づけられるが、いずれにしても詐欺の故意がない場合には成立しない（横山・前掲注(17)576-577頁）。

(38)　山本・前掲注(29)519-520頁、横山・前掲注(17)576-577頁。

(39)　最判平成21年7月16日民集63巻6号1280頁は説明義務違反に基づく債務不履行責任を肯定するが、最判平成23年4月22日判時2116号53頁は、説明義務違反に基づく不法行為の成立は認めるものの、説明義務違反の結果締結されてしまった（つまり、本来なら締結されなかったはずの）契約に基づいて説明義務が生じるというのは「一種の背理」であるとして、同義務違反が債務不履行を構成することは否定している。

(40)　松本恒雄「消費者契約法と契約締結過程に関する民事ルール」法律のひろば53巻11号17頁（2000年）、道垣内弘人「消費者契約法と情報提供義務」ジュリスト1200号50頁（2001年）。なお、これらの見解も含め、消費者契約法3条を根拠に何らかの法的効果を発生させようと試みる学説の概観・分析について、宮下修一「契約の勧誘における情報提供」法律時報83巻8号10頁（2011年）参照。

行為に基づく損害賠償を認めたものがある[41]。

　こうした学説や裁判例に照らすと、社会保障の領域でも消費者契約法の適用がある契約（介護サービス契約など）については同法3条の趣旨を根拠に、さらには情報提供努力義務・説明努力義務を規定する社会福祉法の規定（75条、76条）や、重要事項記載文書の交付義務および説明義務を定める指定基準等の規定にも依拠して、信義則上事業者に情報提供義務や説明義務を負わせることができるものと解される。そして、それに違反した事業者には、不法行為（あるいは債務不履行）を理由として損害賠償を請求できるし[42]、前述した一部の学説の主張によれば錯誤無効や公序良俗違反を導きやすくなるといえる[43]。あるいは指定基準に反して重要事項を記した文書を交付していないなどの場合には、契約締結後においても利用者からの即時解約が可能であるとの主張もある[44]。

　なお、情報提供義務の具体的内容・程度は、消費者による情報収集・分析の難易、取引の複雑性・専門性の有無、取引の性質などにより一様ではない[45]。また説明義務については、消費者（高齢者、障害者など）の理解力に応じた説明が求められると考えられる[46]。

4) 民法（債権関係）の改正をめぐる議論と契約締結過程での情報提供義務

　現在進んでいる民法改正の議論では、債権関係の重要な改正のみならず総則

---

(41)　大津地判平成15年10月3日裁判所HP（LEX/DB文献番号28090191）。

(42)　岩村・前掲注(18)37頁。ちなみに有料老人ホームの事案であるが、津地判平成7年6月15日判時1561号95頁は、有料老人ホームの設置者は、ホームの維持・継続に必要な入居者数が確保されないことが予測される場合には、その事実を入居契約者に告知して不測の損害等を与えないようにすべき注意義務を負うとして、この義務に違反した設置者に不法行為に基づく損害賠償責任を認めている。

(43)　なお、大村敦志『消費者法（第4版）』84頁（有斐閣、2011年）は法令違反の私法的効果に関し、特別法が定める事業者の情報提供義務に違反しても直ちに契約が無効となるわけではないという従来の通説的考えに疑問を呈し、公序良俗の積極活用の一例として、法令違反の存在が公序良俗違反を根拠づけうると述べる（同書126-130頁）。また、特別法に定める情報提供義務が、錯誤における表意者の重過失の不存在の評価や、詐欺における事業者の故意の評価を緩和することに役立ちうるとも述べる（同書84頁）。

(44)　品田充儀「福祉サービスの利用方式」日本社会保障法学会編『講座社会保障法 第3巻 社会福祉サービス法』61頁（法律文化社、2001年）。

(45)　横山・前掲注(17)574-575頁。

(46)　山下純司「高齢消費者の保護のあり方」法律時報83巻8号54頁（2011年）。

に関する改正についても検討が進められており、その動向は社会保障法の観点からも注目すべきものである。この民法改正の動きは現時点ではまだ議論の途上[47]であるため、本稿ではひとまず、2013 年 2 月 26 日に法制審議会民法（債権関係）部会がこれまでの議論の取りまとめとして決定した「民法（債権関係）の改正に関する中間試案[48]」（以下、「中間試案」という）のうち本稿に関係する項目について簡単に触れるにとどめることとする。

　「中間試案」では、消費者契約に限らず、契約一般について契約締結過程における情報提供義務についての規定案が提示されている（第 27 の 2）。そこでは、まず本文柱書第 1 文にて「契約の当事者の一方がある情報を契約締結前に知らずに当該契約を締結したために損害を受けた場合であっても、相手方は、その損害を賠償する責任を負わないものとする」とされている。これは、法務省民事局参事官室が 2013 年 4 月に公表した「民法（債権関係）の改正に関する中間試案の補足説明[49]」（以下、「補足説明」という）によれば、契約を締結するかどうかの判断の基礎となる情報は、各当事者がそれぞれの責任で収集すべきであるのが原則であり、情報収集をしなかったことのリスクはその当事者が負担するという原則を明文化したものである。

　その上で、第 27 の 2 の本文柱書の第 2 文（「ただし、次のいずれにも該当する場合には、相手方は、その損害を賠償しなければならないものとする」）で、この原則の例外として、従来の裁判例（信義則に基づく情報提供義務の措定）を踏まえて、一定の場合には相手方が情報提供義務を負う場合がある旨が規定され、その要件として 4 つの要件が示されている[50]。「補足説明」によれば、これらは

(47)　民法（債権関係）改正の審議経緯については、筒井健夫「民法（債権関係）改正の中間試案に至る審議経緯」ジュリスト 1456 号 12 頁以下（2013 年）参照。
(48)　http://www.moj.go.jp/content/000108853.pdf
(49)　http://www.moj.go.jp/content/000109950.pdf
(50)　情報提供義務発生の要件としては、「(1)相手方が当該情報を契約締結前に知り、又は知ることができたこと。(2)その当事者の一方が当該情報を契約締結前に知っていれば当該契約を締結せず、又はその内容では当該契約を締結しなかったと認められ、かつ、それを相手方が知ることができたこと。(3)契約の性質、当事者の知識及び経験、契約を締結する目的、契約交渉の経緯その他当該契約に関する一切の事情に照らし、その当事者の一方が自ら当該情報を入手することを期待することができないこと。(4)その内容で当該契約を締結したことによって生ずる不利益をその当事者の一方に負担させることが、上記(3)の事情に照らして相当でないこと」とされている。

従来の裁判例の判断をそのまま明文化しようとしているものであり、これまで判例上認められてきた情報提供義務の範囲を拡大あるいは縮小するものではないとされている。また、「補足説明」は、各種の業法が課している説明義務について、それが行政上の制裁等の根拠となる場合でも、違反の効果として損害賠償が定められている場合でも、この改正案がその位置づけについて影響を与えることはないとしている。

また、「中間試案」では情報提供義務違反の効果として、上記の通り、損害賠償のみを規定し、契約の取消しや無効などは規定されていない。「補足説明」によれば、従来の裁判例では錯誤無効や詐欺取消しが認められない場合でも、信義則上の情報提供義務違反による損害賠償責任は認められることがあることから、こうした情報提供義務違反についても取消しを認めてしまうと、錯誤や詐欺とのバランスを失するなどの点が考慮されたためとされている。

本来信義則に由来する情報提供義務をこのように明文化することについては批判的な意見もあるが、仮にこうした規定が民法に規定されるとなると、社会保障の領域における契約においても、一定の場合には当事者が情報提供義務を負うことおよび義務違反の効果が法律上明確になる。そうなれば、上述したような社会保障の領域で私法的効果をもつ情報提供義務を導くための解釈上の不明確さは、情報提供義務の根拠規定や義務違反の効果に関しては払拭されることになる。ただし、具体的に当事者がどのような情報を提供すべきであるのかについては、（導入されるかもしれない）民法改正規定からは一義的には導かれないことになると思われるため、個別の契約類型に沿って提供されるべき情報の明確化が必要となろう。また、「中間試案」のように義務違反の効果が損害賠償に限定されるのであれば、契約からの離脱を許容する契約の取消しや無効はどのような法律構成で認められるのかという問題は依然として残ることとなる。

2　契約締結に対する規制
（1）応諾義務違反と損害賠償
1）法令上の応諾義務の私法上の効果

契約の自由の1つの内容として、契約を締結してもしなくてもよい自由（契約締結の自由）がある。ただし、この契約締結自由の原則は、法律上一定の制限が課されている場合がある。諸種の法律で、一方当事者は正当な理由がなければ給付の提供を拒んではならないとされている例がそれである（たとえば、

電気事業法 18 条 1 項、ガス事業法 16 条 1 項、水道法 15 条 1 項）。

　社会保障の領域では、医師法 19 条 1 項により、医師は正当な事由がなけれ
ば診察治療を拒んではいけないとされる（応招義務）。これに違反した場合の
効果について、当初は、応招義務は公法上の義務であるため、同義務違反を理
由に不法行為や債務不履行により損害賠償を請求できないとされていたが、そ
の後、同義務違反が不法行為を構成し、医師に対して損害賠償を請求できると
の見解および裁判例（たとえば、神戸地判平成 4 年 6 月 30 日判時 1458 号 127 頁）
が登場した[51]。

　他方で、社会福祉の領域では、2012 年に制定された「子ども・子育て支援
法」は 33 条 1 項で、「特定教育・保育施設の設置者は、支給認定保護者から利
用の申込みを受けたときは、正当な理由がなければ、これを拒んではならな
い」と規定し、特定教育・保育施設（認定こども園、幼稚園、保育所）に対し支
給認定保護者（同法 20 条参照）との間で契約（公的契約）を締結することを義
務づけている（応諾義務）（なお、特定地域型保育事業者〔家庭的保育、小規模保
育、居宅訪問型保育、事業所内保育を行う事業者〕についても同法 45 条 1 項に同様
の規定がある）。この義務違反の私法的効果は必ずしも明らかではないが、上記
の医師の応招義務の議論を参考にすると、特定教育・保育施設の負う応諾義務
は保護者の利益保護の側面ももつと考えられることから、施設が申込みを拒絶
する正当な理由を主張・立証しない限り、その義務違反は不法行為を構成する
と解することができる。

　また、介護保険制度における指定事業者のように都道府県条例（あるいは市
町村条例）で定められた指定基準の中で正当な理由のない提供拒否が事業者に
対して禁止されている場合にも同様に、正当な理由の主張・立証がない限り、
義務違反は不法行為を構成すると解することができるだろう[52]。

2）民法（債権関係）の改正をめぐる議論と応諾義務

　民法（債権関係）の改正の議論では、契約締結の自由をも含んだ契約自由の
原則を明文化する案も検討されていたが、「中間試案」第 26 の 1 では同原則の
うち「契約内容の自由」についてのみ明文化する提案がなされている。他方
で、「中間試案」第 27 の 1 は、契約締結の交渉が開始されたが結局契約が成立

---

(51)　小西知世「契約による福祉と事業者の応諾義務」新井誠他編著・前掲注(32)8 頁。
(52)　品田・前掲注(44)61−62 頁参照。

しなかった場合について、原則的には一方当事者は相手方に生じた損害を賠償する責任を負わないとする。すなわち「補足説明」によると、「中間試案」は、契約締結自由の原則を、その私法的効果（契約交渉段階で契約を締結しなくても損害賠償責任を負わない）についてのみ規定することで、間接的に示すこととしたということになる。もっとも、「中間試案」はこの原則の例外として、「相手方が契約の成立が確実であると信じ、かつ、契約の性質、当事者の知識及び経験、交渉の進捗状況その他交渉に関する一切の事情に照らしてそのように信ずることが相当であると認められる場合において、その当事者の一方が、正当な理由なく契約の成立を妨げたときは、その当事者の一方は、これによって相手方に生じた損害を賠償する責任を負うものとする」（第27の1第2文）として、従来の裁判例で認められてきた契約交渉の不当破棄に対する信義則上の義務違反を理由とした損害賠償を明文化している。

　他方で、「中間試案」には、前述したような契約の一方当事者に課される応諾義務やその私法的効果についての提案はないため、法令上の応諾義務の違反を理由とした損害賠償については、従来通り不法行為構成の可能性を模索する必要があることになる。ただし、応諾義務違反の事案の一部（契約締結のための交渉がある程度進展している事案）については、「中間試案」第27の1第2文を適用した救済が可能な場合があるだろう。その場合、要件となっている相手方の契約成立への信頼の有無の判断において、法令上に応諾義務があることはこうした信頼の存在を肯定しやすくする事情として作用することになると思われる。

（2）　契約の締結強制

　契約締結を拒否した当事者に損害賠償請求できるかという問題を超えて、さらに契約の締結を強制しうるか、ということも問題となりうる。この点につき、たとえば給水については、水道法15条1項にいう「正当の理由」がないとして給水契約申込みに対する承諾を事業者に命じた裁判例がある（福岡地判平成4年2月13日判時1438号118頁、名古屋地岡崎支部判平成8年1月25日判タ939号160頁）。

　診療契約については、診療申込によって直ちに医師に応招義務が発生して診療契約が成立すると解する説もあれば、一般的に応招義務（およびそれによる診療契約の成立）を肯定するのは疑問があると解する説もある[(53)]。この点について、契約締結の自由を含め契約自由の原則が前提とするのは契約当事者の対

等性であるとして、その対等性が崩壊している関係（医療や福祉）において
は、同原則はそのまま妥当し得ないという認識をベースに、利用者・事業者の
事情やサービスの供給体制をも考慮して、事業者に応招義務・応諾義務が課さ
れうる（その結果当然に契約が成立する）という見解もある[54]。この見解は、契
約自由の原則の前提にまで掘り下げて議論を展開しているが、注意が必要なの
は、契約の当然成立をもたらすという意味での応諾義務を法的にいかに観念し
うるかはひとまずおくとしても、その根拠を当事者間の対等性の崩壊一般にま
で広げると、当事者間に対等性がないと一般に観念される消費者契約全般に事
業者の応諾義務（その結果、消費者の契約申込みにより当然に契約が成立すること
になる）が肯定されかねない。上記の見解における対等性の崩壊の実質は、
水・電気・ガス等のように、利用者の生存や生活（経済活動も含む）に不可欠な
サービスを、（事実上も含め）独占的地位を有する事業者が提供していることを
指すものと思われる[55]。この理解に従うとしても、医療や福祉は利用者の生
存や生活にとって重要なものであることは比較的容易に肯定しうるが、契約締
結の自由を事業者について大幅に制約することとなるため、事業者の（事実上
も含む）独占性（その事業者でないと提供できないこと）の評価は慎重である必
要がある。特に福祉サービスについては、サービスの提供体制の整備の状況に
もよるが、一般的に医療より切迫性・緊急性が低いケースが多いと考えられる
ため事業者の独占性（当該状況ではその事業者しか提供できないこと）を肯定す
るのは多くの場合困難であり、基本的には、この見解に立つとしても（利用者
の申込みによる契約の当然の成立という効果を与える）応諾義務は否定されるの
ではないかと思われる。

（3）制度的契約論による契約締結の自由の制限

　契約の締結強制との関係で近年注目される議論は、民営化の動きを手がかり
に提示されている「制度的契約」という新たな契約理論である。同理論は締結
強制を積極的に根拠づけている。「制度的契約」とは、「特定の当事者同士の契
約関係でありながら、一方当事者が、同様な契約を結んでいる他の当事者や、
まだ契約関係にない潜在的な当事者への配慮を要求されるような性質の契約」
であり、典型的な商取引で用いられる取引的契約と対比されるものとして提唱

---

(53)　学説の比較・検討につき、小西・前掲注(51)8-9頁参照。
(54)　小西・前掲注(51)10-13頁。
(55)　小西・前掲注(51)11頁。

されたものである[56]。社会保障の領域では、介護契約・保育契約や企業年金契約がこれにあたりうるとされている[57]。

　この制度的契約論によれば、「財やサービスは、受給者としての資格を有する者に、平等に、差別なく提供されなければならない」として、締結強制・平等原則・差別禁止原則が制度的契約の特質として挙げられている。この議論に依拠すると、福祉サービス利用契約や企業年金契約などについて、事業者は契約締結義務を負うことになる。この点につき、港湾労働安定協会事件・大阪高判平成18年7月13日労判923号40頁は、産業規模の私的年金制度について、年金の運営者（協会）は受給資格者から規程に従って申込み（裁定請求）を受けた場合には、必ず承諾（裁定）をしなければならないとし、そうした裁定において裁量の余地がないことは本件年金制度の本質（設立の趣旨・目的）に由来する、と判示していることが注目される。同判決は、当該年金制度における協会と受給権者との間の法律関係を制度的契約とは性格づけていないが、制度の趣旨を根拠に、個々の契約に関し協会には締結拒否の自由が認められていないと理解しており、制度的契約理論と共通した思考が伺える。

3　契約内容の決定
（1）事業者による画一的な契約書の作成とその拘束力

　当事者双方が1つ1つの条項について合意を形成しながら締結する古典的な契約とは異なり、現代では、事業者があらかじめ画一的な契約条件を設定している場合が多い。社会保障の領域でも、福祉サービス利用契約は多くの場合事業者があらかじめ作成した契約書と重要事項説明書に基づいて締結され、企業年金においては、会社や基金が作成した年金規程や規約に具体的な制度の仕組みが記載されている。こうした場合、事業者が一方的に作成した画一的な契約

---

(56)　内田貴『制度的契約論——民営化と契約』57頁（羽鳥書店、2010年）（初出は、「民営化（privatization）と契約——制度的契約論の試み（1）〜（6・完）」ジュリスト1305号118頁以下、1306号70頁以下、1307号132頁以下、1308号90頁以下、1309号46頁以下、1311号14頁以下（2006年））。

(57)　介護契約・保育契約につき内田・前掲注(56)67-72頁、企業年金契約につき内田・前掲注(56)81-84頁。なお、こうした制度的契約論から示唆を受けながら、介護・障害福祉あるいは保育について、限られた資源の公平・公正な分配の必要性から、事業者と利用者との間の契約への制約を肯定する見解として、中野妙子「介護保険および障害者自立支援法と契約」季刊社会保障研究45巻1号15頁（2009年）および倉田賀世「保育所入所の法的性質をめぐる考察」季刊社会保障研究45巻1号42頁（2009年）。

書や規程が、個別の相手方に拘束力をもつ契約内容となるか否かが問題となり
うる。近年では、企業年金における受給者減額の効力をめぐる一連の裁判例[58]
において、この点が争点の１つとなっている。

（2）約款理論

1）約款の拘束力

　事業者があらかじめ作成する画一的な契約条件の拘束力については、民法学
では約款[59]をめぐる議論として発展してきた。約款の拘束力についてのリー
ディングケースである大判大正4年12月24日民録21輯2182頁は、「普通保
険約款ハ当事者間ニ之ニ反スル特別ノ意思表示ナキ場合ニ於テハ当然当事者間
保険契約ノ内容ヲ為スヘキモノニシテ当事者カ其内容ヲ知ルト否トヲ問ハサル
モノトス」として意思推定説を採用した。同判決の特徴としては、約款の拘束
力の要件として、約款の合理性および周知性を明確には挙げていないことが指
摘できる。約款の合理性については、むしろ約款の拘束性を認めた上での内容
規制の問題（後述4参照）であると解されるため、約款の拘束力の判断において
加味する必要はないともいえるが[60]、周知性については、学説では、約款の
拘束力を認めるにつき当該約款の開示を要件とするとの主張が支配的である[61]。
　裁判例においては、企業年金の受給者減額の事案[62]である松下電器産業（大津）
事件・大津地判平成16年12月6日判時1892号62頁および同事件・大阪高判

---

(58)　主な裁判例として、幸福銀行（年金減額）事件・大阪地判平成10年4月13日判タ987
　　　号207頁、幸福銀行（年金打切り）事件・大阪地判平成12年12月20日判タ1081号189
　　　頁、松下電器産業（大津）事件・大津地判平成16年12月6日判時1892号62頁、同事
　　　件・大阪高判平成18年11月28日判時1973号62頁（②事件）、松下電器産業（大阪）事
　　　件・大阪地判平成17年9月26日判時1916号64頁、同事件・大阪高判平成18年11月
　　　28日判時1973号62頁（①事件）、早稲田大学事件・東京地判平成19年1月26日労判
　　　939号36頁、同事件・東京高判平成21年10月29日労判995号5頁がある。また、産
　　　業規模の年金制度について港湾労働安定協会事件・神戸地判平成17年5月20日労判
　　　897号5頁、同事件・大阪高判平成18年7月13日労判923号40頁がある。
(59)　約款とは何かという点については論者により認識に幅があるが、ここでは、「予め事
　　　業者によって設定され、顧客に対して一律に適用されることが予定されている契約条
　　　件」（大村・前掲注(43)200頁）とする。
(60)　なお、同大審院判決は、約款の拘束力の判断に際し、国家が保険業者の定める普通保
　　　険約款の当否を監査していることを加味していると解される（藤内和公「判批」民商
　　　132巻3号177頁（2005年）参照）。
(61)　山本敬三『民法講義Ⅰ総則（第3版）』298頁（有斐閣、2011年）、河上正二『民法総
　　　則講義』285-289頁（日本評論社、2007年）。

平成 18 年 11 月 28 日判時 1973 号 62 頁（②事件）は、前掲・大審院判決を引用して年金規程の拘束力を肯定するが、その際、規程の内容を受給申込者が認識しうる状態にあったことも加味しており、周知性を要求する学説の見解も取り入れているといえる。

2）民法（債権関係）の改正をめぐる議論と約款規制

「中間試案」では、約款に関する規律がいくつか用意されている。まず、第 30 の 1 では約款の定義がなされており、「約款とは、多数の相手方との契約の締結を予定してあらかじめ準備される契約条項の総体であって、それらの契約の内容を画一的に定めることを目的として使用するものをいうものとする」とされている。「補足説明」によれば、約款とは交渉による修正が予定されていないものに限定すべきとの考えを踏まえて、「契約の内容を画一的に定めることを目的として使用するもの」との要件が課されたため、契約書のひな形のようにそれに基づいて個別に交渉を行うことを予定して使用されるものは約款にはあたらないと解されている。また、同様に「補足説明」では、契約内容を画一的に定める目的のもの（約款）であったが、実際の契約の締結過程で交渉が行われ、当事者が契約条項について個別に合意した場合には、当該条項は通常の合意による契約と異ならないため、約款に関する規律は及ばないとされている。社会保障の領域では、前述の企業年金のように、当事者が規程等に基づいて金銭給付やサービスの提供を一種の制度として運営しているような場合には、個別に支給要件や額を交渉することは通常予定していないし実際に交渉することはないと考えられるため、当該規程等は「中間試案」でいう約款に該当すると考えられる。

また、「中間試案」では、従来問題となっていた約款の契約への組入要件についても明文化している。つまり、「中間試案」の第 30 の 2 では、①当該契約に約款を用いることの合意があること、②契約締結時までに、合理的な行動を取れば約款の内容を知ることができる機会が相手方について確保されていること、の 2 つの要件が記載されている。「補足説明」によれば、合意一般に妥当するように、①でいう「合意」には明示のものだけでなく黙示のものも含むとされている。また②については、「補足説明」では、約款が効率的な経済取引

（62） 企業年金の受給者減額をめぐる裁判例の分析について、嵩さやか「企業年金の受給者減額をめぐる裁判例」ジュリスト 1379 号 28 頁以下（2009 年）参照。

を可能にしているなどの社会的機能や、少額の契約が日常的に締結されていることなどに照らして、約款の現実の提示を求めるという厳格な要件ではなく、比較的緩やかな要件とされたことが説明されている。したがって、約款を相手方が閲読しようと思えば合理的行動により閲読できる状態に置いていれば（たとえば、企業年金規程を各事業場に備置して閲覧に供しておく場合）、②の要件は満たすことになる。もっとも、②では「契約締結時までに」として契約締結より前に約款内容を知る機会が確保されていることが求められている。これは「補足説明」によれば、①の要件に示されるように、約款の拘束力の根拠が当事者の合意に求められる以上は、契約締結以前に約款の内容を認識する機会が相手方に与えられるべきであるとの認識に基づくものである。したがって、たとえば、社会福祉法77条にしたがって、福祉サービス利用契約が成立したときになって初めて重要事項説明書が交付され、それ以前には合理的な行動をとっても重要事項説明書の内容を知る機会が確保されていなければ、当該重要事項説明書は約款に当たるとしても契約内容に組み入れられなくなってしまうことになる。

　なお、「中間試案」は、いわゆる不意打ち条項（当該約款に含まれていることを合理的に予測することができない条項）について、上記組入の要件によっては契約内容とならないことも示している（第30の3）。「補足説明」では、不意打ち条項に当たるか否かは、内容の不当性にかかわらないため、不当条項の該当性（「中間試案」第30の5参照）とは概念的に異なるとしている。たとえば社会保障の領域では、福祉サービス利用契約に関する約款の中に、利用者がサービス提供事業者に毎年一定額以上寄付を行わなければいけない旨の条項が含まれていた場合には、不当条項規制が及ぶ以前に、（当該約款に含まれていることが合理的に予測できない）不意打ち条項として契約内容とならないと解することができよう。なお、「補足説明」によると、一般的には不意打ち条項に該当する契約条項であっても、当該条項について当事者が個別に合意をした場合には、当該条項は（通常の契約の場合のように）当該合意によって契約内容になったものと考えられる。もっともその場合でも、当該条項に不当性が見いだされる場合には、その有効性が問題となることはあろう（不当条項規制については後述4）。

（3）制度的契約論

　前掲・大審院判決をはじめとして従来議論されてきた約款理論は、（事実上

それは難しいとしても[63]）原理的には約款とは異なる個別合意を排除するものではない（もっとも個別の交渉によって修正された契約条件はもはや「約款」とは言えないことになる[64]）。これに対し、前述の「制度的契約」の主張では、その特質の１つとして、「契約締結の際に、個々の当事者が契約条件を交渉し、個別に合意することは、正義公平に反すると観念される」こと（個別交渉排除原則）が挙げられている[65]。すなわち、制度的契約で問われる当事者の意思は「制度への加入」についてのみであり、契約条件についての個別の交渉や合意の余地はなく、制度の内容を定めている約款や規程などが契約内容となる、ということである。その際、約款や規程が契約内容として拘束力を持つことの正当性を担保するために、財・サービスの潜在的受給者が直接的または間接的な方法で集権的に決定に参加できる仕組みが確保されていることが必要であるとされる（参加原則）[66]。また、制度的契約では、集団的運営が不可欠であり、契約条件の拘束力の根拠を個別意思に求めること自体意味をなさないため、約款の拘束力の根拠として学説から主張されている（そして「中間試案」でも約款の契約への組入要件とされている）当事者への開示の持つ意味は、制度的契約では相対的に軽いとされる[67]。

　こうしたことから、「約款」の拘束力を同様に肯定するとしても、契約条件についての個別の交渉・合意という「古典的な」契約のパラダイムに基本的に依拠する上記の約款理論と、制度的契約論とは根本的に異なるといえる。

　今のところ、企業年金規程の拘束力について判断した裁判例には（およびその他の裁判例でも）、制度的契約論に明確に依拠して判断するものは見あたらない。しかし、前掲・松下電器産業(大津)事件・大津地裁判決は「年金規程によらない旨の特段の合意」の可能性を認めているものの、他方で、制度の目的に照らせば、「本件年金の受給を希望する者は、……被告との間で、個別的に、年金規程の定め以外の内容の特約を締結することはできない」とも述べる。こ

(63)　大村・前掲注(43)201-202頁。事実上個別合意が難しく、事業者が一方的に作成した契約条項を相手方に押しつけ、これによる画一的処理がなされる点に、伝統的な契約とは異なる約款への特別な規制の必要性が見いだされる（河上正二『約款規制の法理』137-138頁〔有斐閣、1988年〕）。

(64)　大村・前掲注(43)202頁。

(65)　内田・前掲注(56)86頁。

(66)　内田・前掲注(56)86-87頁。

(67)　内田・前掲注(56)91-92頁。

の齟齬は、同判決が約款理論に基本的に依拠しつつも、制度的契約論を展開した被告側の鑑定意見書に影響を受けたためと思われる[68]。

4　不当条項規制

（1）社会保障関係法令による不当条項規制

　契約締結過程の情報提供義務・説明義務を事業者に課したとしても、説明された契約内容の不利益性などを理解しないままに、事業者に一方的に有利な条項を含む契約を締結してしまう場合がある。その場合、手続的規制だけでは不十分で、契約内容に対する実体的規制としての不当条項規制が必要となってくる[69]。

　2011年の老人福祉法改正では、認知症対応型老人共同生活援助事業（認知症高齢者グループホーム）および有料老人ホームについて、①事業者による権利金等の受領の禁止規定、②短期間での契約解除の場合に一定の返還方法に基づき前払金を返還する旨についての契約締結を事業主に義務づける規定が挿入された（14条の4第1項・3項、29条6項・8項）。こうした規定に違反した事業者に対しては都道府県知事によって改善命令がなされうるが（老人福祉法18条の2第1項、29条11項）、その私法的効力については必ずしも明らかでない。しかし、これらの規定は、従来事業者と利用者との間で多くの契約上のトラブルを発生させていた事項について問題解決をはかるために制定されたことに照らせば、その私法的効力を認めて、これらの規定に反する契約条項は無効と解する余地があろう[70]。そのように解すれば、これらの規定は不当条項を私法上も規制するものとなる。

　他方で、介護保険法や障害者総合支援法（障害者の日常生活及び社会生活を総合的に支援するための法律）には、事業者と利用者との契約内容を規制する規定はなく、事業者の指定基準を規定する都道府県条例や市町村条例を定めるにあたり従うべきもの等として厚生労働省令で定める基準に、契約内容に関わる規定が見られる。たとえば「指定居宅サービス等の事業の人員、設備及び運営に

---

(68)　このほか、就業規則理論を準用して企業年金規程の拘束力を肯定する裁判例もある（前掲・松下電器産業(大阪)事件・大阪地裁判決）。

(69)　福祉サービス契約における不当条項規制の概要について、嵩さやか「福祉サービス契約と不当条項規制——有料老人ホームの入居一時金をめぐる紛争を中心に」法学77巻1号38頁（2013年）参照。

(70)　有料老人ホームの前払金の返還について、嵩・前掲注(69)8頁以下。

関する基準」(平成 11 年 3 月 31 日厚生省令 37 号) 20 条 2 項は、「指定訪問介護事業者は、法定代理受領サービスに該当しない指定訪問介護を提供した際にその利用者から支払を受ける利用料の額と、指定訪問介護に係る居宅介護サービス費用基準額との間に、不合理な差額が生じないようにしなければならない」と規定する。しかし、こうした基準に従って条例で定められた指定基準の私法上の効果は不明確であり、これに抵触する契約条項(不合理な差額が生じてしまう利用料の支払いを利用者に求める条項)が直ちに無効となるとは解されにくい[71]。

　このように、社会保障の領域では、不当条項規制として私法的効力があると解されうる規定もなくはない(もっともそれも必ずしも明確ではない)が、そうしたケースはむしろ少数といえよう。こうしたことから、社会保障の領域における不当条項規制に関しても、民事法規による規律の可能性を模索する必要が生じる。

(2) 消費者契約法による規律

　不当条項の効力を否定する明文の規定で社会保障の領域にも影響を及ぼすものとして、消費者契約法 8 条・9 条・10 条がある。同法 8 条は、事業者について債務不履行責任(1 項 1 号・2 号)・不法行為責任(同項 3 号・4 号)・瑕疵担保責任(同項 5 号)を制限する条項の一部を無効とする。社会保障関係の契約では債務不履行責任・不法行為責任を制限する条項が問題となりやすい。債務不履行責任・不法行為責任を制限する条項を無効とする同法 8 条 1 項 1 号〜4 号は、従来任意規定と解されてきた民法 415 条・416 条・709 条・715 条等を事業者にとって強行法規化(ただし、軽過失の場合の一部免除は除く[72])したことを意味する[73]。消費者契約法 9 条は、契約解除および金銭支払の遅延に対して消費者が支払う損害賠償額の予定・違約金条項について一定の額を超える場合には、その超過部分について無効とする。これは、損害賠償額の予定を定める民法 420 条を修正するものといえる[74]。消費者契約法の適用がある介護サービス契約や企業年金契約などについては、こうした規定による規律が及ぶこと

(71)　倉田聡「医療・福祉分野におけるサービス供給主体論」社会保障法 14 号 65 頁(1999年)、岩村・前掲注(18)40-41 頁。
(72)　山本・前掲注(29)534-535 頁は、軽過失の場合の一部免除についても、正当な理由がない限り消費者契約法 10 条によって無効となると解する。
(73)　消費者庁企画課編・前掲注(23)178-179 頁、山本・前掲注(29)534 頁。
(74)　消費者庁企画課編・前掲注(23)208 頁、211-212 頁。

になる。

　また、消費者契約法 10 条は、一般条項として、民法、商法その他の法律の公の秩序に関しない規定（任意規定）の適用による場合と比べて、消費者の権利を制限しまたは義務を加重する条項が信義則に反して消費者の利益を一方的に害する場合には、当該条項を無効とする。これは、従来から学説で主張されていた「任意規定の秩序付け機能」（合理的内容を定型的に定めた任意法規を、条項の公正さを判断する際の重要な決め手とすること）の実定法化とも解せる[75]。なお、行政当局は、10 条にいう「民法、商法その他の法律の公の秩序に関しない規定」とは法律上の明文の任意規定のみを指すと理解しているようであるが[76]、判例[77]や多数説では、10 条前段にいう任意規定には、法律上の明文の規定だけでなく、判例等で一般に認められた不文の任意法規のほか、契約に関する一般法理も含まれると解されている[78]。

　福祉サービス契約で問題となりうる条項の例としては、利用者に一定の利用料の滞納があった場合には、事業者が直ちに解除できるという条項（無催告解除特約）や、利用料の滞納があれば自動的に解除されたものとするという条項（失権約款）などが考えられ、それぞれ民法 541 条、540 条 1 項と比較して信義則に反して消費者の利益を一方的に害するか否かが検討される。もっとも、問題となっている消費者契約の条項によっては、比較対象とするべき任意規定の範囲を判例や学説のように拡大して解釈するとしても、それをうまく明確なかたちで見つけるのが困難なこともあろう[79]。

（3）民法による規律

　上記のように消費者契約法では一定の不当条項の効力は否定されたが、これらでは解決されない問題も少なからず存在する[80]。そこで、こうした問題に

(75)　河上・前掲注(31)292-293 頁。
(76)　消費者庁企画課編・前掲注(23)220 頁。
(77)　建物賃貸借契約における敷引特約の効力に関する最判平成 23 年 3 月 24 日民集 65 巻 2 号 903 頁および建物賃貸借契約における更新料条項の効力に関する最判平成 23 年 7 月 15 日民集 65 巻 5 号 2269 頁参照。
(78)　山本敬三「消費者契約立法と不当条項規制——第 17 次国民生活審議会消費者政策部会報告の検討」NBL686 号 22 頁（2000 年）、山本豊「消費者契約法（3）・完」法学教室 243 号 62 頁（2000 年）、河上・前掲注(31)409 頁。
(79)　有料老人ホーム入所契約における入居一時金の一部の不返還条項について、消費者契約法 10 条の適用を模索したものとして、嵩・前掲注(69)25-28 頁。

ついては民法、とりわけ公序良俗理論（民法90条）による統制が考えられる。たとえば、福祉サービスの利用者が高額の利用料を負担させられている場合には、伝統的に公序良俗違反の１類型と解されてきた暴利行為として規律の対象となる場合がある。つまり、利用者に負担を求める条項が、利用者の窮迫・軽率・無経験に乗じて（あるいは優越的地位を利用して[81]）過大な利益を獲得するものであると解されれば、判例上確立している暴利行為として公序良俗違反で無効と解される可能性がある[82]。

　また、近年、伝統的な公序良俗の概念を超えて、その役割を積極的に評価する見解が登場し、公序良俗による新たな規律の可能性が主張されている。すなわち、公序良俗の概念については、伝統的には「国家・社会の秩序や一般的利益」「社会の一般的道徳観念」と捉えられていたのに対し、近年では、契約における公正さ（「契約正義」、代表的には「給付の均衡」）の確保とともに経済的公序（取引における当事者の利益や競争秩序）の保護の観点から[83]、あるいは憲法上の基本権保護の観点から、公序良俗を再構成する理論が展開されているのである[84]。たとえば、前者の観点からは、行政上の取締規定であっても取引当事者の利益の保護を目的とする規定であれば、個人の権利実現を援護するものとして、積極的に私法上の公序に組み込むことが提案される[85]。また、後者の見解からは、取締規定は国家＝立法者が基本権の保護もしくは支援を目的として一定の積極的な措置を定めたものであり、裁判所はその取締規定の目的実現のために、両当事者の基本権を衡量しながら、民法90条を用いて、違反行為の効力を否定しうるとされる[86]。こうした取締規定を積極的に公序良俗の

(80)　消費者契約法の不当条項規制の問題点につき、小粥太郎「不当条項規制と公序良俗理論」民商法雑誌123巻4＝5号586-588頁（2001年）参照。

(81)　消費者契約の事案ではないが、近年の事例として、大阪地判平成22年5月25日判時2092号106頁（請負契約における建築請負代金の減額合意は、注文者が優越的地位を利用して不当に利益を取得するためのものであったとして、公序良俗に反し無効とされた事例）。

(82)　丸山絵美子「ホーム契約に対する規制と契約法の一般理論・社会福祉サービス制度との関係」専修法学論集93号134頁（2005年）、大村・前掲注(43)109頁。

(83)　大村敦志『もうひとつの基本民法Ⅰ』16頁（有斐閣、2005年）。

(84)　野澤正充「不当条項規制の意義と展望」法律時報83巻8号25-26頁（2011年）。なお両説の比較検討につき、小粥・前掲注(80)590-595頁参照。

(85)　大村敦志『契約法から消費者法へ』163-204頁（東京大学出版会、1999年）（初出はジュリスト1023号・1025号〔1993年〕）。

解釈に取り込む見解にしたがえば、社会保障の領域で多く見られる取締規定（たとえば法令・条例等に基づく事業者の指定基準）に抵触する契約条項は、公序良俗違反と解される可能性が出てこよう[87]。

　また、札幌地判平成 16 年 3 月 31 日賃社 1411 号 50 頁が認定したような施設入所者がその口座にいったん振り込まれた年金等を全額施設に寄付する旨の合意[88]などは、（同判決では公序良俗違反が否定されたが）こうした見解によれば公序良俗違反で無効とされやすくなると思われる。すなわち、年金受給権の譲渡禁止の規定（国年法 24 条等）は、基本権や支分権そのものの譲渡を禁止したものであるため、基本権や支分権自体を譲渡する旨の契約は当該規定違反で無効となると解される（そのためこうした規定はいわゆる取締規定ではないと解される）が、いったん受給者本人名義の口座に振り込まれた後に全額施設の口座に自動振替される場合は、当該規定に形式的には抵触しないこととなる。しかし、年金受給権の譲渡禁止規定は、一身専属権として受給権を保護して確実に受給者に年金を受給させることで法律の目的（たとえば、国民年金法の場合、健全な国民生活の維持および向上〔国年法 1 条〕）を達成させる趣旨であると解され[89]、上記のような合意はこの趣旨を実質的に没却するものであると考えられることからすると、上記のいずれの学説によっても、譲渡禁止規定を手がかりにこうした合意の公序良俗違反を導くことが可能と解される。

　上述のように消費者契約法 10 条でいう任意規定を判例や学説のように明文の規定以外にも認めれば、同条の守備範囲は拡大し、社会保障に関する契約についても同条の適用可能な領域が広まると考えられるが、前述のように比較対象とするべき任意規定がそれでもうまく明確に定まらないことも少なくないことから、取締規定等のかたちで受給者等の保護を目的とした規定が多い社会保障の分野では、上記のような積極的機能が付与された近年の公序良俗理論による不当条項の規律を模索した方が明快で実効的な場合が少なくないと思われる。

(86)　山本敬三『公序良俗論の再構成』250-252 頁（有斐閣、2000 年）。

(87)　額田・前掲注(18)19-20 頁。

(88)　なお同事件の控訴審・札幌高判平成 17 年 10 月 25 日賃社 1411 号 43 頁は、年金の寄付（贈与）の合意の存在を否定した。

(89)　国民年金法 24 条の解釈につき、有泉亨＝中野徹雄編・喜多村悦史著『国民年金法全訂社会保障関係法 2』59 頁（日本評論社、1983 年）。

（4）契約構造論による規律の可能性

　また、不当条項規制のあり方については、学説で展開されている契約構造論も示唆を与える[90]。これは、約款への規制のあり方を模索する中で提示されたものであり、契約を核心的合意部分と付随的合意部分とに分け、それぞれへの規制を区別する議論である。すなわち、付随的合意部分は、核心的合意部分に連動する形で個別契約に入り込むものであり、核心的合意部分によってその有効範囲が画される。したがって、たとえば核心的合意部分と矛盾する条項や、それを結果的に根本から覆す条項、さらに核心的合意部分とは無関係な条項は、はじめから連動して契約の一部となり得ない。また、連動によって契約の一部となったとしても、一般的な合意以上に強い国家的規制に服する、とされる[91]。具体的には、契約に取り込まれた付随的合意部分についての裁判官による直接的内容判断の基準をまず任意規定に求めるとしたうえで、「任意法規範の正義内容が顧客の不利に逸脱されている場合、約款使用者は顧客の利益を適正に顧慮すべき信義則上の義務を怠っているとの疑いがかけられ、その逸脱を正当化する事由が示されない限り、合意としての効力を否認される」[92]。

　こうした核心的合意部分と付随的合意部分との連動に着目した規律は、約款の契約への「採用」の局面の問題とされるため、上記の「不意打ち条項」（「中間試案」第30の3）に対する規律にむしろ近接していると考えられるが、（多くの場合そうであるように）当該条項に不当性が見いだされる場合には、不当条項を排除する方法の1つとも捉えられる。

　社会保障の領域では、たとえば上述したような施設入所者に年金の全額寄付を求める条項について、契約構造論に依拠した規律も考えられる。つまり、施設に入所してサービスを受けることが核心的合意部分であるとしたら、付随的合意部分と解せる年金の寄付については、核心的合意部分とは関係のない条項として契約に取り込まれない、あるいは核心的合意部分と関係のある範囲で（具体的には、サービス提供に必要な経費をカバーする範囲で）合意を契約に取り込むべきと解することもできるかもしれない。

（90）　契約構造論の紹介・分析につき、小粥・前掲注(80)598-602頁参照。

（91）　河上・前掲注(63)252頁。

（92）　河上・前掲注(63)394頁。なお、大村敦志『典型契約と性質決定』355頁（有斐閣、1997年）は、全く自由に離脱できる任意規定と、合理的な離脱に限って認められる任意規定（半＝強行規定）の区別を提案する。

（5）民法（債権関係）の改正をめぐる議論と不当条項規制

「中間試案」の第30の5では、約款の契約への組入に関する規定（第30の2）によって契約内容となった契約条項について、「当該条項が存在しない場合に比し、約款使用者の相手方の権利を制限し、又は相手方の義務を加重するものであって、その制限又は加重の内容、契約内容の全体、契約締結時の状況その他一切の事情を考慮して相手方に過大な不利益を与える場合には、無効とする」として、約款の不当条項規制に関する規定を提案している。「補足説明」によれば、同規定は、ルールの透明化のため、公序良俗（民法90条）に基づく現在の規律を明文化するものであり、弱者保護などの政策課題に応えるものではない。同規定は、消費者契約法10条の規定に構造が似ているが、規律の対象となる契約が消費者契約に限定されていないだけでなく、比較対象となるものが「当該条項が存在しない場合」とされ、任意規定（上述のとおり行政当局はこれを明文のものに限定する）の存在を前提にそれが適用される場合との比較を行う消費者契約法10条よりも、少なくとも条文上は緩やかな要件が設定されている。

他方で、同規定による不当条項規制からは、（第30の2によって契約に組み入れられたのではなく）個別合意によって契約内容となっている条項は除かれているため、そうした条項については、従来通り消費者契約法や公序良俗理論に規律を求めることとなる。なお、公序良俗について「中間試案」は、すでに判例法理として確立している暴利行為に関する規律の明文化も提案している（第1の2）[93]。

5　契約の変更

社会保障の領域での契約は、多くの場合、長期間存続し継続的関係となりやすい。そこで、社会・経済といった外的要因の変化および当事者の状況の変化に契約がどのように対応するかが問題となる。

（1）契約の性質上変更が当初から予定されている契約

まず、契約の存続中、当事者の状況の変化などが当然に予想され、債務がそれに伴って段階的に変化することが予定されている契約が考えられる[94]。社

---

[93]　なお、公序良俗違反による契約条項の無効ともかかわる事項として、「中間試案」第5の1は、法律行為の一部無効について明文の規定を設けている。

[94]　中田裕康『継続的取引の研究』196頁（有斐閣、2000年）。

会保障の領域では、時間の経過とともに変化する利用者の心身の状況に対応した介護サービス契約や、対象児童が日々成長する保育サービス契約等がこれに該当する可能性があると思われる。こうした契約では、役務提供者は段階の移行の当否を判定する債務を負うと解されるのが特徴的である[95]。そしてその上で、役務提供者には、役務の受給者が該当する段階にふさわしい役務を提供する債務が課される[96]。また、以下（2）で述べる契約の改訂（変更）権限を事業者に認める条項との比較で言えば、こうした契約では役務提供者（多くの場合、事業者）が状況の変化に対応することが契約上の権利ではなく義務（債務）として捉えられる点が特徴と言える。

　もっとも、こうした契約でも当初は予定されていなかった変化が生じた場合には、契約の改訂（変更）の必要が生じる。

（2）契約改訂についての事前の合意とその有効性

　契約内容の改訂（変更）には、当事者の合意が必要である。これには事前の合意と事後の合意とがある。

　事前の合意とは、明確なかたちとしては、あらかじめ契約に改訂条項を規定しておいた場合に認められうる[97]。これについてしばしば問題となるのは、一方当事者（多くは事業者）に改訂権限を留保する規定の有効性である。こうした点が争われた社会保障関連の事例として、企業年金の受給者減額に関する複数の裁判例が挙げられる[98]。受給者減額をめぐる多くの裁判例では、改訂条項の有効性を、減額の必要性・相当性による絞り込みを行った上で限定的に認めている（前掲・松下電器産業(大津)事件・大津地裁判決、前掲同事件・大阪高裁判決（②事件）、前掲・松下電器産業(大阪)事件・大阪高裁判決（①事件）など）。これは、事業主の負担と受給者の不利益とのバランスに配慮しながら、信義則

---

(95)　もっとも、介護保険では、要介護認定・要支援認定の有効期間は原則6カ月または12カ月であり、定期的に市町村によって更新されることとなっているため、介護保険制度に対応した段階の移行の判定を行うのは市町村となり、サービス提供事業者はより小刻みな日常的な状態の変化を判断することとなると解される。

(96)　中田・前掲注(94)196頁。

(97)　これに対し、契約には改訂条項が記載されていないとしても、契約の改訂について黙示の合意を認定することが可能な場合もある（こうした黙示の合意の存在を認定する裁判例として、前掲・早稲田大学事件・東京地裁判決。

(98)　企業年金の受給者減額に関する事例で、改訂条項の有効性についての分析として、嵩・前掲注(62)30-31頁参照。

を踏まえて合意内容（改訂規定）について合理的限定解釈を行ったものと解される[99]。

　なお、（企業年金に限らず）事業者に一方的に契約変更権限を付与する条項は、消費者契約法10条との関係でもその有効性が問題となりうる[100]。上述の通り判例や学説からは、消費者契約法10条でいう任意規定とは、法律上明文で定められた規定だけでなく、判例等で一般に認められた不文の任意法規のほか、契約に関する一般法理も含まれると広く解されている。この解釈に従えば、事業者に一方的に契約変更権限を付与する条項は、意思主義に基づく契約の拘束力の理解を前提に、契約内容を変更するには個別具体の変更についての両当事者間の合意が必要であるという契約の一般法理が適用される場合に比べ消費者の権利を制限する条項として、消費者契約法10条の規律の対象となりうると解される[101]。そして、事業者に広範な契約内容の変更権（改訂権）を付与する条項は、合理的限定解釈をしない限り当事者間の均衡性・相互性をやぶるものとして[102]、信義則に反して消費者の利益を一方的に害するものにあたり同条により無効と解される可能性が高い[103]。

（3）契約改訂についての事後的合意

　こうした事前の合意がない場合には、事後的に契約内容の変更について当事者で合意を形成する必要がある。関係的契約論[104]からは、この合意を可能とするための交渉促進にむけた法的対応の必要性が唱えられ、契約上の信義則から導かれる再交渉義務や説明義務の重要性が主張される[105]。

　また、契約内容の変更についての当事者の合意が形成されない場合でも、第

（99）　なお、近時主張されている「関係的契約」の観点から改訂条項の有効性判断において給付の長期継続性を加味するべきか否かについて、嵩・前掲注(62)31頁参照。

（100）　山本・前掲注(61)310頁。

（101）　山本・前掲注(78)27頁は、消費者契約法の立法過程において、個別条項規制を定める必要性を主張する際に、「事業者に一方的な権利を与える条項」は契約の拘束力と抵触するものであり、無効とすべき要請が高いとする。

（102）　山本・前掲注(61)310頁。

（103）　丸山・前掲注(82)134頁（2005年）は、老人ホームの入所契約において、合理的理由を示さずに一方的に値上げをできる権限を事業者に付与する条項は、消費者契約法10条により無効と解する。

（104）　内田貴『契約の時代——日本社会と契約法』30頁（岩波書店、2000年）によれば、「関係的契約」とは「意思を中核とする古典的な契約像に対して、社会関係そのものが契約の拘束力を生み出し、また様々な契約上の義務を生み出すという契約像」をいう。

三者を仲介に立てることで交渉が進展し、契約の継続性を損なわずにすむことがあるとして、契約に関する紛争の解決に関し第三者による仲介（調停など）の機能も注目されている⁽¹⁰⁶⁾。この意味で、社会福祉の領域で広く利用されている苦情処理の手続は、契約の継続性・柔軟性に資する仕組みと評価される。

（4）事情変更の原則の適用の可能性

変更について当事者の合意がなくても、信義則上の権利とされる事情変更の原則の適用により変更できる可能性はある。ただし、事情変更の原則の適用の要件として、一般に、①基礎事情の変更、②予見可能性の不存在、③帰責性の不存在、④拘束の不当性が挙げられているが⁽¹⁰⁷⁾、最高裁は同原則の適用に極めて消極的である⁽¹⁰⁸⁾。企業年金の受給者減額の事案についても、前掲・幸福銀行（年金打切り）事件・大阪地裁判決や前掲・港湾労働安定協会事件・大阪高裁判決では、同原則の適用が否定されており⁽¹⁰⁹⁾、学説においても適用の可能性はほとんどないだろうと評価されている⁽¹¹⁰⁾。

（5）民法（債権関係）の改正をめぐる議論と契約の変更

上述のように「中間試案」第30の5では、第30の2で約款が契約に組み入れられた場合についての不当条項規制が提案されており、事業者に一方的な契約内容の改訂権を付与する条項は、（約款が契約内容に組み入れられた場合には）

---

(105)　内田・前掲注(104)100-101頁。平田厚「福祉契約に関する実務的諸問題」新井誠他編・前掲注(32)55頁〔初出は社会保障法19号（2004年）〕は、福祉契約において契約後の説明義務を付随義務として認め、同義務違反があった場合には、信頼関係の基礎を欠くに至るとして、利用者は契約解除が可能であるとしている。なお大村・前掲注(43)140頁では、契約締結当初の合意とは異なる態様での履行を望むようになった場合などへの対応として契約の履行では一定の柔軟性が要求されるとして、判例上も認められている（主に事業者に課される）応答義務や寛容義務が注目されている。

(106)　内田・前掲注(104)109-110頁。

(107)　山本・前掲注(61)634頁。

(108)　最判平成9年7月1日民集51巻6号2452頁は、事情変更の原則を適用する要件として、予見可能性の不存在および帰責性の不存在を挙げた上で、同判決の事案についてこれらの要件の充足を否定する。

(109)　税制適格年金の廃止に伴う年金の打ち切りについて、バイエル・ランクセス（退職年金）事件・東京地判平成20年5月20日労判966号37頁も事情変更の原則の適用を否定する。

(110)　森戸英幸「企業年金（受給者減額）労働法学の立場から」ジュリスト1331号149頁（2007年）。

これによっても規制を受けることとなり、当該条項について合理的限定解釈を行わなければ（前述の消費者契約法 10 条の適用の場合と同様に）無効と解される可能性が高いだろう。

　なお、契約の合理的限定解釈や契約上の付随義務を導く際に根拠としてあげられる信義則について、「中間試案」第 26 の 4 は、「消費者と事業者との間で締結される契約（消費者契約）のほか、情報の質及び量並びに交渉力の格差がある当事者間で締結される契約に関しては、民法第 1 条第 2 項及び第 3 項その他の規定の適用に当たって、その格差の存在を考慮しなければならないものとする」として、信義則や権利濫用の規定などの適用に当たって考慮すべき内容を明らかにしている。もっとも、この提案は、「補足説明」によれば、従来判例などで認められてきた考慮要素を確認的に規定する趣旨であるため、これにより実質的な変更が生じるものではないと考えられる。

　さらに、「中間試案」第 32 では、事業変更の法理についての明文化の要否およびその要件効果などについて引き続き検討するとしている。「補足説明」によれば、「中間試案」で提案されている要件は、上述した判例・学説で一般に認識されている要件（①〜④）に相当するものとして構成されているため、その適用範囲に関しては従来と変更点はないようである。したがって、明文化されても、事情変更の法理により契約内容の改訂が認められる可能性は非常に低いと考えられる。なお、効果について「中間試案」では、「契約の解除」あるいは「契約の解除または契約の改訂の請求」と 2 つの案が併記されており、事情変更の法理により契約の解除のみが認められる可能性もあるが、この点も含め今後の検討に付されている。

6　契約の終了
（1）解除に関する特約と消費者契約法による規律

　契約の終了は、契約期間の満了や当事者の死亡のほか、契約の解除により生じる。契約の解除は、基本的には民法の規定によって規律されるが、あらかじめ解除に関する規定が契約に書かれる場合もある。その場合には、前述の通り、消費者契約法 10 条の規律が及ぶ可能性がある。たとえば、介護サービス契約において、利用者に著しく長い解除予告期間を設定する条項については、介護サービス契約が準委任契約であるとすると民法 656 条で準用している任意規定たる民法 651 条 1 項（任意解除権の規定）が適用される場合と比較して、そうでなくても利用者の人格的利益に照らして認められるべき解約自由の原則[111]

の適用される場合と比べて、利用者（消費者）の権利を制限するものであり、信義則に反して利用者の利益を一方的に害すると評価されるときは、消費者契約法10条により無効と評価されよう。また、解約の際の清算条件も、消費者契約法9条1号または10条の規制を受けると解されている[112]。

　また、前述のように、利用者に一定の利用料の滞納があった場合には、事業者が直ちに解除できるという条項（無催告解除特約）や、利用料の滞納があれば自動的に解除されたものとするという条項（失権特約）は、消費者契約法10条の適用においては、それぞれ民法541条、540条1項の適用がある場合と比較して検討される。

（2）事業者による解除権行使への規律

　他方で、上述のように解除権行使について特約を付した場合（不当条項規制が及ぶ場合）でなくても、当事者が行使した解除権の効力が問題となることがある。たとえば、介護サービス契約において事業者が行使した解除権については、事業者に正当な理由のない提供拒否を禁止する指定基準[113]を手がかりに、正当な理由のない解除権行使は信義則あるいは権利濫用により無効と解されうる[114]。また、関係的契約の議論からは、当該契約が関係的契約に該当するとなれば、契約の継続性を確保する観点から、賃貸借契約で形成された信頼関係破壊法理の類推適用が考えられる[115]。

（3）民法（債権関係）の改正をめぐる議論と契約の解除

　社会保障の領域、特に福祉の領域で登場する契約（サービス利用契約など）は準委任契約に性質決定されることが多いと思われるが、「中間試案」第41の6

---

(111)　老人ホーム入居契約について丸山・前掲注(82)135頁参照。

(112)　丸山・前掲注(82)135頁。なお、東京地判平成22年9月28日判時2104号57頁は、契約解除の際にしばしば問題となる有料老人ホーム契約における一時入居金の償却に関する条項を、東京都の有料老人ホーム設置運営指導指針に従ったものであることなどを根拠に、消費者契約法10条に違反しないとしている。

(113)　たとえば、指定居宅サービス事業者についての指定基準を定める都道府県条例が従うべき基準として厚生労働省令で定められた「指定居宅サービス等の事業の人員、設備及び運営に関する基準」（平成11年3月31日厚生省令37号）9条は「指定訪問介護事業者は、正当な理由なく指定訪問介護の提供を拒んではならない」と規定している。

(114)　同旨の結論を主張するものとして、品田充儀「介護保険契約の特徴と法的問題」ジュリスト1174号71頁（2000年）。

(115)　内田・前掲注(104)32頁。また、事業者側からの老人ホーム入居契約の解除について信頼関係破壊法理による規律を肯定する見解として、丸山・前掲注(82)136頁参照。

では、民法656条の原則を維持した上で、準委任契約のうち、委任に関する規定のすべてを準用するのが適当でない類型を抽出し、準用するのが適当でない規律の準用を排除する旨の規定案が提示されている。具体的には、準委任のうち「受任者の選択に当たって、知識、経験、技能その他の当該受任者の属性が主要な考慮要素になっていると認められるもの以外のもの」（受任者の個性を重視する類型以外のもの）について、「中間試案」第41の1に規定している自己執行義務、民法651条、653条（委任者が破産手続開始の決定を受けた場合に関する部分を除く）を準用しないものとすることが提案されている。この提案に従えば、介護や保育など、利用者の人格的利益と密接に関連するサービスについては、誰が（あるいはどの事業者が）サービスを提供するかによってサービスの内容や質が左右され、また利用者との信頼関係の形成にも影響が及ぶと考えられるため、上記「受任者の選択に当たって、……と認められるもの以外のもの」には該当しないと思われる。そうであれば、介護サービス契約などについての解除については、これまでと同様、任意解除権を定める民法651条[116]が準用されることになると思われる。もっとも、「補足説明」でも指摘されているように、準委任の一部を抽出するための上記基準の適切性・明確性には疑問も提起されており、この点については今後の検討課題とされている。

　また、「中間試案」は新たに継続的契約に関する規定の導入を提案している。具体的には、第34の1は、期間の定めのある契約について、期間満了による契約の終了という原則（当事者の一方から更新の申し入れがあっても、相手方は自由に拒絶することができるという原則）を明文化した上で、一定の契約には継続性を求める従来の裁判例・学説を維持する形で、契約の存続について正当事由がある場合には従前と同一条件で契約（ただし期間の定めはなくなる）が更新されたものとみなす旨の規定が提案されている。一方当事者による更新拒否を規制するものであり、社会福祉の領域における契約についても、とりわけ事業者からの更新拒否を規律することになると思われる。他方で、期間の定め

（116）　なお、民法651条についても「中間試案」第41の5は、従来の判例（「補足説明」によれば、最判昭和56年1月19日民集35巻1号1頁、最判昭和58年9月20日集民139号549頁等）を維持する形で、委任が受任者の利益（報酬を得るという利益を除く）をも目的とする場合に、任意解除権を行使した委任者は受任者に対し損害賠償責任を負う旨の規定を提案する。任意解除権の制限についての従来の判例・学説の概要について、内田貴『民法Ⅱ　債権各論（第3版）』294-298頁（東京大学出版会、2011年）参照。

のない契約については、第34の2で、当事者はいつでも解約の申入れをすることができるとの原則を確認しつつ、一定の契約については、従来の裁判例・学説の理解にしたがって、契約の継続性を保護する観点から、契約存続について正当事由がある場合には、解約の申入れによっては契約は終了しない旨の規定が提案されている。たとえば、終身型の老人ホームへの入所契約や期間の定めのない介護サービス契約などは、（とりわけ事業者からの解約申入れに対しては）この規定によって継続性が確保されると考えられるが、入所者からの解約申入れについては、入所者の人格的利益を尊重する観点から、契約存続についての正当事由は原則的には認められないと考えられる。

　なお、「中間試案」第34の3は、契約の存続期間が観念できる継続的契約における解除の効力は、将来に向かってのみ生ずるとして、従来の一般的な理解を明文化している。

7　損害の発生と賠償

　社会保障の領域では、ある者の行為により他人に損害（とりわけ人身損害）が生じた場合、それが医療・年金・介護などの要保障事由に該当して社会保障給付がなされることがあるが[117]、他方で、加害者（あるいはその使用者）に対して損害賠償を請求することは妨げられず、国家賠償による救済がなされる場面以外では、（主に契約関係にある）私人間で民事上の損害賠償がなされる。社会保障給付が行われている過程での関係当事者間の民事上の損害賠償に注目すれば、従来から医療過誤をめぐる紛争として多く存在していたが、近年では社会福祉における契約方式への移行に伴い、この領域でも増加傾向にある。人身損害に対する民事上の損害賠償の根拠としては大きく分けて不法行為と債務不履行（安全配慮義務違反）とがあるが、本稿ではこれまで契約関係にある当事者間の権利義務について検討してきたことから、債務不履行（安全配慮義務違反）について取り上げることとする。

（1）安全配慮義務の性質――付随義務か給付義務か

　「生命および健康等を危険から保護すべき義務」（安全配慮義務）は、契約の解釈として当然に生じる義務（給付義務）として認められる場合と、契約あるいはその他の法律関係の規範的解釈として（合意がなくても）生じる義務とし

---

[117]　この場合、民事上の損害賠償請求権と社会保障の受給権とは調整が行われることが多い（国年法22条、健保法57条、介護保険法21条等）。

て認められる場合とに分けることができる[118]。

　後者の安全配慮義務の先例である最判昭和50年2月25日民集29巻2号143頁は、「ある法律関係に基づいて特別な社会的接触の関係」にある当事者間には、当該法律関係の付随的義務として、信義則上負う義務である安全配慮義務が認められるとする。この判例を契機に、安全配慮義務はさまざまな領域において発展し、契約上の付随義務のひとつの典型例として確立している。社会福祉サービスの事例においても、契約に付随する信義則上の義務として、事業者は安全配慮義務や安全確保義務を負うとする裁判例がある（たとえば、医院のデイケアにつき東京地判平成15年3月20日判時1840号20頁、グループホームの事案につき大阪高判平成19年3月6日賃社1447号55頁）。

　これに対し、施設の目的や約款の規定などから、契約上の給付義務として安全配慮義務を認める裁判例もある（たとえば、デイサービスについて横浜地判平成17年3月22日判時1895号91頁、ショートステイについて大阪高判平成18年8月29日賃社1431号41頁）。

　学説には、信義則上の義務としての安全配慮義務という法律構成の有用性や必要性に疑問を呈する見解がある[119]。また、こうした本質的批判のほか、契約の性格によっては、契約上の義務そのもの（給付義務）として安全配慮義務を認めるべきとの主張がある[120]。社会福祉サービスについては、多くの場合、介護等を受ける利用者の心身機能の維持・向上を図りながら日常生活の支援を行うことが契約の目的となっているため、その契約の解釈により事業者は契約上の中心的な義務（つまり給付義務）として安全配慮義務を利用者に対して負うと解するのが妥当だろう[121]。

---

(118)　平井宜雄『債権総論（第2版）』57頁（弘文堂、1994年）。

(119)　窪田充見「要件事実から考える安全配慮義務の法的性質」大塚直＝後藤巻則＝山野目章夫編著『要件事実論と民法学との対話』391頁（商事法務、2005年）。

(120)　窪田・前掲注(119)375頁。また、我妻栄『債権各論 中巻2』586頁（岩波書店、1962年）は労働契約について同様の見解を示す。

(121)　なお、給付義務と付随義務は、その違反に対する救済においても違いがあり、この点も安全配慮義務の性質を判断する上で考慮されるべきだろう。つまり、給付義務違反に対しては履行強制（民法414条）、損害賠償（民法415条）、契約解除（民法540条以下）のいずれの措置もとれるが、付随義務違反については、例外的場合を除き、損害賠償しか請求できないと解される（後藤巻則「付随義務」椿寿夫・中舎寛樹『解説 条文にない民法（第3版）』186-187頁〔日本評論社、2006年〕）。

（2）義務の内容

　信義則上の付随義務の場合だけでなく、契約の解釈から給付義務としての安全配慮義務を認める場合であっても、その内容は一義的には決まらないことが多い。人身損害という面では福祉サービス中の事故と共通している医療過誤のケースでは、（債務不履行構成あるいは不法行為構成によって）医師の負う注意義務の基準として「医療水準」という概念が用いられている（最判平成 8 年 1 月 23 日民集 50 巻 1 号 1 頁参照）。これに対し、そのような概念は社会福祉の領域では確立しておらず、また医療と社会福祉の提供するサービスの質的違いに鑑みれば、そのような基準を社会福祉に導入すること自体困難なのかもしれない。ただ、専門性の程度の差は大きいとしても、医師と同様に、介護従事者も一種の専門職である以上、その専門職としての安全配慮義務が課されるものと思われる[122]。実際、義務措定にあたり介護従事者の専門性を強調する裁判例もある（横浜地判平成 17 年 3 月 22 日判時 1895 号 91 頁）。また、契約の解釈の際に拠り所となるのは契約書や重要事項説明書だけではなく、ケアプラン等により利用者の状況が把握されていれば、それにより義務がより高度化されることが考えられる[123]。また、事業者内部で従業員に向けて作成された事故発生防止および事後的対応についてのマニュアルがあれば、マニュアルから直接的に契約の相手方に対する義務が導かれるわけではないとしても、義務を措定する際の手がかりとなる可能性がある[124]。

（3）民法（債権関係）の改正をめぐる議論と債務不履行による損害賠償

　「中間試案」第 26 の 3(2) は、従来多くの場合信義則に基づいて付随義務として認められてきた契約上の安全配慮義務について、生命、身体、財産その他の利益に対する保護義務という形で規定することを提案している（なお、第 26 の 3(1) では、一般的な付随義務についての明文化が提案されている）。もっとも、

---

[122]　品田充儀「福祉契約と契約当事者」新井他編著・前掲注(31)172 頁。専門家の一般的な契約上の責任について、河上正二「『専門家の責任』と契約理論」法律時報 67 巻 2 号 6 頁以下（1995 年）。

[123]　菊池馨実「高齢者介護事故をめぐる裁判例の総合的検討 (1)」賃金と社会保障 1427 号 33 頁（2006 年）。

[124]　福島地裁白河支判平成 15 年 6 月 3 日判時 1838 号 116 頁は、施設の介護マニュアルの定めから、契約に基づき事業者は「介護ケアサービスの内容として入所者のポータブルトイレの清掃を定時に行うべき義務」を負うとする。

同提案は、従来の理解を明文化するに過ぎないものであり、また、前述のように福祉サービス契約の多くの場合には、給付義務として安全配慮義務が導かれると解することができるため、同規定によって実質的な変化は生じないと思われる。

　また、「中間試案」では、債務不履行に基づく損害賠償について定める民法415条前段の改正も提案している。すなわち、第10の1では、従来の裁判実務で債務不履行による損害賠償が一定の場合免責されてきたこととその際の判断基準が明文化されている。具体的には、免責事由を「当該契約の趣旨に照らして債務者の責めに帰することのできない事由」としている。「補足説明」によれば、これは、従来の裁判実務での考え方にしたがい、「債務者がそのリスクを負担すべきであったと評価できないような事由」を意味するとされている。もっとも、介護サービス契約については、利用者の「移動の際に常時介護士が目を離さずにいることが可能となるような態勢をとるべき契約上の義務」（前掲・東京地判平成15年3月20日）というように様々なリスクを想定した高度な義務が事業者に課されることがあるため、免責事由の範囲は非常に狭くなると思われる。

Ⅳ　民事法規による間接的規律

　次に、民事法規による社会保障法上の当事者関係への間接的規律として、個別の社会保障法規の解釈・運用に対し民事法規の解釈・運用が影響を与えている局面を考察する。以下では、民事法規（とりわけ、民法）の目的・機能と社会保障法の目的・機能とが重複している局面（私的扶養と公的扶養（生活保護））と、これらが抵触している局面（婚姻法と社会保障法）とを取り上げる。

1　私的扶養と公的扶養——生活保護における私的扶養優先の原則[125]

（1）公的扶養への移行と社会保障制度上の私的扶養の扱い

　所得の欠乏や身体的不自由の惹起などにより生活上様々なニーズが生じた場合、（第三者に損害賠償を請求するのでなければ）まず自助努力による対応が考え

（125）　生活保護の私的扶養優先の原則に関し、嵩さやか「社会保障と私的扶養——生活保護における私的扶養優先の原則を中心に」水野紀子編『社会法制・家族法制における国家の介入』1頁以下（有斐閣、2013年）参照。

られる。つまり、労働市場で賃金を得ることにより、あるいは自らの貯蓄・資産を費消することにより所得を得、あるいはこうした所得をもとに市場で医療や介護サービスを購入するのである。他方で、こうしたニーズへの対応としては、他者からの支援もある。そこには自発的なチャリティや寄付のほか、民法で規定された親族間の扶養（私的扶養）と、社会保障による給付（公的扶養）とがある。これらは相互に機能が重複している部分があり、社会保障制度の発展は、これまで私的扶養が担ってきた部分を公的扶養で保障することへの移行とも評価しうる(126)。つまり、親族間の連帯から、社会構成員間（あるいは国民間）の連帯へと移行していったといえる。

　もっとも、現在の社会保障制度でも、完全に社会構成員間の連帯にすべての権利義務関係が昇華されたわけではなく、依然として民法上の扶養義務者が制度上一定の負担を追う仕組み（つまり親族間の連帯を機能させる仕組み）が組み込まれているものがある。たとえば、措置制度において、民法の扶養義務者は費用徴収の対象となる（たとえば、老人福祉法28条、身体障害者福祉法38条）。措置費用の徴収対象となる扶養義務者とそれに対する徴収額の決定については、実務の運用(127)と民法上の扶養の規定との間に齟齬があると批判する立場もあるが、民法解釈を尊重することが望ましいとしつつも行政運営の便宜から民法とは異なる制度にすることができると解釈すべきとの考えも示されている(128)。この点については、措置制度における費用負担者として民法上の扶養義務者と法律上規定していることから、民法の規定やその解釈からの乖離は望ましくないとも言える。しかし、法律の規定上は民法上の「扶養」の一環として扶養義務者の費用負担を位置づけているのかは必ずしも明らかではなく、法律は本人以外の費用負担者を決定する際の基準として扶養義務者という基準を単に持ち出しているに過ぎない、との解釈もありえよう。そのように解釈できるとすれば、扶養義務者からの費用徴収と民法上の規定の解釈との間に齟齬があるとしても、それだけで違法な運用とは言えないことになろう。

　これに対し、生活保護法では、「扶養義務者の扶養……は、すべてこの法律

---

(126)　公的年金について、堀勝洋「社会保障と扶養」ジュリスト1059号179頁（1995年）。
(127)　老人福祉法における措置費用の徴収について、多くの市町村は徴収対象となる扶養義務者を「主たる扶養義務者」に限定し、その費用徴収の額についても所得税額等を基準とした一覧表に基づいて決定している。
(128)　堀・前掲注(126)183-184頁。

による保護に優先して行われる」（4条2項）としていることから、この規定の解釈・運用においては民法上の扶養の解釈がまさに問題となり、理論的にはこれから外れる「扶養」の解釈・運用（たとえば、扶養義務の範囲を超えた扶養を保護に優先させる解釈・運用）は認められないことになろう[129]。生活保護のこの補足性の原理に関する規定は、民法の解釈により、その解釈・運用が直接影響受ける領域といえよう。

（2）私的扶養優先の原則の解釈と民法の解釈による影響

生活保護法4条2項に規定されている私的扶養優先の原則については、事実上扶養が行われたときにこれを要保護者の収入として取り扱うという関係を意味すると解する考え（事実上の順位説）が多数説である[130]（もっとも、この場合でも生活保護法77条による扶養義務者への費用徴収はなされうる）。この点について行政実務は、4条2項が扶養について「保護に優先して行われる」ものとして、4条1項に規定される保護の要件とは異なる位置づけで規定されているとしつつ、扶養義務者に扶養能力があり、かつ扶養する意思があることが明らかである場合（つまり、要保護者が扶養請求権を行使することによって、扶養が容易に資産（金銭）となりうる場合）には扶養請求権の行使を4条1項にいう保護の要件としてとらえる立場を採っており[131]、多数説である事実上の順位説とはやや異なる見解に立っているといえる。

多数説と行政解釈との違いは、民法上の扶養の解釈が、生活保護法の解釈・運用に影響を与えるか否か、あるいは影響を与える場面における違いとしても

---

(129)　このように保護の外縁は民法上の扶養義務の内容によって画されるという構造になっているが、西原道雄「生活保護法における親族の扶養義務」私法16号89頁（1956年）は、民法の扶養義務の具体的内容は従来の民法の解釈論によっては全部を処理し切れず、生活保護が施行されていく中でしだいに明らかとなる、とする。

(130)　立法担当者の見解として、小山進次郎『改訂増補 生活保護法の解釈と運用（復刻版）』119-120頁（全国社会福祉協議会、2004年）（初出は1951年）。学説として、中川善之助『新訂 親族法』590頁（青林書院、1965年）、赤石壽美「家族法とのかかわり——公的扶助と私的扶養の関連と問題点」小川政亮編『社会福祉と諸科学4——扶助と福祉の法学』223頁（一粒社、1978年）、深谷松男「私的扶養と公的扶助——親族扶養優先の原則を中心に」中川善之助先生追悼現代家族法大系編集委員会編『現代家族法大系3 親子・親権・後見・扶養』393-395頁（有斐閣、1979年）、小川政亮『社会事業法制（第4版）』260頁（ミネルヴァ書房、1992年）、二宮周平『家族法（第3版）』244-245頁（新世社、2009年）など。

(131)　『生活保護手帳別冊問答集2013』141頁（中央法規出版、2013年）。

現れる。すなわち、事実上の順位説によれば、扶養義務の履行としてなされる扶養（多くは仕送りなど）は結局収入認定の問題に収束し、さらに収入認定の場面では仕送りされた金銭が扶養の履行によるものなのか否かは、基本的には収入認定のあり方に影響を与えないと考えられるため⁽¹³²⁾、民法上の扶養の解釈は保護の補足性の解釈・運用に影響を与えないことになる。ただ、最終的には扶養義務者への費用徴収（生活保護法 77 条）が予定されているため、その場面では民法上の扶養の解釈にしたがって扶養義務者と扶養義務の範囲を決定する必要がある。

　他方で、扶養義務者に扶養能力があり、かつ扶養する意思があることが明らかである場合に扶養請求権の行使を保護の要件（生保法 4 条 1 項）と捉える行政実務によれば、請求権行使を求める前提として、誰が扶養義務者で、いかなる程度の扶養義務を負っているのかが明らかにされる必要があり、その判断は民法上の扶養についての解釈に委ねられることとなる。したがって、行政実務の場合には、民法上の扶養の解釈が（上記費用徴収の場面だけでなく）保護の補足性の解釈・運用にも影響を及ぼすこととなる⁽¹³³⁾。

2　婚姻法と社会保障法
（1）遺族年金の受給者たる「配偶者」をめぐる問題の所在

　社会保障関連の法律では、被保険者とその被扶養者の関係や、被保険者とそ

（132）　行政実務（「生活保護法による保護の実施要領について」（昭和 36 年 4 月 1 日厚生省発社第 123 号厚生事務次官通知）第 8-3-(2)イ（ア））では、収入認定の対象とすべき他からの仕送り、贈与等による金銭について、扶養義務の履行によるものか否かによる区別はせずに、基本的にすべて収入認定すべきとされている。もっとも、行政実務では、扶養義務者からの援助金を収入認定すべきか否かにあたり「当該扶養義務者について期待すべき扶養の程度」を超えているかという基準も用いている（「生活保護法による保護の実施要領の取扱いについて」昭和 38 年 4 月 1 日社保第 34 号厚生省社会局保護課長通知第 8 の 41）。この基準が民法上の扶養義務の程度を意味しているのであれば、民法上の扶養義務の解釈が影響を与えることになるが、行政解釈は同様の問題につき、通常 2 万円の仕送りであったが臨時収入があったため修学旅行費用に充てるための費用を含めて 5 万円の仕送りが扶養義務者からされた場合について、3 万円を期待すべき扶養の程度を超えたものとして判断していることに照らせば（前掲注(131)309 頁）、通常の仕送り額を基準とした判断を行っているとも解することができ、この理解に従えば民法の扶養義務の解釈は収入認定の場面でも直接的には影響しないことになろう。

（133）　扶養義務者による扶養に関する実務上の運用と民法の解釈との齟齬に関する検討については、嵩・前掲注(125)8-10 頁参照。

の遺族の関係などを一定の親族関係によって画するが、他方で、配偶者については内縁関係の者も含むと規定されることが多い（たとえば、国年法5条8項、厚年法3条2項）。そのため、婚姻法上の配偶者と、社会保障関係法律における配偶者とで食い違いが生じる可能性があり、そうした場合に社会保障関係法律の解釈をいかに行うべきかが問題となる。これについての代表的問題が、遺族年金の受給者たる「配偶者」の解釈である。判例では、重婚的内縁関係の場合や、民法が禁止する近親婚の場合について重要な最高裁判決がある。

　遺族年金を受給する「配偶者」の解釈にあたっては、遺族年金の目的（被保険者等の死亡により所得の喪失・減少を被る家族の生活の安定）のみに着目して、婚姻法上の秩序は考慮しないという考え方もありうる。たとえば、重婚的内縁関係の場合では、法律上の配偶者も重婚的内縁配偶者も独立に配偶者に該当することを前提に、死亡した被保険者等により多く生計を維持されていた者（要保障性のより高い者）を遺族年金の受給権者として選び取るという解釈である[134]。しかし、こうした解釈については、社会保障法令の解釈の中とはいえ複数の配偶者の存在を容認するものとなることから、婚姻法秩序との看過しがたい不整合性が指摘される[135]。

（2）判例による婚姻法秩序との調整

　最高裁はこれとは異なる枠組みを採用する。重婚的内縁関係の場合の遺族年金受給者の問題に関する先例である最判昭和58年4月14日民集37巻3号270頁は、給付の社会保障的性格から実態に即して「配偶者」の解釈をすべきとしつつ、法律上の配偶者につき配偶者該当性が否定される場合を事実上の離婚状態の場合に限定することで、給付の社会保障的性格と婚姻法秩序との調整を図っている[136]（最判平成17年4月21日判時1895号50頁も同様の調整を行う）。こうした調整は、民法が禁止する近親婚関係にある内縁配偶者への遺族厚生年金の帰属が争われた最判平成19年3月8日民集61巻2号518頁でも行われている。

　これらの最高裁判決はいずれも、婚姻法秩序を尊重し、それに反する反倫理的・反公益的な内縁関係にある配偶者の遺族年金における配偶者該当性を原則

---

(134)　中野美雄「判批」『家族法判例百選（第6版）』45頁（2002年）。

(135)　加藤智章「判批」法学52巻4号694頁、大原利夫「判批」『社会保障判例百選（第4版）』83頁（2008年）。

(136)　嵩さやか「判批」『家族法判例百選（第7版）』49頁（2008年）。

的に否定するが、内縁関係の反倫理性・反公益性が著しく低い一定のケース（法律婚が事実上離婚状態にある場合等）には、社会保障的性格の方が前面に出されて、これを肯定する点で共通しているといえる[137]。なお、（いずれも重婚的内縁関係に関する）前掲・最判昭和58年4月14日および前掲・最判平成17年4月21日が、給付の社会保障的性格から生計維持要件を重視した一般論を採用しなかったのは、こうした婚姻法秩序という規範的要請からだけでなく、法律上の配偶者の被る実際上の不利益にも配慮したためともいえる[138]。

　このように、判例は、婚姻法秩序と社会保障的要請とが衝突する場合に関し、婚姻法秩序を第一に尊重するが、民法で禁止されている婚姻関係に実態上ある者であっても婚姻法秩序が害されないと考えられる限定的な場合には、この者に遺族年金の受給権を認めるという柔軟な解釈を示している。

Ⅴ　おわりに

　本稿では、民法や消費者契約法といった民事法規がどのように社会保障における当事者間の権利義務関係を規律しているのかについて、直接的規律（Ⅲ）と間接的規律（Ⅳ）に分けて概観してみた（なお、本稿では成年後見制度や錯誤などの意思表示に関しては、取り上げられなかったため、今後の課題としたい）。

　民事法規の間接的規律は、社会保障給付の受給権の存否や程度を定める社会保障関係の法律を解釈する際に、受給権の外縁を画するものとして、あるいは社会保障的要請と抵触する秩序を示すものとして登場するものであり、間接的とはいえ、その民事法規の解釈やそれが保護している秩序に対する理解は社会保障法においても重要であることが、本稿の検討からも認識できる。もっともこうした民事法規による規律は、現象としては従来から見られるものであり、近年それが増加したという事情はなさそうである。

　これに対し、直接的規律は、社会保障給付の実現の過程で、契約により当事者間の権利義務関係が規律される仕組みが増加するにしたがい、その重要性が増してきており、本稿もこれに重点を置いて検討した。もっとも、本稿はその

---

(137)　清野正彦「判批」ジュリスト1341号163頁（2007年）。

(138)　園部逸夫「判解」『最判解民事篇昭和58年度』139頁（1988年）、有地亨「判批」『昭和58年度重要判例解説』ジュリスト815号90頁（1984年）。

検討において一定の分析軸を設定したものではなく、契約の進展過程に沿って、社会保障関係の法令による規律とその限界を示した上で、消費者契約法や民法による規律の可能性を、民法学における解釈論に照らして模索したものに過ぎない。

　しかし、そうした不十分な検討ではあるが、それを通じて分かったことは、第一に、民法の特別法たる消費者契約法が多くの社会保障関係の契約にも適用され、その柔軟な解釈により不当条項規制などの局面でその実効的な規律が期待できることである。もっとも、消費者契約法のみによる規律には限界があることも同時に認識された。

　そして、本稿の検討から認識された第二の点は、こうした消費者契約法による規律を補うべく民法による規律が社会保障での当事者関係にも柔軟に広く及ぶことである。しかもそこでは、社会保障法令の様々な規定が、取締規定などそれ自体の私法的効力は認められないものが多いものの、公序良俗や信義則などの一般規定を介して、あるいは不法行為や債務不履行などにおける義務措定の局面で、当事者間の私法上の権利義務関係を規律するものとして少なからず取り込みうるということが浮き彫りにされたと思われる。また、近年では公序良俗理論の展開に見られるように、これをさらに後押しする見解が展開されている。こうした近年の理論展開を考察すると、民法の信義則や公序良俗の規定の解釈には（予測可能性とはトレードオフの関係に立つ）柔軟性があり、民法学はこの柔軟性をもった解釈を通じて、社会的正義の実現を目指そうとしているようにも思われる。取締規定の取り込みはこうした営みの一端であるといえる。社会保障法においては、当然制度設計を検討する政策論において社会的正義（もっともこれは常にアプリオリに決まっているわけではないが）の実現を追求することができるが、それと同時に、民法等の規定の解釈論を通じて様々な社会的正義を柔軟に社会保障法に取りこむこともできるのだと思われる。

　そして、以上の本稿の検討から言えることは、（当然のことであるが）社会保障法における民法を初めとした民事法規の解釈の重要性である。すなわち、社会保障法学においては、社会福祉の領域での契約化を受けて、民法の特別法として社会福祉契約を規律する立法の必要性が主張されることがあり、それは当事者に対する規制の透明性や救済の実効性の確保としては非常に重要だと思われるが、こうした特別法につきまとう問題として、立法の限界（すべての問題には対処し切れない）があることも否めない。そうした問題については、やは

り一般法たる民法による規律が否応なく必要となり⁽¹³⁹⁾、また他方で、民法の定める秩序が個別の社会保障法令の解釈の外縁を画する局面もあることから、民法学での理論的展開を常に注視しながら、その緻密な解釈論の知見を社会保障法学にも取り入れ発展させることが肝要である。

〔付記〕　本稿は、平成25年度科学研究費助成事業（学術研究助成基金助成金）・基盤研究(C)「共生社会構築のための比較立法政策論的・学際的研究−社会保障制度研究を中心に」（研究代表者：辻村みよ子）の研究成果の一部、および、平成25年度科学研究費助成事業（科学研究費補助金）・基盤研究(A)「家族法改正のための基礎的・領域横断的研究」（研究代表者：水野紀子）の研究成果の一部である。

(139)　不当条項規制に関し、不当条項リストと一般条項のそれぞれの意義と両者のあるべき関係について、小粥・前掲注(80)606-609頁。

社会保障法の法源としての判例

加 藤 智 章

I　は　じ　め　に

　本稿の課題は、社会保障法における法源のひとつである判例に着目して、判例の重要性・その役割、社会保障法学の判例・裁判例への向き合い方の現状と課題、ひいては現在の社会保障法学のあり方・問題点、将来の課題等を展望する、というものである。しかし、社会保障法の全領域にわたって網羅的に個別具体的な判例法理の紹介を行うことが目的ではない。あくまでも判例法が社会保障法の解釈および適用に及ぼす影響という視角から、裁量統制論などいくつかの素材をてがかりに検討を進めてゆきたい。

　以上のようなことから、本稿では、まず社会保障法学の特徴と社会保障法における裁判例の位置づけについて概観する（Ⅱ）。次に、社会保障法の法源としての判例として、二つの系譜について考察を進めたい。ひとつは、朝日訴訟、堀木訴訟および老齢加算廃止訴訟へと連なる裁量統制論ともいうべき判例の系譜である。これらの訴訟は、社会保障法学における検討対象の中核をなす生活保護、児童扶養手当および国民年金をめぐる紛争であり、いかなる制度設計をするか、具体化された制度をどのように運用するかという場面で行使される立法裁量、行政裁量をどのように統制するかをめぐり、判例と学説との間でいわば論戦が繰り返されてきた。学説は概ね判例に批判的であるが、学説も一枚岩ではない。給付行政として展開される社会保障制度にあって、憲法学、行政法学と時には対立し時には協働して学説を展開しており、社会保障法学がどのように判例と向き合ってきたかを検証することができる。これが第一の系譜に関する検討である（Ⅲ）。いまひとつは、下級審裁判例が扱っている問題もまた、社会保障法学によっては必要不可欠な考察対象であるが、このような下級審裁判例の蓄積と学説の応接によって、議論が深まることによって学説が収束され、その学説を意識した裁判例が示される系譜である。この系譜に該当するものとして、保険医療機関の指定に関する事例を紹介検討したい（Ⅳ）。最後に、以上の検討を踏まえて、できる範囲で社会保障法学のあり方・問題点、将来の課題等を展望する（Ⅴ）。

　ここで用語の定義をしておきたい。まず、法源についてである。本特集では「法の解釈および適用に際して援用され得る規範」として定義され、憲法、条約、法律などの成文法と慣習法、判例法などの不文法から構成される。次に、

判例についてである。判例とは過去に下された裁判を意味するが、とくに下級
審裁判所に対する拘束力を持つ判断と定義しておきたい。判例はこの拘束力を
通じて、一定の法的安定性を確保している。そして、これら判例のなかから形
成された法を判例法という。

Ⅱ　社会保障法の特徴と社会保障法における裁判例

1　社会保障法学の特徴と役割

　社会保障という概念自体、第二次世界大戦以降に定着したものであり、社会
保障法学は新しい法学分野である。しかし、その独自性を確立しているかにつ
いてはなお議論の余地がある。

　ところで、社会保障法は4つの特徴をもつといわれる[1]。①法政策論ないし
立法論の持つ重要度が高い、②経済・社会の変化に対応して変容する（法改正
により、法解釈論も影響を受ける。裁判例と行政解釈との相剋が発生する）、③社会
保障法を構成する立法が多くの場合、行政に関する立法としての性格を有す
る、④多種多様な実定法と密接な関わりを持っている、という特徴である。

　このような特徴とも関連して、社会保障法学の果たすべき役割は、概ね次の
3点に集約されると思われる。①政策指針等の提示、②制度構造の分析・説
明、③法解釈の探究である[2]。①政策指針等の提示については、社会保障制度
が国民の生命健康と密接に結びつき、所得保障や雇用保障という機能を有する
以上、経済・社会の変化に対応した法政策や立法を講じることが要請される。
このため、法政策論や立法論の比重が高くなり、制度設計や政策指針に関する
検討材料の提供が求められる。②の制度構造の分析・説明も、制度設計や政策
指針に関する検討材料の提供と密接に関連する。筆者がここで想定しているの
は、比較法的な研究を前提にわが国の社会保障制度がいかなる特徴を有してい
るのか、あるいは日本が抱えている問題について、諸外国ではどのような政策
対応をしてきたのか、さらには現在の社会保障制度をどのように理解すること
ができるのか等々を分析・説明するという役割である。③の意味は、このよう

---

(1)　岩村正彦『社会保障法Ⅰ』（弘文堂、2001年）22頁以下。
(2)　これらの役割分類は、荒木誠之の指摘する政策論としての社会保障論、法学の分野に
　　おける社会保障法論、外国の立法や制度の紹介を主とする比較制度論という研究傾向に
　　も親和的である。荒木誠之「社会保障の法的構造」熊本法学5号（1965年）1頁。

に政策指針の提示や制度構造の分析説明が社会保障法の大きな使命であるとしても、社会保障法学の役割はそれに尽きるものではない。むしろ他の法学分野と同じように、③法解釈の探求もまた社会保障法学にとって大きな役割あるいは使命のひとつということである。

かくして、社会保障法における法解釈論の形成にとって、裁判例の分析検討が重要な機能を果たす。多種多様な実定法との関わりという点からいえば、社会保障をめぐる法的紛争は、憲法学や行政法学あるいは民法学など他の法学分野の議論状況を前提とした検討が必要である[3]。この意味では、総合法学としての性格を有する社会保障法学は他の法学分野との協働作業が強く求められる。

2　社会保障法における裁判例

(1) 裁判例の概観

ここで社会保障をめぐる裁判例の動向を概観すれば、社会保障制度が生存権を法的基盤として展開されてきたこととの関係で、朝日訴訟や堀木訴訟のように、人権としての社会保障に焦点があてられることが多かった。また、社会保障法を構成する立法が多くの場合、行政に関する立法としての性格を有すること、また専門技術的な条文に依拠することから解釈の余地が少ないため、社会保障法における法解釈論では、行政当局の示す行政解釈の比重が大きいといわれている。同時に、社会保障法における法的紛争は、行政機関を相手に私人が争う形になることが多い。このため、そもそも訴訟に至ることが少なく、本人訴訟が比較的多いこともあり、判例の形成、裁判例の蓄積が進んでいないという特徴も指摘される。しかし、介護保険制度の導入における"措置から契約へ"という標語から明らかなように、私人間の契約関係による領域も拡大する傾向にある。このように多様化・複雑化する社会保障制度の全体像を理解するにあたって、制度運用上の問題の所在を示唆する裁判例の検討は非常に重要な

---

(3)　嵩さやか「社会保障法と私法秩序」社会保障法3号（信山社、2014年）、笠木絵里「社会保障法と行政基準」社会保障法3号（信山社、2014年）、植木淳「社会保障法と憲法」社会保障法6号（信山社、2016年）、菊池馨実「社会保障法の私法化？」法教252号（2001年）121-122頁等参照。岩村正彦「社会保障法と民法 —— 社会保障法学の課題についての覚書」中嶋士元也先生還暦記念編集刊行委員会『労働関係法の現代的展開 中嶋士元也先生還暦記念』（信山社、2004年）、同「社会保障改革と憲法25条 —— 社会保障制度における『国家』の役割をめぐって」江頭憲治郎＝碓井光明編『法の再構築Ⅰ国家と社会』（東京大学出版会、2007年）。

使命（作業）である。

（2）裁判例の蓄積

　社会保障法の領域は、伝統的な実定法学分野とは異なり、訴訟の数がそれほど多くなかったこと、本人訴訟が比較的多いことにも影響を受けて、裁判例の蓄積が少ないと言われてきた。事実、1977(昭和52)年に刊行された社会保障判例百選の初版（別冊ジュリ56号、有斐閣）は102件の事案を掲載している。この102件中22件は最高裁判決であるが、残り80件のうち14件は社会保険審査会ないし労働保険審査会の裁決であった（ただし、これら審査会の裁決も社会保険や労働保険に関する法的ルールの形成に寄与していることを見過ごすべきではない[4]。）。これに加えて、判例百選第2版（1991年）が刊行されるまで14年を要した。7年周期といわれることからすれば、1回スキップしたことになる。しかしその後は、社会保障制度の浸透・定着により紛争事案の増加に応じて、裁判例の蓄積がみられるようになってきた。これを反映して、2000年、2008年、2016年と版を重ね、第5版では117件の収載裁判例のうち最高裁判決は56件で約半数を占めるに至っている。

　このように、社会保障制度審議会が社会保障制度の枠組みを示した1950年を出発点としても70年近くが経過しており、社会保障法を構成する法の解釈・適用をめぐって、一定の判例法理が構成されている領域も少なくない。

（3）裁判例の機能

　裁判例の蓄積は、いかなる制度のどのような領域に法的紛争が発生するのかを明らかにするとともに、事案の解決に対する判断要素を豊富化し、事案に即応した解決法理を導くことができるようになる。このような機能に加えて、以下ではふたつの類型について言及しておきたい。第1は法改正や規則改正をもたらす機能である。訴訟の提起は生活保護基準や併給禁止規定の改正、あるいは認定基準改正のための契機となる。第2は紛争類型の多様化をもたらす機能である。ひとつの裁判例を契機に、類似の紛争が提起されることによって理論的検討が進む場合が見られる。

　まず、第1の類型についてである。後に検討する朝日訴訟や堀木訴訟がそうであったように、裁判では原告の請求が認められず請求棄却の結論であったと

---

(4)　山下慎一『社会保障の権利救済 ── イギリス審判所制度の独立性と積極的職権行使』（法律文化社、2015年）。

しても、原告側の主張がその後の法改正や立法に結びつくことがある。朝日訴訟では、上告人死亡により訴訟終了ということになったものの、第1審判決（東京地判昭35・10・19）で原告が勝訴した結果、厚生大臣の定める生活保護基準が著しく改善した[5]。また、併給禁止規定に関しては、老齢福祉年金の夫婦受給制限規定の違法性が争われた牧野訴訟（東京地判昭43・7・15行集19巻7号1196頁）、児童扶養手当法の併給禁止規定が争われた堀木訴訟などでは、地裁判決が示された後、所要の法改正が行われた。最近の事例としては、一連の学生障害無年金訴訟を通じて特別障害給付金制度[6]が制定された事例や、障害者自立支援法の廃止を目指した違憲訴訟を契機に、原告らと厚生労働省との間で、障害者自立支援法廃止の確約と新たな総合的福祉法制の制定に関する合意が成立した事例が存在する[7]。

　次に、裁判例と行政基準の相剋ともいわれる事例である。急性脳心臓疾患およびメンタルヘルスをめぐる業務災害については、裁判例の蓄積、特に行政処分取消請求の認容事例が示されることにより、新たな認定基準が制定されるという事態を繰り返してきた。迅速かつ画一的な制度運用のために設定される認定基準による判断、すなわち業務災害に該当しないとの判断が、個別の紛争事案としてその当否が争われる裁判例により否定されることにより、また新たな認定基準が制定されるという事態が繰り返されてきた。

　第2の類型は、ある裁判例を契機として、類似の事案が争われることが増加し、紛争類型の豊富化をもたらすと同時に理論的検討が進む場合である。ひとつは、重婚的内縁関係における遺族年金の帰趨が争われた事例である。広島地判昭55・11・20労民31巻6号1135頁が先例とされる[8]が、この問題を広く認識することに貢献したのは昭和58年最判（最判昭58・4・14民集37巻3号270頁）であろう。その後、この最判を契機に重婚的内縁関係における遺族年金の

---

(5)　昭和36年度から、飲食物費のみをマーケットバスケット方式により求め、この飲食物費と同額を消費する世帯のエンゲル係数を実態生計分布から見出し、さらにその飲食物費をエンゲル係数で除して最低生活費とするエンゲル方式が採られるようになった。

(6)　http://www.mhlw.go.jp/topics/bukyoku/nenkin/nenkin/shougai-kyufu.html 参照。

(7)　障害者自立支援法違憲訴訟について、http://www.mhlw.go.jp/stf/seisakunitsuite/bunya/hukushi_kaigo/shougaishahukushi/goui/ 等参照。

(8)　広島地裁判決がリーディングケースであることを指摘するものとして、良永彌太郎・別冊ジュリ113号128頁がある。また、労働保険審査会の裁決例も含めた評釈として、西村健一郎・判時1016号154頁がある。

帰趨に関する多くの裁判例が蓄積されることになる。昭和58年最判では、婚姻関係の形骸化・固定化という観点から法律婚配偶者の配偶者性が否定されたが、最判平17・4・21判時1895巻50号では逆に、重婚的内縁配偶者の配偶者性が肯定された。これに関連して、近親婚関係の事案も争われており、2親等傍系血族の配偶者性を否定した最判昭60・2・14訟月31巻9号2204頁、叔父姪関係の配偶者性を肯定した最判平19・3・8民集61巻2号518頁がある。

　いまひとつは、障害給付における初診日要件に関する事案である。いわゆる学生障害無年金訴訟において、最初に判決が示された東京地裁は、中心性神経細胞腫に基因する疾病について20歳以前に診療が行われていることを理由に、原告のひとりについて法30条の4の要件に該当するとして障害年金不支給処分を取り消した。この部分は原告・被告いずれも控訴しなかったため判決は確定した（東京地判平16.3.24判時1852/3）。しかしその後、統合失調症との関係で初診日をどのように理解するかにつき下級審の結論は分かれることとなった。ひとつは、事後的判定可能説ともいうべきもので、「20歳になる前に統合失調症を発症し医師の診療を必要とする状態にあったか否かを医師の診断に基づき事後的に判定することは、何ら不可能なことではないし、その診断、判定について、医学的に客観性、公平性を確保することができないなどということはできない」とする（東京高判平18・11・29LEX/DB：28142130）。これに対して、初診日とはあくまでも医師の診療を受けた日とする判決もみられた（東京高判平18・10・26LEX/DB：28112328）。こうした下級審の対立に結論を出したのが、最判平20.10.10判タ1285/57である。最高裁は、国民年金法30条の4にいう「その初診日において20歳未満であった者」とは、「その疾病又は負傷及びこれらに起因する疾病について初めて医師等の診療を受けた日において20歳未満であった者をいうものであることは、その文理上明らかである」とした（最判平20.10.10判タ1285号57頁）[9]。

　初診日要件に関する問題はこれで決着したかにみえるが、近時、事後重症を

---

(9)　条文が「初診日」という一義的に明確な文言を用いていることから、評釈の多くは結論賛成という立場であるが、立法政策として初診日主義を貫くことが適切であるとは当然にはいえないとするものに菊池馨実・判時2051号164頁がある。このほか本件最判に関する判例評釈として、加藤智章・季刊教育法161号80頁、戸部真澄・速報判例解説（法学セミナー増刊）5巻29頁、和久田道雄・行政関係判例解説20年86頁、片桐由喜・別冊ジュリスト227号72頁がある。

めぐる紛争事案が増加傾向にあり、時間の経過を背景に必ずしも客観的な証拠の存在を前提としていない、とする下級審裁判例がみられる。遺伝性疾患である網膜色素変性症に関する初診日について争われた事案では、先の最判平20・10・10を引用したうえで、疾病によっては診療を受けてから、事後重症の要件を満たす程度の障害の状態に該当するまで相当期間の経過をたどることがあり得ることからすれば、厚生年金保険法47条の2第1項にいう「初診日」の認定に当たっては、「できるだけ客観性の高い資料によることが望ましいものの、それがない場合には、その提出がない理由や初診日に関する申請者の供述内容、疾病についての受診の経過、疾病の性質などを総合的に判断して、個別的に認定すべきものであると解するのが相当であって、請求者本人や第三者の記憶に基づく陳述書のような資料であっても直ちにこれを認定資料から排斥すべきではない」と判示している（大阪地判平26・7・31LEX/DB：25504627）。事案が異なるとはいえ、初診日の認定に関する考え方、特に疾病の性質にも言及していることが注目される。

III　裁量統制論の系譜 —— 朝日訴訟、堀木訴訟および老齢加算東京訴訟最判

　社会保障法学における重要判例の双璧をなすのは、朝日訴訟最判と堀木訴訟最判であることに異論はないであろう。
　図式的にいえば、朝日訴訟、堀木訴訟を通じて、生存権の法的性格について活発な議論がされた。それに加えて、朝日訴訟最判が広範な行政裁量を認め、堀木訴訟最判が立法裁量論が展開された。朝日訴訟は、社会保障制度の存在を国民に認識させた点で重要であり、本件を通じて生存権の法的性格に関する議論が活発となり、社会保障法学の形成と独立のきっかけとなったということができる。しかし、判例の持つ影響力という点では、堀木訴訟は朝日訴訟をはるかにうわまわる。その理由は、以下の二点に求められる。第1は、最高裁が生存権の法的性格について、その見解を明確に示したのは堀木訴訟最判であった。朝日訴訟最判の展開した生存権の法的性格論はあくまでもカッコ書きの傍論に過ぎないとの評価も可能だからからである。このため、堀木訴訟最判は、生存権の法的性格論に関する判例と位置づけられることになった。第2は、堀木訴訟最判が定式化した立法裁量論の影響力の大きさである。裁判所が法律の合憲性審査を求められたとき、立法府の政策判断に敬意を払い、法律の目的や

目的達成のための手段に詮索を加えたり裁判所独自の判断を控えることを立法
裁量論とするならば(10)、その適用範囲は社会保障分野に止まらず、税法(11)や
選挙関係(12)などの訴訟においても展開される。このため、堀木訴訟最判はこ
れら税法や選挙関係の裁判例においても広く引用されている。

　以下では、このふたつの最判に加えて、生活保護制度における老齢加算の廃
止による保護変更決定が争われた老齢加算東京訴訟（最判平 24・2・28 民集 66
巻 3 号 1240 頁）(13) も対象にして、生存権の法的性格論、裁量統制論について検
討する。老齢加算東京訴訟最判を取り上げることによって、裁量統制に関する
最高裁の考え方および学説の到達点を明らかにすることができるからである。

1　堀木訴訟最判の影響

　先に述べたように、堀木訴訟最判は、食管法最判、朝日訴訟最判という流れ
のなかで生存権の法的性格についての見解を示すとともに、行政裁量を認めた
朝日訴訟最判に続き、堀木訴訟最判は広範な立法裁量を認めた。それは、裁量
権に対する司法審査をほぼ遮断するような広範な裁量権、いわば「よほどのこ
とをしない限り、違法の評価を受けない裁量権」を認め(14)、その結果、社会
保障関係訴訟自体「萎縮する傾向にあった」といわれる(15)。こうして、朝日
訴訟最判・堀木訴訟最判は、学界に対して裁量統制論のさらなる探求を迫るこ
とになった。そこで以下では、まず生存権の法的性格論を簡単に素描したの

(10)　立法裁量論の定義について、戸松秀典『立法裁量論』（有斐閣、1993 年）3 頁。
(11)　所得税法における給与所得に掛かる課税関係規定をどのように設定するかについて、
　「課税関係規定が著しく合理性を欠き明らかに裁量の逸脱濫用と見ざるを得ない」こと
　を主張していないとした総評サラリーマン訴訟（最判平元・2・7 判時 1312/69LEX/
　DB：22002507）がある。なお、サラリーマン税金訴訟（最大判昭 60・3・27 民集 39/2/
　247LEX/DB：22000380）は、憲法 25 条を直接の争点としていない。また染物小売業を
　営む者に対して所得税法上、給与所得控除・寡夫控除を認めないことが争われた最判平
　6・9・13 税資 205 号 405 頁は、理由を述べず単に堀木最判を引用するに止まる。
(12)　司法権と立法権との関係に着目して立法裁量に言及するものとして最大判平
　25・11・20 官報 275 号 40 頁などがある。
(13)　本件訴訟の下級審は、以下の通りである。東京地判平 20・6・26 民集 66 巻 3 号 1632 頁
　（請求棄却）、東京高判平 22・5・27 民集 66 巻 3 号 1685 頁（控訴棄却）。足立区他訴訟
　最判からほぼ一ヶ月後に示された老齢加算北九州訴訟（最判平 24・4・2 民集 66 巻 6 号
　2367 頁、福岡地判平 21・6・3 民集 66 巻 6 号 2405 頁、福岡高判平 22・6・4 民集 66 巻
　6 号 2505 頁、差戻控訴審福岡高判平 25・12・16、差戻上告審最判平 26・10・6）がある。
(14)　片桐由喜・判評 646 号 4 頁。
(15)　辻村みよ子『憲法（第 5 版）』（日本評論社、2016 年）288 頁。

ち、堀木訴訟、老齢加算東京訴訟をめぐる判例の流れを検討した後、立法裁量を縮減しようとする学説を中心に裁量統制論について検討する。

　具体的な検討に入る前に、社会保障制度に関連して堀木訴訟最判を引用している裁判例をいま少し詳しく確認しておきたい。まず堀木訴訟に代表される社会保障給付間の併給調整事案（岡田訴訟最判昭57・12・17訟月29巻6号1074頁、森井訴訟最判昭57・12・17訟月29巻6号1121頁など）、朝日訴訟や老齢加算廃止訴訟に代表される生活保護をめぐる各種紛争事案[16]、学生障害無年金訴訟（最判平19・9・28民集61巻6号2345頁、最判平19・10・9裁時1445号4頁）、国籍要件と各種公的年金給付に関する紛争事案（塩見訴訟最判平元.3.2判時1363号68頁、最判平13・3・13訟月48巻8号1961頁、最判平26・2・6LEX/DB：25503228）、婚姻外懐胎児童に関する児童扶養手当事案（最判平14・1・31民集56巻1号246頁、最判平14・2・22訟月49巻11号3173頁）、介護保険における保険料の設定に関する事案（最判平13・7・19金法1627巻51頁）などである。これらにおいては一定の裁判例の集積が見られる。また、類型化ができるほどの蓄積はないものの障害者福祉サービス（神戸地判平19・2・2賃社1479巻67頁、名古屋地判平20・3・26判示2027号57頁）、混合診療（最判平23・10・25民集65巻7号2923頁）、労災修学援護費（東京地判平14・2・14労判824号25頁）などの事案においても、堀木訴訟最判が引用されているところである。

2　生存権の法的性格論

　朝日訴訟最判は、その判決理由のなかで、カッコ書きのうえ「なお、念のために」という書き出しで、生活扶助基準の適否に関する判断を示した。社会保障法学や憲法学では、カッコ書き以下の言説を中心に、生存権の法的性格を検討の対象とし活発な議論を展開した。この生存権の法的性格に関する議論は、食管法最判（最判昭23・9・29刑集2巻10号1235頁）を起点にして、朝日訴訟を経由して堀木訴訟最判でひとつの結論に至ったということができる。この点については、朝日訴訟最判のカッコ書き以下の説示部分は、事件の論点に関する判断ではない傍論の「最も明白な例」のひとつとされる[17][18]。

---

(16)　老齢加算や母子加算の変更決定に関する事案（最判平24・2・28民集66巻3号1240頁、最判平24・4・2民集66巻6号2367頁、最判平26・10・6賃社1622号40頁等）のほか、永住者としての在留許可を受けた外国人に対する生活保護申請が争われた最判平26・7・18訟月61巻2号356頁、不法滞在外国人の生活保護申請が争われた最判平13・9・25判時1768巻47頁などがある。

　生存権の法的性格については、講学上、プログラム規定説、抽象的権利説および具体的権利説が存在したが、近時は具体的請求権説ともいうべき学説も主張されているほか[19]、生存権を内容形成型人権と捉えたうえで、客観法と主観的権利という側面から、食管法最判、朝日訴訟および堀木訴訟最判を読み直す試みも提唱されている[20]。

　従来のプログラム規定説、抽象的権利説および具体的権利説という学説の分類は「今日もはや維持できないものになっている[21]」。すなわち、現実には誰も支持していないプログラム規定説と極めて射程の狭い具体的権利説の間で抽象的権利説が支持されているだけであり、その抽象的規定説も、「プログラム規定説、具体的権利説を否定する以上のことは何も述べていない[22]」。かくして、生存権の法的性格を論ずるにあたって必要なことは、生存権が裁判規範として効力を有することを前提にして、いかなる訴訟類型において、いかなる審査基準によって生存権に裁判規範性を認めるかの検討にある、といわれる[23]。他方、生存権を内容形成型人権と捉える立場にあっても、生存権の内容形成が法律に委ねられている限度で、客観法的な国家の義務づけに立法裁量の余地を認められるとともに、主観的権利の側面では、憲法上どこまで保障されておりどこから法律による内容形成に委ねられていると解するか、それを裁判所がどのように判断するか、が問われることとなる。

　このような裁判規範性の問題は、大きくいえば裁量統制論とも密接に結びつ

---

(17)　中野次雄編『判例とその読み方（3訂版）』（有斐閣、2009年）38頁以下参照。
(18)　ただし、朝日訴訟最判なお書き部分で展開された行政裁量論を引用する裁判例も存在
　　する。老齢加算北九州訴訟1審・控訴審（福岡地判平21・6・3民集66巻6号2405
　　頁、福岡高判平22・6・4民集66巻6号2505頁）、老齢加算東京訴訟控訴審（東京高判
　　平22・5・27民集66巻3号1685頁）のほか、母子加算京都訴訟1審（京都地判平
　　21・12・14LEX/DB：25441822）、老齢加算・京都訴訟1審・控訴審（京都地判平
　　21・12・14LEX/DB：25441821、大阪高判平24・3・14LEX/DB：25480929）、老齢加算
　　等広島訴訟1審（広島地判平20・12・25賃社1485号49頁）などである。
(19)　棟居快行「生存権の具体的権利性」長谷部恭男編著『リーディングス現代の憲法』
　　（日本評論社、1995年）167頁、藤井樹也『「権利」の発想転換』（成文堂、1998年）414
　　頁以下参照。
(20)　高橋和之「生存権の法的性格論を読み直す」明治大学法科大学院論集12/1。
(21)　中村睦男ほか著『注解法律学全集2　憲法Ⅱ』（青林書院、1997年）152頁。
(22)　松本和彦「生存権」小山剛＝駒村圭吾編『論点探求憲法』（弘文堂、2005年）233頁。
(23)　中村ほか・前掲注(21)152頁。

いており、盤石に思えた立法裁量論に対するいくつかの審査アプローチが形成されつつある。

3 判例における裁量統制

（1）朝日訴訟・堀木訴訟における裁量統制

　朝日訴訟最判では、厚生大臣の定める保護基準すなわち「健康で文化的な最低限度の生活なるものは抽象的な相対的概念であり、その具体的内容は、文化の発達、国民経済の進展に伴つて向上することを前提に、多数の不確定的要素を綜合考量してはじめて決定できるもの」とした。ここでは多数の不確定的要素すなわち「生活外的要素」の考慮を大臣の裁量事項としているため、大臣の裁量は幅広く認められる結果、裁判所の審査密度は浅いものとならざるを得ないこととなる。

　これに対して、堀木訴訟最判は保護基準が抽象的相対的概念であるとしたうえで、その具体的内容に関する考慮事項を大幅に拡大した。すなわち、保護基準の具体的内容は、「文化の発達の程度、経済的・社会的条件、一般的な国民生活の状況等との相関関係」に加えて、「国の財政事情」を無視することができないことと、「多方面にわたる複雑多様な、しかも高度の専門技術的な考察とそれに基づいた政策的判断を必要とする」とした。ここでは、一般的な国民生活の状況等との相関関係、財政事情、専門技術的・政策的判断を裁量事項として認めており、朝日訴訟最判以上に広範な裁量を認めたことになる。

（2）老齢加算訴訟における裁量審査

　社会保障行政をめぐる紛争において広範な立法裁量を認める堀木訴訟最判は、先に見たように多くの事案で引用され、広範な立法裁量を認めてきた。このような判例傾向に変化の兆しを見せたのが、老齢加算東京訴訟最判（最判平24・2・28民集66巻3号1240頁）である。

　老齢加算訴訟は全国各地で提起されている[24]。厚生労働大臣の定める「生活保護法による保護の基準」の改定により、生活扶助の「老齢加算」が段階的に減額・廃止されたことに基づき生活扶助の支給額を減額する旨の保護変更決定を受けた者らが、保護基準の改定は憲法25条1項、生活保護法3条、8条、56条等に反する違憲、違法なものであるとして、保護変更決定の取消しを求

（24）　豊島明子「行政立法の裁量統制手法の展開──老齢加算廃止訴訟・福岡事件最高裁判決の念頭に」法時85巻2号（2013年）29頁。

めた事案である。

　保護基準の改定は、厚生労働大臣の行政裁量の問題であるにもかかわらず、本件最判は堀木訴訟最判を引用した。そのうえで、厚生労働大臣には、保護基準の改定に関する裁量権と改定に伴う老齢加算廃止の具体的な方法等に関する裁量権とが認められるとし、それぞれの裁量権行使の審査方法ないし審査基準を示したのである。このように厚生労働大臣の保護基準設定行為に関する司法審査について、後に検討する判断過程統制審査を行うなど、より綿密な司法審査の可能性を示唆したと評価されている⁽²⁵⁾。

4　裁量統制論

　「著しく合理性を欠き明らかに裁量の逸脱・濫用と見ざるをえないような場合」にのみ、裁判所が審査判断することができるとする堀木訴訟最判の考え方は、法律の制定によって具体的な内容が定まる給付行政たる社会保障にあっても広範に過ぎるという立場から、いかにして裁量の幅を狭めてより踏み込んだ司法審査の可能性を広げるかが、古くからの問題であり、社会保障制度の構造改革に直面している現在の問題でもある⁽²⁶⁾。

　特に広範な立法裁量に対して、より踏み込んだ司法審査を及ぼそうとする試みは21世紀に入ってから活発に展開されるようになった。給付行政に対する裁量統制という視点からいえば、大きくは次の三点すなわち1項2項分離論、自由権的効果あるいは制度後退禁止原則、判断過程統制論に類型化することができる。

（1）25条1項2項分離論

　第1は25条1項2項分離論である。これは、籾井常喜により25条の法的性格論として提唱されて見解であるが、立法府の裁量に対する規範的制約に違いがあることを示唆する点で裁量統制のための理論となり得る。

　1項2項分離論は、堀木訴訟控訴審判決（大阪高判昭50・11・10行集26巻10=11号1268頁）が採用したことによって注目を集めることとなった。その後、分離論はいくつかの下級審でも採用するところであった⁽²⁷⁾。しかし堀木訴訟上告審において、最高裁は1項2項分離論についても、1項2項一体論に

(25)　尾形健「生存権」長谷部恭男編『論究憲法』（有斐閣、2017年）。
(26)　長谷部恭男『憲法（第6版）』（新世社、2015年）280頁、豊島明子「老齢加算訴訟
　　──生存権の具体的実現に係る裁量統制の課題」公法研究77巻（2015年）130頁以下。

ついても全く言及していない。憲法25条の規定について「国権の作用に対し、一定の目的を設定しその実現のための積極的な発動を期待するという性質のものである」というのみである。こののち現在に至るまで、最高裁は分離論・一体論に関する立場を明らかにはしていないと思われる。

これに対して、学説はどのような状況であったのだろうか。憲法学では当初、生存権の法的性格に関する議論においても、25条1項と2項とを一体と解したうえでその権利性を論じており、一体論が通説であったといえる[28]。このような状況において、いちはやく1項2項分離論を提唱したのは籾井常喜である。

籾井は、憲法25条1項と2項とでは国民の生活条件の維持・向上のために国家が負う義務の度合い、ひいては国民が有する権利の強弱に違いがあると主張した。25条1項は値切ることのできない人間としての「最低限度」の生活の維持（「緊急的生存権」）を保障し、同条2項は「最低限度」の生活水準を上回る条件の維持向上についての国家の努力義務、国民にとってはその努力を要求する権利（「生活権」）を保障するものとされる[29]。すなわち「要保障事故の度合に対応し国の関与・責任の度合をより明確にし、少なくとも25条1項については"健康で文化的な最低限度の生活の保持について直接的かつ具体的義務を国に課していることを明らかにする"解釈論上の試みである」というのである[30]。

社会保障法研究者は、基本的に1項2項分離論に立つものが多い[31]。憲法学でも近時分離論に立つ論者が増えているようである[32]。かくして、25条1項2項それぞれの規律対象に質的相違を見いだし、それぞれの裁判規範性を確

---

(27)　松本訴訟大阪高判昭51・12・17行集27巻11・12号1836頁、塩見訴訟大阪地判昭55・10・29行集31巻10号2274頁、宮訴訟東京高判昭56・4・22行集32巻4号593頁など。

(28)　園部逸夫・曹時35巻6号1239頁。

(29)　籾井常喜『社会保障法』（総合労働研究所、1972年）86頁以下。

(30)　籾井常喜「生存権保障の二重構造的把握について —— 堀木訴訟控訴審判決を契機に」『労働法の解釈理論 有泉亨先生古稀記念』（有斐閣、1976年）531頁。

(31)　堀勝洋『社会保障法総論（第2版）』（東京大学出版会、2004年）139頁以下（141頁）、岩村正彦「社会保障改革と憲法25条」江頭＝碓井編・前掲注(3)『法の再構築Ⅰ』、西村健一郎『社会保障法』（有斐閣、2003年）37頁以下、菊池馨実『社会保障法制の将来構想』（有斐閣、2010年）97頁以下参照。

定しようとする考え方は、近時有力となりつつある⁽³³⁾。

（2）生存権の自由権的効果あるいは制度後退禁止原則

生存権の法的性格が論じられるようになった時期に、生存権の自由権的側面あるいは自由権的効果という議論も登場した⁽³⁴⁾。当初は、困窮者に対し通常の国民よりも高額の税を課す立法は憲法 25 条に違反するというように説明されていた。しかし、生存権の自由権的効果は、新たな措置を加重するケースと既存の措置を縮減するケースというふたつの側面で語られる。近年盛んに論じられるのは後者の場合であり、社会保障給付の給付内容が削減されたり、給付水準の引き下げや給付要件の厳格化という事態をどのように評価するか、特に、生活保護制度における老齢加算や母子加算の廃止措置をめぐり、制度後退禁止原則の可否・適否として議論されるようになった⁽³⁵⁾。

① 裁　判　例

制度後退禁止原則に関する裁判例のリーディングケースは、宮訴訟東京地裁判決（東京地判昭 49・4・24 行集 25 巻 4 号 274 頁）である。そこでは「憲法第 25 条は、国の文化経済の発展に伴つて右理念に基づく施策を絶えず充実拡充して行くことをも要求していると考えられるから、右理念を具体化した法律によつてひとたび国民に与えられた権利ないし利益は、立法によつてもこれを奪うこ

---

(32)　内野正幸『憲法解釈の論点（第 4 版）』（日本評論社、2005 年）、初宿正典『憲法 2 基本権（第 3 版）』（成文堂、2010 年）、長谷部恭男『憲法（第 6 版）』（新世社、2015 年）280-281 頁等参照。もっとも、尾形健は、籾井の「第 1 項でも第 2 項でもどうでもよいのである。要するに、…生存権保障の二重構造的把握を抜きにして憲法 25 条の解釈論上の問題関心に迫りえない」という発言（籾井・前掲注(30)「二重構造」532 頁）に着目して、「憲法 25 条による規律の質に相違を持たせようとした点にあったということができ、必ずしも条文上の区別（1 項・2 項）に重点があったわけではないようにも思われる」と述べている（尾形健『福祉国家と憲法構造』（有斐閣、2011 年）150 頁）。
(33)　1 項 2 項分離論の立場に立ちつつ、政府管掌健康保険事業の全国健康保険協会への移行などの問題を論じるものとして、岩村正彦「社会保障改革と憲法 25 条」江頭＝碓井編・前掲注(3)『法の再構築 I』所収。
(34)　佐藤功『憲法全訂新版』（学陽書房、1979 年）220 頁など。
(35)　制度後退禁止原則については、生活保護制度における老齢加算や母子加算の廃止をめぐる裁判例を中心に議論されるが、問題は生活保護に止まらない。既裁定年金の引き下げに関する論考として、菊池馨実「既裁定年金の引き下げをめぐる一考察 —— 法的側面からの検討」年金と経済 21 巻 4 号（2002 年）76 頁以下参照（菊池馨実『社会保障法制の将来構想』（有斐閣、2010 年）第 4 章 85 頁以下所収）。また高齢者の医療費負担に関する変遷も、この問題を検討する素材を提供するものと考える。

とは許され（ない）」とされた。

　近年では、生活保護法における母子加算や老齢加算の廃止に関連して、老齢加算等の減額改定と生活保護法56条との関係を中心に制度後退禁止原則が論じられており(36)、最高裁も、老齢加算東京訴訟平成24年2月28日判決をはじめとして、いくつかの判決・決定が示されている(37)。

　特に下級審レベルでは、生活保護法56条の解釈について見解の対立が見られた。ひとつは、法56条は被保護者と保護実施機関との基本的な関係を規定したものであり、保護基準の改定については法56条の適用はないとする立場（東京高判平22・5・27民集66巻3号1685頁等）である。これに対して、法56条の趣旨は「一度保護の実施機関が被保護者に対し保護を決定したならば、法に定める事情の変更の場合に被保護者が該当し、かつ、保護の実施機関が法に定める変更の手続を正規にとらないうちは、被保護者は、その決定された内容において保護を実施することを請求する具体的権利を有するということにある」とし、「単に保護基準が改定されたというだけでは、同条にいう「正当な理由」があるものと解することはできず、その保護基準の改定（不利益変更）そのものに「正当な理由」がない限り、これに基づく保護の不利益変更は同条に反し違法となるものと解するのが相当である」としてこれを肯定する判決も存在した（福岡高判平22・6・14民集66巻6号2505頁）(38)。

　しかし、老齢加算東京訴訟において最高裁は、「生活保護法56条にいう正当な理由がある場合とは、既に決定された保護の内容に係る不利益な変更が、同法及びこれに基づく保護基準の定める変更、停止又は廃止の要件に適合する場合を指すものと解するのが相当である」とし、保護基準自体が減額改定される

---

(36)　神戸地判平26・9・25LEX/DB：25504946（大阪高判平27・12・25LEX/DB：25543687）、秋田地判平25・3・22LEX/DB：25504280、青森地判平25・1・25LEX/DB：25505529（仙台高判平26・12・16LEX/DB：25505600、最判平28・2・17LEX/DB：25542526）、京都地判平21・12・14LEX/DB：25441822。

(37)　老齢加算東京訴訟最判平24・2・28民集66巻3号1240頁、老齢加算北九州訴訟最判平24・4・2民集66巻6号2367頁（差戻上告審：最判平26・10・6LEX/DB：25504782）および最決平28・2・17LEX/DB：25542526などがある。これらの訴訟について数多くの判例評釈が存在するが本稿で引用するもののほか、とりあえず岡田幸人・曹時65巻9号209頁、同65巻10号207頁参照。

(38)　このほか、保護基準改定についての厚生労働大臣の裁量の幅は、新規の制定におけるそれよりも狭い等とする裁量縮減に言及する裁判例（広島地判平20・12・25賃社1485号49頁以下、福岡地判平21・6・3民集66巻6号2405頁）がある。

ことに基づいて保護の内容が減額決定される本件のような場合については、法56条が規律するところではないとした⁽³⁹⁾。そして結局のところ、保護基準の減額改定について、裁量権の範囲の逸脱又はその濫用はないと結論づけている⁽⁴⁰⁾。

② 学　説

　制度後退禁止原則とは、いったん、法律により内容形成が行われると、それが憲法25条と一体化し、憲法上の内容を確定すると解すれば、その後の法律改正による権利内容の縮減（後退）は、憲法上の権利の制限と構成することができることから、そのような縮減は憲法に反する措置として無効となるという考え方である。

　この考え方はこれまで、生存権の自由権的効果として説明されてきた⁽⁴¹⁾。すなわち、生存権もまた公権力による不当な侵害があった場合には、その排除（不作為）を裁判所に請求できる自由権としての側面がある、というのである⁽⁴²⁾。生存権が「生きる権利そのもの」であることを考えるならば、むしろ精神的自由の場合に準じて「事実上の実質的な合理的関連性」の基準によって差別の合理性を事実に基づいて厳格に審査しなければならないという主張である⁽⁴³⁾。具体的立法によって何らかの給付がなされている場合、その給付の行われる状態をベースラインとすべきであり、その給付を受ける地位を国が正当な理由もなく剥奪することは憲法違反となる、という見解もこの系譜に属する

---

(39)　生活保護法56条について、その適用を肯定する下級審裁判例としては、東京地判平20・6・26民集66巻3号1632頁、福岡高判平22・6・14民集66巻6号2505頁がある。

(40)　同旨最判平24・4・2判時2151号3頁。最判平24・2・28判時2145号3頁。

(41)　生存権を「国民みずから生活することに干渉されない」という自由権的性質のものととらえることに対しては、生存権保障の歴史的意義を没却するとして、批判的な見解もみられる（籾井常喜『労働法実務体系18　社会保障法』（総合労働研究所、1972年）84頁）。

(42)　具体的な例として、法律によって困窮者に対し通常の国民よりも高額の税を課したり、一定の期間中は一切の生活保護行政を停止することを定めた場合を指摘するものに佐藤功『日本国憲法概説（全訂新版）』（学陽書房、1975年）220頁。

(43)　芦部信喜『憲法（第6版）・高橋和之補訂』（岩波書店、2015年）133頁、「憲法判例理論の変遷と問題点」公法研究48号（有斐閣、1986年）16頁以下、同旨長谷部恭男『憲法（第6版）』（新世社、2015年）280-281頁。より厳格な合理性の基準に関連する裁判例として、老齢福祉年金における夫婦受給制限規定を合理的理由のない差別とした牧野訴訟（東京地判昭43・7・15行集19巻7号1196頁）が存在する。

といえる[44]。

　しかし、ここで留意しておかなければならないことは、制度後退禁止原則はもっぱら 25 条 2 項との関連で議論されてきたことである。

　この点、生活保護の基準改定に基づく「切り下げ」の裁量は厳格な司法審査を受けてしかるべきであると主張するのが棟居快行である[45]。棟居はまず、生活保護基準の「切り下げ」にあたっては、「福祉以外の給付とのバランスどりや福祉内部での給付対象の選別、ならびに「切り下げ」の度合いが「弱者」にヨリ優しく行わなければならないという要請が、立法・行政に対する法的義務として存在する」とする[46]。そして、25 条 1 項は社会保障立法に、健康で文化的な最低限度の具体的内容を立法者に「丸投げ」しているわけでなく、その都度の歴史や社会状況における「社会通念」としての「健康で文化的な最低限度の生活」をそのまま憲法規範に吸い上げており、他方で立法者はその時々での「社会通念」を —— とりわけ予算の制約のある社会保障立法については —— 遅れ気味に規範化しようとするのが通例であるから、要するに立法の内容はこれはこれでその都度の「社会通念」に近い。かくして、25 条 1 項が「社会通念」の関数として捉えた生存権の具体的内容はほぼそのまま社会保障立法の現行水準と一致することになるから、保護基準の「切り下げ」社会通念に合致するものであることが国側により裁判上論証されなければならない、という[47]。しかし、制度後退禁止原則について、過去の国会の判断に現在および将来の国会を拘束させるものである[48]、生存権は既得権保障ではあり得ない[49]など否定説が多い。

　社会保障法学においても、25 条 1 項 2 項分離論と関連して、制度後退禁止原則は 25 条 2 項との関係で論じられてきたように思われる。昭和 50 年代には肯定説に立つ見解[50]が多かったものの、基本的に制度後退禁止原則は 25 条 2

---

(44)　長谷部恭男『憲法（第 4 版）』（新世社、2015 年）281 頁。

(45)　棟居快行『憲法学の可能性』（信山社、2012 年）389 頁以下。

(46)　棟居・同上 392 頁。

(47)　棟居・同上 404–405 頁。

(48)　小山剛「生存権の法的性格」棟居快行＝工藤達明＝小山剛編集代表『プロセス演習憲法（第 2 版）』（信山社、2005 年）364 頁。

(49)　松本和彦：小山剛＝駒村圭吾『論点探求憲法』（弘文堂、2005 年）236 頁。

(50)　小川政亮「憲法と社会保障」『現代法と社会保障』（総合労働研究所、1982 年）31
　　　頁。籾井常喜『社会保障法』（総合労働研究所、1972 年）94 頁。

項違反の問題を生じない[51]、あるいは一定の配慮がなされれば 2 項違反とはならない[52]とする見解が多数を占める。制度後退禁止原則は、生活保護制度における老齢加算・母子加算の廃止を契機に注目されるようになったが、老人医療費の無料化政策の転換にも見られるように、過去の国会で定めたことが、その後の国会の立法判断に影響を与えることは否定できないものの、立法決定や政策決定を拘束することにはならないはずである。このため、私見も一定の配慮が必要であるとしても制度後退禁止原則は憲法 25 条 2 項違反の問題を生じないを考える。他方、25 条 1 項に抵触するような場面に関する検討は蓄積されておらず、老齢加算訴訟を契機に議論が開始された状況といえる。そして、そこでの議論は保護基準改定に関する生活保護法 56 条の適用の可否に焦点が絞られているといってよい。

　法 56 条の積極的適用を主張するのは菊池馨実である。菊池は、「既に保護を受給している被保護者との関連では個別具体的な保護変更決定を通じて不利益変更がなされることに変わりない、個別具体的な不利益変更が生じ得る場面において「健康で文化的な最低限度の生活」が侵害される危険性を回避するための担保手段として、『被保護者の権利及び義務』と題した 1 章を設けた法の趣旨に適合する」ことから、積極的に解すべきであるとする[53]。これに対して、片桐由喜は、法 56 条を適用しなければ保護基準の不利益改定の適用性を問えない場合でない以上、あえて立法趣旨から離れ、条文自体が予定していない含意を読み取ることは合理的な解釈とはいえない、として 56 条の適用に否定的な立場をとる[54]。また、「生活保護は、理論上あくまでも非継続的給付であるから、従来の制度の存続への信頼を被保護者に対して既得のものとして基礎づけることはない」と主張するのは太田匡彦である[55]。「当然には（法 56 条の；加藤注）適用が排除されない」とする点および『被保護者の権利及び義務』と題した章の冒頭に 56 条が規定されていることを重視する点で菊池の主張も説

---

(51)　岩村正彦『社会保障法Ⅰ』（弘文堂、2001 年）36 頁、西村健一郎『社会保障法』（有斐閣、2003 年）40 頁。

(52)　堀勝洋『社会保障法総論（第 2 版）』（東大出版会、2004 年）147 頁、菊池馨実『社会保障法』（有斐閣、2014 年）59 頁。

(53)　菊池馨実・判時 2111 号 148 頁以下（判評 629 号 2 頁）

(54)　片桐由喜・判時 2163 号 150 頁。

(55)　太田匡彦・ジュリ 1420 号 53 頁以下。

得力あるものと評価することができるが、結論的には、生活保護給付は、法8条および9条に基づき支給される非継続的給付であり、私見は法56条の適用については消極的である。したがって、問題の核心は保護基準改定における裁量の逸脱濫用の存否ということになる。

（3）判断過程統制論

ここまで（1）、（2）で論じてきた1項2項分離論、生存権の自由権的効果あるいは制度後退禁止原則が憲法学における裁量統制論の帰結だとすれば、ここで検討する判断過程統制論は行政裁量に関する手法を立法裁量に応用したものといえる[56]。ここで判断過程統制とは、裁量権行使の結果よりも、裁量権行使の過程、方法の審査に重点を置き、裁量行使に関する適正行使義務というものを措定し、行政府ないし立法府にこの義務違反があるかどうかを吟味しようとするものである。

① 裁 判 例

老齢加算東京訴訟最判（最判平28・2・28民集66巻3号1240頁）は、老齢加算の廃止を内容とする保護基準の改定に関する厚生労働大臣の判断について、「最低限度の生活の具体化に係る判断の過程及び手続における過誤、欠落の有無等の観点からみて裁量権の範囲の逸脱又はその濫用があると認められる場合」には、当該判断は生活保護法3条、8条2項の規定に違反し、違法となると述べた。生活保護法のおける保護基準については、朝日訴訟において既に決定された保護基準そのものの合憲性・適法性が争われていたが、本件をはじめとする老齢加算訴訟は、保護基準の不利益改定が争われた事例である。周知のように、朝日訴訟最判は行政裁量に関する見解を表明していたが、傍論に過ぎないとの評価も可能であること、一連の老齢加算訴訟において、高裁レベルでの判断が分かれていたことから（東京高判平22・5・27民集66巻3号1685頁、福岡高判平22・6・14民集66巻6号2505頁）、そこで判断過程統制の手法が用いられた意義は大きい[57]。

判断過程統制という手法は、日光太郎杉事件東京高裁判決がリーディング

---

(56)　川神裕「裁量処分と司法審査」判時1932号（2006年）11頁、山本隆司「日本における裁量論の変容」判時1933号11頁、村上裕章「判断過程審査の現状と課題」法時85巻2号（2013年）10頁など参照。

(57)　判断過程統制論を採用するものとして、最判平24.4.2民集66/6/2367、広島地判平20.12.25LEX/DB：25440461も参照。

ケースとされ[58]、伊方原発訴訟最判[59]など行政裁量に関する事案を中心に裁判例が蓄積されてきた。日光太郎杉事件において東京高裁は、建設大臣の土地収用に係る要件の存否に関する判断をするにあたり、「本来最も重視すべき諸要素、諸価値を不当、安易に軽視し、その結果当然尽すべき考慮を尽さず、または本来考慮に容れるべきでない事項を考慮に容れもしくは本来過大に評価すべきでない事項を過重に評価する」場合には、大臣の判断は「とりもなおさず裁量判断の方法ないしその過程に誤りがあるものとして、違法となるものと解するのが相当である」とした。その後、平成13年7月参議院選挙無効請求事件に関する最高裁判決の補足意見において、立法裁量に関する判断過程統制が論じられた[60]。この意味で、行政立法の事案である老齢加算東京訴訟最判が、判断過程統制手法に言及したことは、朝日訴訟が定立した広範な裁量権の機械的・盲目的な援用から脱し、個別事案を丁寧に検証し、当該事案にとって妥当な解決を図ろうとするものと評価することができる[61]。

　なお、社会保障分野における行政立法について、委任の趣旨との関係で、児童扶養手当の施行令を違法とした事案も存在する。父から認知を受けたことにより児童扶養手当の受給資格を喪失したとする処分を争った最判平14・1・31民集56巻1号246頁である。そこでは、児童扶養手当の支給対象児童に関する規定の委任の範囲について、その文言はもとより、法の趣旨や目的、さらには、同項が一定の類型の児童を支給対象児童として掲げた趣旨や支給対象児童とされた者との均衡等をも考慮して解釈すべきであるとされた。

② 学　説

　最低限度の生活水準に関する算定方式の採用に係る根拠ないし観点、その他

---

(58)　東京高判昭48.7.13判時710号23頁。

(59)　最判平4.10.29民集46巻7号1174頁。

(60)　立法裁量に関する判断過程統制論が論じられたのは、平成13年7月参議院選挙無効請求事件（最大判平16・1・14民集58巻1号56頁）における補足意見2が初めてであるといわれる（裁判官亀山継夫、同横尾和子、同藤田宙靖、同甲斐中辰夫）。そこではやや長い引用となるが、「結論に至るまでの裁量権行使の態様が、果たして適正なものであったかどうか、…当然考慮に入れるべき事項を考慮に入れず、又は考慮すべきでない事項を考慮し、又はさほど重要視すべきではない事項に過大な比重を置いた判断がなされてはいないか、といった問題は、立法府が憲法によって課せられた裁量権行使の義務を適切に果たしているか否かを問うものとして、法的問題の領域に属し、司法的判断になじむ事項として、違憲審査の対象となり得るし、また、なされるべきものである。」という。

(61)　片桐由喜・判時2163号151頁。

の考慮事項も、司法審査の対象となるとして、早い時期から判断過程統制に言及していたのは前田雅子である。前田は、保護基準設定にかかる判断過程の透明化および設定手続の適正化のみならず、国民ないし住民の生計実態を基準額算定のなかに取り込むことが義務づけられると論じている[62]。

先に言及した老齢加算東京訴訟最判は、保護基準の改定につき、〔1〕最低限度の生活の具体化に係る判断の過程及び手続における過誤、欠落の有無等の観点、あるいは〔2〕老齢加算の廃止に際し激変緩和等の措置を採るか否かについての方針及びこれを採る場合において現に選択した措置が相当であるとした同大臣の判断に、被保護者の期待的利益や生活への影響等の観点、からみて裁量権の範囲の逸脱又はその濫用があると認められる場合には、当該改定は違法となるとした。ここから、本件最判について、豊島明子は老齢加算廃止に係る要件判断と、その際の激変緩和措置等の採用に係る手段選択のふたつの次元で、裁量権の存在を認めたとする[63]。

要件判断の場面では、「判断の過程及び手続における過誤、欠落の有無等」の観点から審査することを明言しており、その文言からすると、ここでは判断過程合理性審査の手法が用いられている[64][65]。しかし、本件最判は判断過程合理性審査の手法を用いたものの、その審査密度は、朝日訴訟最判・堀木訴訟最判と比較してもさほど高められなかったと評価されている[66][67]。理由は三点である。第1に大臣の裁量権の性質が「専門技術的かつ政策的裁量」とされたこと、第2に「生活保護制度のあり方に関する専門委員会」には法律上の根

---

(62)　前田雅子「生存権の実現にかかわる行政裁量の統制」社会問題研究 46 巻 2 号（1997年）7 頁。

(63)　豊島明子「老齢加算訴訟 ── 生存権の具体的実現に係る裁量統制の課題」公法研究 77/130 以下（2015 年）。ただし豊島は、手段選択の場面では、判断過程統制ではなく「裁量判断の結果」に着目した判断とする。

(64)　前田・前掲注(64)。

(65)　判断過程審査については、判断過程の合理性ないし過誤・欠落の審査を行う判断過程合理性審査と、考慮要素に着目した考慮要素審査があり、さらに形式的な考慮要素の審査を行うものと、それぞれの考慮要素について「重み付け」を行ないその評価が適切か否かを審査する実質的考慮要素審査とに分かれる。これにつき、村上裕章「判断過程審査の現状と課題」法時 85 巻 2 号（2013 年）10 頁参照。

(66)　豊島・前掲注(63)「裁量統制の課題」133 頁。

(67)　判断過程統制手法の一般的・拡大的私用がこの手法の意義を低下させる恐れについて橋本博之『行政判例と仕組み解釈』（弘文堂、2009 年）175 頁。

拠規定が存在せず、保護基準定立に係る大臣の判断過程についても手続上の規定が欠如していること[68]、第3に「手続の過誤・欠落」をも審査対象としたことである。

　この第2に関しては、最低生活水準を一般国民の生活水準との関連で相対的に捉える原稿の水準均衡方式にあっても、低所得層の消費支出額と最低限度の生活需要との看過しがたい乖離があり得ることから、保護基準設定に係る裁量審査では、その判断過程において生活実態ないし需要がどのように考慮されたかが問われるべきであるとされる[69]。このことは、「健康で文化的な最低限度の生活」の具体化、すなわち保護基準の設定・改定にあたってまず優先的に考慮・考察すべきは「その時々における経済的・社会的条件、一般的な状況等」ではなく、「要保護者の年齢別、性別、世帯構成別、所在地域別その他保護の種類に応じて必要な事情」（法8条2項）に係る要素・状況であるべきではないかという主張に通ずるものといえる[70]。

③　保護基準法定化論

　生活保護基準のあり方に関連して、判断過程統制論の延長線上に位置づけられるのが、保護基準法定化の議論である。

　早い時期に、保護基準法定化を提唱したのは前田雅子である。前田は、生活保護がまさに憲法25条1項にいう「健康で文化的な最低限度の生活」を具体化するものであり、生活保護基準がそれ以外の社会保障や他の法制度においても基準たりうるものであることを考慮すれば、その決定に関する基本的事項すなわち義務的考慮事項のほか、考慮しうる事項や基準額算定の基本的な方法などは法律で定めるべきであるとする[71]。

　その後、老齢加算の廃止に触発されて、社会保障法研究者が法定化を主張している。阿部和光は、保護基準は生活保護制度の「要（カナメ）」であり、保護の要否・保護の程度を左右するばかりでなく、社会保障制度全体の給付水準

（68）　専門委員会の関与について、専門委員会が根拠とした資料が恣意的で、客観性に乏しい諸点は見いだせず、これをもとに老齢加算の廃止を決めた大臣の判断を不当とはいえないとする見解もある（片桐由喜・判時2163号152頁）。
（69）　前田雅子・ジュリ1453号40頁。
（70）　新田秀樹・季刊社会保障研究48巻3号355頁。
（71）　前田・前掲注(69)、同「生存権の実現にかかわる行政裁量の統制」社会問題研究46巻2号（1997年）7頁。

の規定としての機能を果たしているとの認識に立ち、保護基準の決定を厚生労働大臣の自由裁量に委ねているのは「公正でもないし妥当でもない」。法治主義原則を実質的に保障するには、立法府が少なくとも保護基準の基本的部分（指標）を定め、最低生活水準の決定は、行政的に中立の第三者機関と国民諸階層の代表の参加を保障するシステムの下で行うのが望ましいと主張する(72)。菊池馨実は、生活保護法の中核的規律事項であるはずの保護基準（最低生活の基準）の主要部分（一般基準）は、別表などの形で法律事項とすべきであるし、健康で文化的な最低限度の生活水準が広範な立法および行政裁量に委ねられるとしても、制度論として、法律事項とすることにより保護の具体的水準に係る民主的基盤の確保を図ることが重要であるという(73)。木下秀雄も、保護基準設定において検討の対象となった各種データや議論過程の公開、基準設定の根拠付けの明示、独自調査の実施および当事者の参加が必要であるとともに、制度的には保護基準設定の法形式として、厚生労働大臣告示ではなく法律に規定すべきであるという(74)。

IV　下級審裁判例の意義 —— 保険医療機関の指定に関する事例を中心に

　Ⅲでは、裁量統制論として専ら最高裁判例のもたらす意義を検討の対象とした。しかし、このことは朝日訴訟最判、堀木訴訟最判など最高裁判例だけが、社会保障法学にとって重要な裁判例であることを意味しない。朝日訴訟も堀木訴訟もその出発点は地方裁判所の判決を出発点としており、新たな法的問題はまず下級審で取り扱われるので、その裁判例は実務上も理論上も重要な役割を果たす。ある意味、下級審における紛争事例こそは、社会保障法学が探求すべき論点の宝庫ということができるのであって、下級審裁判例に関する議論の蓄積が社会保障法学の大きな任務となる。これに加えて、社会保障を構成する個別制度においては、不服申立前置主義を採用していることが多い。このため、不服申立に関する裁決例もまた、社会保障の制度運用のあり方を示す鏡ともいうべき存在である(75)。

---

(72)　阿部和光『生活保護の法的課題』（成文堂、2012年）257頁。
(73)　菊池馨実『社会保障法制の将来構想』（有斐閣、2010年）188-189頁。
(74)　木下秀雄「最低生活保障と生活保護基準」日本社会保障法学会編『新・講座社会保障法3 ナショナルミニマムの再構築』（法律文化社、2012年）153-154頁。

　以下では、Ⅱ2(3)と重複するものの、下級審裁判例が社会保障制度あるい
は社会保障法学に一定の影響を与えた具体例として、まずいくつかの事例を紹
介する。次に、保険医療機関の指定に関連して、複数の紛争類型における裁判
例の蓄積が学説の展開を促した事例を考察したい。

1　下級審裁判例の意義

　(1)　重要な論点について、裁判例の蓄積をみることなく、違憲なり違法と判
断され、しかも請求が認容される事例がある。

　労働災害に起因する著しい外貌醜状障害について、女性を7級、男性を12
級と定める障害等級が争われた京都地判平22・5・27判時2093号72頁は、著
しい外貌醜状についてだけ、男女の性別に大きな差を設けていることは不合理
であるとして、憲法14条違反を認め、障害等級11級に該当するとした障害補
償給付決定処分を取り消した。このように、本件は原告の請求を認め確定した。

　同じく遺族補償年金に関する性別差別の事案がある。大阪地判平25.11.25
判時2216/122は、遺族補償年金の第1順位の受給権者である配偶者につき、
夫についてのみ60歳以上との年齢要件を定める地方公務員災害補償法は憲法
14条に違反する不合理な差別的取り扱いであるとしてその違憲無効を争った
事案である。大阪地裁は、共働き世帯が一般的な世帯モデルとなっている今日
では、「配偶者の性別において受給権の有無を分けるような差別的取り扱いは
もはや立法目的との間に合理的関連性を有しない」として、遺族補償年金の不
支給処分を取り消した。このように、この事件では1審判決は原告の請求を認
容したが、控訴審（大阪高判平27.6.19判時2280/21）は、遺族補償年金が遺族
である妻または夫に対して「遺族補償年金を残すこと（受給させること）」を法
的利益として保障するものではないことなどを理由に原判決を取消し、最高裁
（最判平29・3・21裁時1672/23LEX/DB：25448538）も原告・上告人の上告を棄却
した[76]。この事件は遺族補償年金に関する事案であるが、遺族厚生年金の場
合にも同じような結論となるのか注目される。

---

(75)　筋違いであることを承知であえて述べるが、社会保険審査会や労働保険審査会など各
　　種審査会の裁決についてのより積極的な情報公開を関係機関にお願いしたい。最高裁の
　　裁判情報も十分とはいえないが、社会保険関係の審査会裁決はアクセスができないと
　　いっても過言ではない。これでは説明責任の放棄である。
(76)　なお、高裁判決に関する評釈として、尾形健・社会保障法研究6号169頁、常森裕
　　介・社会保障法研究6号191頁などがある。

　資産調査の結果、一定額の貯金の保有が判明したため生活保護の変更決定処分が行われたことに対し、病弱なため将来の入院に備えて付添看護費用を貯金していたものであり、保護変更決定処分は違法であると主張したものに秋田地判平 5・4・23 行集 44 巻 4・5 号 325 頁がある。生活保護の変更決定処分の取消を求めた事案に被保護世帯における預貯金の保有については中嶋訴訟が著名であるが、本件はその先駆けとなる事案であり、生活保護の専門家にとっては古くから認識されていたのかもしれないが、筆者にとっては衝撃的な事件であった。秋田地裁は、生活保護法 27 条 1 項に基づく指導指示に従うべき義務は、被保護者が負う具体的な法的義務であり、原告の法律上の地位に直接に影響を及ぼす行政処分であるとして保護変更処分を取り消し、本件は地裁レベルで確定した。

　(2) 古くから存在する紛争類型であるが、社会保険における被保険者資格の届出義務に関する事案も、下級審裁判例が蓄積されることによって、法解釈が形成されてきたということができる。

　被保険者資格の取得・喪失に関する事業主の届出義務につき、裁判例は当初、公法上の義務に過ぎないとしていた[77]。しかしその後、届出義務違反行為は労働者との関係でも、違法との評価を免れない（京都市役所事件京都地判平 11・9・30 判時 1715 号 51 頁）とか、労働契約の付随義務として、信義則上、老齢厚生年金等を受給できるよう配慮すべき義務を負うとする裁判例が登場する（大真実業事件大阪地判平 18・1・26 労判 912 号 51 頁など）。こうして、届出義務の懈怠については、事業主に民事上の責任が発生することは定着したといえる。しかし、裁判例が蓄積される過程で、ふたつの問題が明らかになった。ひとつは、非正社員の被保険者資格についてである。アルバイトや契約社員など非正社員が、健保・厚年の被保険者資格を取得しうるのかという問題については、行政実務ではいわゆる昭和 55 年内翰に基づく運用が行われていることが明らかになった。しかし、この内翰自体、十分周知されているものでもなく、法的拘束力をもつものでもないため、制度運用としては大きな問題を有するものであった。健保・厚年の被保険者資格の非正社員への拡大については賛否両論があり、一定の企業規模であることを条件に拡大が図られた（健保 3 条 9 項、厚年 12 条 5 項）。いまひとつは、義務懈怠の場合であっても損害の発生が未確

---

(77)　エコープランニング事件大阪地判平 11.7.13 賃社 1264/47。

定であるとする事例が散見されることである（東京地判昭60・9・26労判465号59頁、大真実業事件大阪地判平18・1・26労判912号51頁など）。訴訟を提起した時点で老齢厚生年金の支給要件を満たしていない場合には、いくつかの擬制のもとで損害額を算定しなければならない。65歳という老齢厚生年金の支給開始年齢まで生存することや、支給開始年齢に到達した時点で、25年以上という保険料納付要件を満たしていることが求められる。この結果、原告が56歳であった大真実業事件のように、支給要件を満たす蓋然性が低いと判断されれば、損害の発生は未確定ということになり、損害賠償請求が認められないことになる。この原告にとっては、被保険者期間の復活と正確な標準報酬額の把握こそが最終的な問題解決であり、そのためには何らかの立法的解決が求められることになる[78][79]。

2　保険医療機関の指定をめぐる裁判例

　社会保障制度に関する裁判例の蓄積が他の制度と比較して相対的に少ないとはいえ、ある分野では、一定数の裁判例が蓄積する例がみられる。保険医療機関の指定に関する裁判例がその典型例である[80]。保険医療機関の指定をめぐっては、二つの紛争類型が存在する。ひとつは、診療報酬の減点査定に関連して保険医療機関の指定について、その法的性格が問題となる類型である。いまひとつは、保険医療機関の指定取消をめぐる行政処分の取消請求事案である。社会保障法学としては、保険医療機関の指定に関する法的性格に関する議論が先行した後、指定取消処分の取消請求事案との整合性が議論されることとなった。これに関連して、医療法における病院開設許可をめぐる紛争の検討を通じて、整合性を追求する議論がより一層深化することとなり、これら学説の影響を受けたと思われる裁判例も登場している。以下では、以上の概観を裁判例と学説に分節して、考察してゆきたい。

---

(78)　損害賠償の請求は、届出義務を懈怠した事業主に対する制裁という側面がある。このため、何らかの立法的解決を図ることは届出義務を懈怠した事業主に対する制裁を不問に付すことにつながり、社会的公正に反するとの批判も十分予想される。

(79)　拙著『社会保険核論』（旬報社、2016年）81頁以下参照。

(80)　医療保険各法における紛争事案においても最高裁判例は存在する。減点査定の保険医療機関に関する通知の行政処分性を否定する最判昭53・4・4判時887号58頁、最判昭59・6・21集民142号225頁はその典型である。

① 裁 判 例

　過剰診療という問題を明らかにした裁判例として、川合医院事件（大阪地判昭56.3.23判時998/11）がある。この事件は、昭和50年1月から9月までの9ヶ月間の診療報酬（患者約800人）1億6000万円の請求に対し、その4分の1に該当する4297万円が過剰診療であるとして、社会保険診療報酬支払基金がその支払を拒絶した。そこで、原告川合医院が支払基金を相手に、減点分の支払を求めたものである。大阪地裁は、保険医療機関の指定について、「国の機関としての厚生労働大臣が第三者である被保険者のために保険者に代わって法的約款（関連法規等）を契約内容として医療機関と締結する公法上の双務的付従的契約」であるとした。

　他方、保険医療機関の取消をめぐっては、保険医療機関の指定取消により診療所の経営が破綻する恐れがあるとして、行訴法25条にいう「回復困難な損害」の該当性が争われたロイヤルクリニック新宿事件（東京高決昭54・7・31判時938号25頁）である。この事件は、執行停止決定に対する即時抗告として争われていることからも明らかなとおり、保険医療機関の指定取消処分が行政処分であることを前提としている。このように、保険医療機関の指定取消や保険医の登録取消をめぐる事案の多くは、行政処分の取消請求という形で行政事件訴訟によって処理されることとなる。

　これら二つの紛争類型は、いわば健康保険法の土俵において、片や療養の給付に関する費用ないし診療報酬の帰趨をめぐる紛争であり、いまひとつは療養給付を担当する機関の資格に関する紛争であった。これに対して、病床過剰地域であることを理由に病院開設中止勧告をしたにもかかわらず、健康保険法に基づく保険医療機関の指定を申請した原告が、保険医療機関の指定拒否処分をした県知事を相手に、指定拒否処分の取消が争われることとなった。医療法における医療計画に基づく病床規制と健康保険法における保険医療機関の指定との関係が問題となったものである。これに関連して、保険者と保険医療機関の関係は、「療養の給付の委託を目的として、国の機関としての知事が、被保険者のために保険者に代わって保険医療機関との間に締結する公法上の双務的付従的契約とみるのが相当である」としたうえで、指定拒否は、「申請者の法律上の権利義務に直接影響を及ぼすことが明らかであり、その法的性質は、病院等の開設者の保険医療機関の指定を受ける権利ないし法的地位の侵害として、行政処分に当たる」とした（鹿児島地判平11・6・14訟月47巻7号1824頁）。

②　学　説

　減点査定に関する比較的早い時期の研究である拙稿「医療保険法における減点査定の手続きと判例法理」[81]では、保険医療機関の指定に関する契約構成に力点を置いたため、行政処分構成との整合性については特に意識もせず、言及するところもなかった。この点、保険医療機関の指定をめぐる契約構成と処分構成との整合性を意識して疑問を呈したのは、田村和之である[82]。田村は、指定の法的性格を契約と捉える一方、指定の取消を行政処分（大阪高決昭57.2.23判タ470/187等）と捉える理解は、「いかにも不自然である」と批判し、阿部泰隆を引用して、「指定は行政処分であり、これにより契約関係が形成されるという理解が妥当である」（『社会保障判例百選（第4版）』51頁）と主張した[83]。ここで田村が引用している阿部泰隆は、先に紹介した地域医療計画に基づく保険医療機関指定拒否に関する鹿児島地判平11年6月14日判決の評釈（判時1725/180以下）において、やや長くなるが、以下のように述べる。「国家的な保険制度がなければ、保険者と医療機関との間の法律関係については、個々の保険者と個々の保険医療機関との間で個々に契約を締結することによってはじめて成立する。これはまさに契約関係である。しかし、わが国では、保険者や保険医療機関にこうした自由を認めず、知事が保険医療機関を一括して指定し、個々の保険者に契約の相手方、契約内容を選択する自由を与えていない。指定があれば、被保険者に対する療養の給付に応じて保険者は保険医療機関に対して診療報酬を支払う義務が生ずる。この保険者と保険医療機関の関係を、判旨のように「公法上の双務的付従的契約」とみるかどうかはともかく、保険者と保険医療機関の意思いかんにかかわらずその間に健康保険法上の権利義務関係が一方的に形成される。したがって、「この指定は私人の権利義務を一方的・権力的に創設するから行政処分に該当するものである。指定の結果生ずる法律関係が契約関係であるとしても、指定自体は行政処分になるのである[84]。」」。また、中野妙子は「指定拒否処分が取り消された場合に、取消訴訟

---

(81)　山形大学紀要（社会科学）18巻1号（1988年）75、118頁。

(82)　田村以前に契約構成に批判的なものとして、脇田滋は、公法上の契約構成はきわめて附従性が強いこと、保険者と被保険者との間に基本的な保険関係が成立している以上、被保険者を「単なる第三者とすることには論理的に無理がある」と主張する（『社会保障判例百選（第2版）』59頁〔1991年〕）。

(83)　田村和之・『社会保障判例百選（第3版）』51頁、同（第4版）51頁。

の拘束力により行政庁は指定を強制されるはずであることとの整合性を考えると、指定を契約と構成するのは難しそうである」とし、さらに、健保平成10年改正により導入された病床の一部指定制度は「契約の枠組で理解することが困難である」ことからも、指定が行政処分と解するのが妥当であるとする[85]。

　岩村正彦もまた、指定拒否や病床の全部または一部を制限した指定を処分と構成するのならば、「指定辞退も処分であると解する方が一貫しているし、指定の取り消しが処分と解されていることとも、より整合的である。指定によって、保険医療機関等は、様々な行政監督に服することになるが、それを契約によって根拠づけるのは疑問が大きい。……このように考えると、保険医療機関等の指定は処分であると解するのが合理的であろう。」という[86]。

　以上のように、社会保障法の学説でも、行政処分構成を採用する学説が有力となってきている。しかし、行政契約の取消を処分とすることは必ずしも不合理ではないとする見解も散見される。濱西隆男は、処分と行政契約は相互排他的な関係に立つと理解されてきたことを前提としつつ、狭義の処分と行政契約との差異は相対化していることから、相互排他的な理解は行為の本質を見落とす恐れがあると主張する[87]。また、小早川光郎は、「行政主体と関係人とのあいだの契約によって一端設定された法律関係につき、行政行為による規律がなされるということは、決して背理ではない」、あるいは「特許にもとづく法律関係の成立の否認は行政行為たる特許の取消の手続によってしかなされえないものとすることは、立法または解釈上可能であると考えられる」とする[88]。

　とすれば、従来の裁判例が指定の法的性質に言及したのは、診療報酬請求権の有無を検討する前提としてであって、そこでの主たる関心は、「指定行為そ

---

(84)　阿部は違うところで、「保険医療機関の指定により、保険者と保険医療機関の意思いかんにかかわらずその間に保険法上の契約関係が一方的に形成されるのであるから。これは契約ではなく行政処分に該当するものである。指定の結果生ずる法律関係が契約関係でも、指定自体は行政処分になる」と述べている（「地域医療計画に基づく医療機関の新規参入規制の違憲・違法性と救済方法」（自治研 76 巻 3 号（2000 年）9 頁）。

(85)　中野妙子・ジュリ 1199 号（2001 年）109 頁。

(86)　岩村正彦・自治実務セミナー 41 巻 6 号（2003 年）13 頁以下。

(87)　濱西隆男「『行政契約』私論（上・下）」自治研究 77 巻 1 号 64 頁以下、77 巻 9 号 38 頁以下参照。

(88)　小早川光郎「契約と行政行為」『岩波講座基本法学 4（契約）』（岩波書店、1985 年）115 頁以下。

のものではなく、指定により保険者と保険医療機関の間に発生する法律関係にあった」とする稲森公嘉のように、事案の性質によって、契約構成を取るか処分構成を取るか、ありていにいえば、「指定の結果生ずる法律関係が契約関係でも、指定自体は行政処分になる」とする阿部説が妥当ということになる[(89)]。

③ 新たな裁判例

　以上のような裁判例と学説の展開は、新たな裁判例の登場を導いた。東京地判平 24・11・1 判時 2225 号 47 頁である。この事件は、保険薬局の指定申請に対し、厚生局長から指定拒否処分を受けたため、その取消を求めたものである。ここで、東京地裁は、この保険医療機関又は保険薬局の指定は、「健康保険の保険者において保険医療機関又は保険薬局との間で当該保険者が管掌する被保険者に対する療養の給付に係る契約を個別的に締結させるのに代えて、厚生労働大臣において保険医療機関又は保険薬局の指定をすることにより、当該申請に係る病院若しくは診療所又は薬局と全ての保険者との間に被保険者に対する療養の給付に係る契約関係を、健康保険法及びその関係法令等をいわば法定の約款として包括的に成立させ、併せて、その際に、当該申請に係る病院若しくは診療所又は薬局の保険医療機関又は保険薬局としての適格性を審査するものであると解することができる」とし、保険医療機関又は保険薬局の指定は、「厚生労働大臣が、病院若しくは診療所又は薬局の開設者の申請により、当該申請に係る病院若しくは診療所又は薬局と全ての健康保険の保険者との間に当該保険者が管掌する被保険者に対する療養の給付に係る契約関係を包括的に成立させる形成的な行政行為である」と述べるに至った。

Ｖ　判例研究を通した社会保障法学のあり方、問題点、将来の課題

　本稿冒頭で述べたように、1977 年に『社会保障判例百選』が公刊されて 40 年が経過し、2016 年には『社会保障判例百選（第 5 版）』が出版された。この間、高度経済成長が終焉しデフレ経済からの脱却をめざすものの、少子高齢化に加えて総人口減少局面への移行もあり、経済基調は苦しい状況が続いている。

　これら経済社会状況の変容に伴い、社会保障制度も大きな変貌を遂げた。

---

(89)　稲森公嘉「県知事による保険医療機関指定拒否処分の適法性」賃社 1307 号（2001 年）
　　70 頁以下。

1985年には女性の年金権を確立するための基礎年金改革が行われた。その後、急速な高齢化に対応するため2000年から介護保険制度が施行された。2006年には後期高齢者医療制度が導入され、2007年には年金記録の問題を契機に社会保険庁が解体され、日本年金機構、全国健康保険協会が設立された。さらに、生活保護制度における老齢加算が廃止されるなど、2010年代に入ると社会保障給付の縮小局面に移行したともいえる状況に立ち至っている。

　この間、日本社会保障法学会の会員数も大きく増加した。判例百選の初版では、執筆者の多くは労働法の専門家でもある方々であった。法科大学院が設立されて以降、研究者を志望する者が減少する傾向にあるものの、最近でははじめから社会保障法を専門とすることを意識して研究者となるものが増える一方、憲法や行政法に軸足を置きながら社会保障法の研究対象とする研究者も増加し、社会保障法研究の取り組みは多様化している。

　社会保障法学を他の法学分野とは異なる独自の法学分野たり得ることを示したのは、荒木誠之である。その代表作「社会保障の法的構造 ── その法体系試論」[90]を出発点とする荒木理論の受容と批判の系譜がわが国の社会保障法学を形成してきたことに異論はないものと思われる[91]。だとするならば、社会保障における判例研究も、ある意味では荒木理論の検証という側面を持つことになる。

　荒木は、社会保障法を定義するにあたり、社会保障法の基本的要素として以下の3点をあげる。①社会保障法は「生存権の原理が無媒介的に支配する法」である。②社会保障法における法関係の当事者は、生活主体としての国民と、全体社会の権力的組織体としての国家である。③社会保障法は、国民が生活主体としての側面において直面する生活脅威に対して生活保障を行う法である。

　社会保障法学のありかたや問題点、さらには将来の課題を展望することは、"言うは易く、行うは難し"であり、筆者の能力をはるかに超えている。とはいえ、いつまでも逡巡はしていられないし、これ以上の引き延ばしは許されない。以下では、荒木理論におけるこれら3つの基本的要素に則して、生存権、

---

(90)　荒木誠之「社会保障の法的構造 ── その法体系試論」(1)(2・完)熊本法学5号（1965年）1頁以下、同6号1頁以下。

(91)　荒木誠之の業績については、稲森公嘉「社会保障法理論研究史の一里塚 ── 荒木構造論文再読」社会保障法研究創刊第1号（2011年）13頁以下およびそこに引用されている文献参照。

法主体論および生活保障をキーワードに、社会保障法学のあり方や将来の検討課題について、自分なりの考え方を明らかにしたい。

1　生　存　権

　荒木は、社会保障法は「生存権の原理が無媒介的に支配する法」であるとし、生存権が直接的に法関係を基礎づけるとした。周知のように、社会保障制度を支える法規範については生存権にとどまるものではなく、人間の尊厳にベースをおいた"自律基底的社会保障法論"も有力に主張されているところである[92]。社会保障制度を支える法規範の探求は、社会保障制度の新たな課題を掘り起こすと同時に、社会保障制度の範囲を確定する作業である。

　このような生存権以外の法規範の探求は、生存権に関する考察の重要性を弱めるものではない。生存権が直接的に法関係を基礎づけるという命題は、社会保障法学の存立根拠のひとつであり続けるからである。

　立法府の裁量権については、立法府の裁量権行使とはいえ一定の限界は存在するという限定説と、いかなる政策・制度を採用決定し変更するかは立法府の裁量に委ねられるという無限定説のどちらもありうる。私は限定説に立ちたい。選挙権に関する言説であり、「選挙区、投票の方法その他両議院の議員の選挙に関する事項は、法律でこれを定める」とする憲法47条を前提とするから、一定の留保が必要であるが、以下の考え方は生存権にも妥当すると考えるからである。すなわち、「立法府に裁量権があるといっても、そこには、「何もしない」という選択をする道はない。言葉を換えていうならば、ここでの立法裁量権の行使については、憲法の趣旨に反して行使してはならないという消極的制約が課せられているのみならず、憲法が裁量権を与えた趣旨に沿って適切に行使されなければならないという義務もまた付随している」[93]。

　このような限定説の立場にとって、著しく合理性を欠き明らかに裁量の逸脱・濫用と見ざるを得ないような立法が制定され得るのか、という問いを立てれば明らかなように、堀木訴訟最判の考え方はあまりにも緩やかな裁量統制論である[94]。裁量の幅を狭めて、より踏み込んだ司法審査の可能性を広げ、適切妥当な裁量権行使を担保することが社会保障法学の使命であるとすれば、堀

---

(92)　菊池馨実『社会保障法』（有斐閣、2014年）105頁以下、菊池馨実『社会保障法制の将来構想』（有斐閣、2010年）6頁以下参照。

(93)　平成13年7月参議院選挙無効請求事件（最大判平16.1.14民集58巻1号56頁）補足意見2。

木訴訟最判に象徴される立法裁量論は乗り越えなければならない障害である。かくして、堀木訴訟最判に象徴される立法裁量論という堅牢な壁にどのように穴を穿つかについて、判断過程統制論は一つの前進であることは間違いない。

　さらに、「健康で文化的な最低限度の生活水準」を抽象的相対的な概念と理解するか、具体的絶対的な概念として捉えるかについて、判例と学説には大きな対立が存在していると思われる。いうまでもなく、判例は「健康で文化的な最低限度の生活水準」を抽象的相対的な概念とする。これに対して、学説においてはなお、これを具体的絶対的なものと理解すべきではないかとの見解が表明されている。たとえば高橋和之は、「何が最低限度の生活水準であるかは、特定の時代の特定の社会においては、ある程度客観的に決定できるので、それを下回る厚生大臣の基準設定は、違憲・違法となる場合があると解すべきであ」るとする[95]。このような「健康で文化的な最低限度の生活水準」の認識の違いは、判例法理の説得力を弱めるものであり、この意味からも裁量統制論の探求は、社会保障法学にとって今後も大きな検討課題である。

　一方、立法裁量論に対する検討はややもすれば憲法25条1項の考察に大きなエネルギーを費やしてきた。しかし、荒木のいう生存権は、最低生活水準を越えたより高い生活水準の確保という生活権（広義の生存権）をも含めるものであった。先に簡単に概観したように、現在の社会保障制度は、荒木理論が構築された時代からみても大きな変容を遂げている。障害者総合自立支援法などの自立支援法制や支援児童や高齢者を対象とする各種の虐待防止法などは、これまでには見られなかったタイプの法制度である。これらの制度はそもそも社会保障制度に分類されるのか、分類されるとすればそれはいかなる理由からかなど、社会保障制度の守備範囲を確定するためにも、また新たな体系論あるいは理論的全体像を示すためにも、25条2項にいう社会福祉、社会保障、公衆衛生とはそれぞれ何を指すのか、そしていかなる関係に立つのかなどを検討することが必要不可欠である[96]。

（94）　社会保障法学の立場から立法裁量論の見直しを検討するものとして、清水泰幸「司法審査と立法裁量に関する予備的考察」福井大学教育地域科学部紀要Ⅲ（社会科学）(2009年) 65頁以下がある。

（95）　たとえば、芦部信喜・高橋和之補訂『憲法（第6版）』（岩波書店、2015年）270頁（第4版255頁、第5版261頁）。このほか、大須賀明、芦部信喜など。

2　法 主 体 論

　荒木理論では、社会保障法における法関係の当事者は、生活主体としての国民と全体社会の権力的組織体としての国家である。生活主体としての国民は、生活を営み維持している主体としての側面において、社会保障法上の法主体となり、国家は生活主体の生存権・生活権の名宛人としての社会そのものの代表者たる地位、すわなち社会の負うべき生活保障義務の履行主体として、法関係の当事者となる[97]。

　ここでまず問題としたいのは、国家の位置づけである。判例研究とは直接関連するものではないかもしれない。しかし、先に簡単に言及したように、社会保険庁を解体して、国民年金・厚生年金については日本年金機構、健康保険については全国健康保険協会を設立したことは、生活保障義務を負う国家責任の放棄を意味しないのか、という問いである。社会保障法の中心的なテーマである国家のあり方、特にその変容について、これを正面から論じる論考は多くはない。

　先駆的には、倉田聡が「国家対国民」という図式を批判した[98]。次に、全国健康保険協会への移行を生存権に関する立法裁量との関係で論じたものが岩村正彦である[99]。岩村は、政府管掌健康保険から全国健康保険協会管掌健康保険への移行について、憲法 25 条との抵触は発生しないという立場に立ち、さらに進めて全国健康保険協会を都道府県単位の法人に分割する、あるいは民営化することは憲法 25 条の問題を発生させるかを論じている。そこでは、憲法 25 条 2 項にいう「社会福祉・社会保障」における事業主体について、立法府の裁量権にも限界があるという立場と、憲法 25 条 2 項は何らかの事業主体類型を前提としておらず事業主体をどうするかは完全に立法府の裁量権に委ねられているという立場がありえるが、どちらの立場に立つにせよ、憲法 25 条にいう「社会福祉・社会保障」には規範としての意義のある一定の「型」なり

---

(96)　25 条 2 項も含めた検討の必要性を提起するものに、岩村正彦「社会保障改革と憲法 25 条」江頭＝碓井編・前掲注(3)『法の再構築Ⅰ』がある。

(97)　社会保障の担い手は多様であり、これら法主体の社会保障法における役割や法的位置づけなどを検討するものとして、社会保障法研究第 3 号、第 4 号の特集（いずれも 2014 年）参照。

(98)　倉田聡「社会連帯の在処とその規範的意義」民商法雑誌 127 巻 4=5 号（2013 年）613 頁。

(99)　岩村正彦「社会保障改革と憲法 25 条」江頭＝碓井編・前掲注(3)『法の再構築Ⅰ』所収。

「像」があるのか、という点につき、茫漠とした「生存権の理念」ではなく、法解釈論としての検討が必要であるという（114頁）。

　介護保険領域や社会福祉領域では、事業主体の民営化が現実に行われているし、後期高齢者医療制度における広域連合と市町村との関係、あるいは国民健康保険制度おける都道府県と市町村との関係についても、具体的な制度運用の現実を理論的にどのように整理するかが求められている。

　第2に、もう一方の主体である国民についてである。ここでも、荒木は生活主体としての国民という抽象的なとらえ方をする。しかし、現実には、健康保険法と国民健康保険法の被保険者、国民年金法における1号被保険者と2号被保険者非正社員の取り扱いをめぐり、法改正が行われたところである。しかし、改正法によってもなお、同じ業種で同じような働き方をしていても、就労先事業所の従業員規模により、適用される法律あるいは被保険者資格が異なることになる。このような被保険者資格をめぐる問題は、今後も裁判例で争われることが予想される。最終的には立法による解決を図るべきで問題であるが、労働法とも密接に関わる難問であり、その解決には諸外国の事例も含めた多角的な検討が求められると思われる。

3　生活保障のための保障給付

　荒木は、社会保障の法的核心は保障給付にあるとして、生活保障を必要とする原因に応じた3つの給付から構成される体系論を提唱した[100]。社会保障給付の対象となる事故として、労働不能による生活危険、生活危険を超えた現実の生活不能、肉体的精神的機能障害に起因する生活上の障害をあげる。これらの事故に対応する保障給付は、それぞれ定型的所得保障給付、絶対的所得保障給付および施設的給付である。以下では、長短はあるものの3つに分節して論じたい。

　まずひとつは、社会保障の目的としての生活保障である。荒木以降、社会保障法の目的は生活保障にあるとするのが多数説である。たしかに、社会保障制度がわれわれの日常生活に密接に関連するシステムであることは否定できない。しかし、社会保障の目的は生活保障にある、というときの"生活保障"と

（100）　非正社員の増加などを背景に、労働法学と社会保障法学の連携の必要性を強調し、新たな生活保障法を提唱するものに、島田陽一「これからの生活保障と労働法学の課題」『労働法と現代法の理論　西谷敏先生古希記念論集（上）』（日本評論社、2013年）55頁以下。

いう用語は耳あたりはいいがその意味内容は曖昧である[101]。むしろ、保障給付の類型を見直し、それらを統合した目的概念を設定すべきではないかと考える。

　第2に、保障給付の分類についてである。荒木は、肉体的精神的機能障害に起因する生活上の障害に対する生活障害給付として、医療保障給付と社会福祉サービスとを同列に扱っている。これに対しては、共通する側面は認められるものの、具体的な給付を実現する「制度的仕組みが大きく異なって」おり、「医療保障と社会福祉サービスを区別する必要が高い」[102]、あるいはそもそも生活障害の概念が「医療と福祉サービスを含む権利義務関係の本質を規定するに足る基礎概念といえるかどうか、疑問がないわけではない」とされる[103]。このような批判とも密接に関連するが、具体的な給付を実現するための当事者関係や、給付を具体化するための行政処分の関与の仕方など、他の法学領域との連携・協働による給付構造に関する検討の進化・深化が求められる[104]。生存権に関する議論からも明らかなように、憲法学や行政法学とはこれまでも相互に影響を与え合ってきたように思われるが、それに比して民法学など私法の領域との連携は十分ではないように思われる。今後の課題であろう。

　第3に、荒木理論では、給付のみに着目して体系化した結果、保険料の支払・納付義務や費用負担など財政的な分析が十分ではなかった。

　社会保障財政を正面から取り上げる裁判例は多くはないが、旭川国保最判（旭川国保最大判平18・3・1民集60巻2号587頁）は、租税と保険料について次のように定義している。すなわち、憲法84条にいう租税とは「国又は地方公共団体が、課税権に基づき、その経費に充てるための資金を調達する目的をもって、特別の給付に対する反対給付としてでなく、一定の要件に該当するすべての者に対して課する金銭給付」であると定義する。これに対して、国民健康保険の保険料は「被保険者において保険給付を受け得ることに対する反対給

---

(101)　いわゆる労災補償の社会保障化論争に関連して、「生活保障」を批判的に言及するものとして、山口浩一郎「労災保険と労働基準法」同『労災補償の諸問題（増補版）』（信山社、2008年）参照。

(102)　西村健一郎『社会保障法』（有斐閣、2003年）23-24頁。

(103)　河野正輝「社会保障法の目的理念と法体系」日本社会保障法学会編『講座社会保障法第1巻 21世紀の社会保障法』（法律文化社、2001年）22頁。

(104)　社会保障制度の運用に関して、行政法学からの重要な示唆を与えてくれるものとして、太田匡彦「権利・決定・対価」法協116巻2号（1999年）1頁以下がある。

付として徴収される」金銭給付であるとし、これに加えて「国民健康保険事業
に要する経費の約3分の2は公的資金によって賄われているが、これによっ
て、保険料と保険給付を受け得る地位とのけん連性が断ち切られるものではな
い」と述べている。財源構成に占める国庫負担金など公的資金の割合の高いこ
とが、わが国の社会保険制度の特徴のひとつである。旭川国保最判のけん連性
に関する説示は、このことを強く意識している点で注目される。

　子ども保険の発想に端的に表れているように、わが国の場合、本来であれば
租税で対応すべき政策課題であっても、その財源を保険料で賄ってきた。当該
政策を実現するための財源を租税に求めるべきか、保険証に依拠すべきかを議
論することなく、国民が敏感に反応する租税負担の引上げを回避するために、
保険料あるいは保険料類似の拠出金が財源として徴収されてきたと言い換える
こともできる。財政調整あるいは保険料の租税化といわれる手法である[105]。

　先に述べたように社会保障財政に関する裁判例は多くない。しかし、このこ
とは社会保障財政の重要性を否定するものではない。むしろ、消費税率を引き
上げてもなお、社会保障給付の伸びに対応しかねることが予想される状況にお
いて、財源の合理的な配分とともに、新たな財源の設定確保が求められること
になる。だとすれば、これらの問題に関する紛争は増えることはあってもなく
なりはしない。こうして社会保障財政に関する政策の選定は、国の財政事情を
含めた多方面にわたる複雑多様な高度の専門技術的な考慮に基づいて判断され
る。しかし、旭川国保最判が明らかにするように、租税と社会保険料など租税
以外の公課は、租税とその性質が共通する点や異なる点があり、当該公課の性
質、賦課徴収の目的、その強制の度合い等などを総合考慮して、賦課要件がそ
の程度明確に定められるべきかなどその規律のあり方が判断されることにな
る。

　特に、租税と社会保険料とでは当事者関係の構図が大きく異なる場合があ
る。租税の場合には、中央政府と国民ないし地方政府と地方住民、社会保険に
おいても保険者と被保険者という図式で整理される。しかし、財政調整や保険
料の租税化という手法では、中央政府、個別保険者およびその被保険者という

（105）　新田秀樹「財政調整の根拠と法的性格」社会保障法研究2号（2013年）63頁以下、
　　　江口隆裕「社会保険料と租税に関する考察」『変貌する世界と日本の年金』（法律文化
　　　社、2008年）170頁以下。

３当事者のなかで、賦課徴収に関する利害得失が発生する。このような当事者関係を含めたうえでの社会保険料の性質、賦課徴収システムなどが今後の検討課題ということになる。

4　結びにかえて[(106)]

　本稿冒頭にも述べたように、総合法学としての性格をもつ社会保障法学は、判例研究においても他の法学分野との連携協働が必要である。この連携協働を前提に、いかに社会保障法学としての独自性を打ち出すかが、社会保障法を研究するエネルギーの源泉であり、悩みの種でもある。また、制度論から一歩二歩前進して、法解釈論をも射程にした比較法研究も社会保障法を深化させるうえでは不可欠な課題であろう。さらに、生活保障に対する否定的な評価と裏腹の言説になるが、社会保障制度が国民の生活と密接に結びついているため、解釈論による事案の解決だけではすまされない側面が強い。このため、健保厚年における被保険者の範囲、事業主の届出義務懈怠に関する被保険者期間や保険料滞納の回復措置、生活保護基準の法定化など、解釈論の掘り下げに加えて、解釈論による限界を見極めて、法解釈ではいかんともしがたい問題の発見とより迅速かつ有効な問題解決に結びつく立法論の提言もまた、社会保障法学の重要な使命である。

　〔付記〕本稿脱稿後、石畝剛士「医療保険の契約構造」法政理論50巻2号（2018年2月）に接することができた。タイトルからもわかるように保険医療機関・保険医の存在を意識した診療契約論を展開しており注目される。

（106）　本稿の執筆にあたり、北海道大学社会保障法研究会、熊本大学社会法研究会において報告の機会を得て、多くの先生方から貴重なご意見を頂きました。ありがとうございました。

◆執筆者紹介◆

山 下 慎 一（やました・しんいち）　福岡大学法学部准教授
　　［初出：社会保障法研究 第9号］

植 木　　淳（うえき・あつし）　名城大学法学部教授
　　［初出：社会保障法研究 第6号］

笠 木 映 里（かさぎ・えり）　フランス国立科学研究センター研究員（ボルドー大学所属）
　　［初出：社会保障法研究 第3号］

嵩 さ や か（だけ・さやか）　東北大学大学院法学研究科教授
　　［初出：社会保障法研究 第3号］

加 藤 智 章（かとう・ともゆき）　北海道大学大学院法学研究科教授
　　［初出：社会保障法研究 第8号］

〈監　修〉

岩 村 正 彦（いわむら・まさひこ）
　　東京大学名誉教授

菊 池 馨 実（きくち・よしみ）
　　早稲田大学法学学術院教授

社会保障法の法源
〔社会保障法研究双書〕

2020（令和2）年1月30日　第1版第1刷発行

監　修　　岩 村 　 正 　 彦
　　　　　菊 池 　 馨 　 実
発 行 者　今 井 　 貴 　稲 葉 文 子
発 行 所　株式会社信 　 山 　 社
〒113-0033 東京都文京区本郷 6-2-9-102
Tel 03-3818-1019　Fax 03-3818-0344
info@shinzansha.co.jp
出版契約 No.2020-7601-5-01010 Printed in Japan

◆ 社会保障法研究 ◆

岩村正彦・菊池馨実 編集

信山社

◆ 社会保障法研究 ◆

岩村正彦・菊池馨実 編集

信山社

信山社

◆ 社会保障法研究 ◆

岩村正彦・菊池馨実 編集

◇社会保障法学の一層の発展を目指す学術雑誌、第 10 号記念号◇

◆第10号

信山社